通海道上要「咽喉」

经略海洋科普丛书

U0599798

郗笃刚 刘玉 王耿峰 贾建坤 —— 著

星球地图出版社 STAR MAP PRESS | 国家一级出版社
全国百佳图书出版单位

图书在版编目（CIP）数据

海上"咽喉"：重要海上通道 / 郗笃刚著.
北京：星球地图出版社，2025. -- ISBN 978-7-5471
-2952-4

Ⅰ. E815
中国国家版本馆CIP数据核字第2025028MB3号

海上"咽喉"：重要海上通道

作　　者	郗笃刚　刘玉　王耿峰　贾建坤
责任编辑	岳　竹
编　　辑	郭露露
封面设计	弓　洁
出版发行	星球地图出版社
地址邮编	北京北三环中路69号　　100088
网　　址	http://www.starmap.com.cn
印　　刷	天津海顺印业包装有限公司
经　　销	新华书店
开　　本	890毫米×1240毫米　1/16
印　　张	21
版次印次	2025年4月第1版　　2025年4月第1次印刷
定　　价	168.00元
审 图 号	GS京(2024)1815号

书中部分图片作者不详，有关事宜，请与本社联系。
如有残损随时调换（发行部电话：010－88540725）

总 序

　　中国有 1.8 万千米的大陆海岸线、6000 多个近海岛屿、约 300 万平方千米的海洋国土，拥有广泛的海洋战略利益。但是，千百年来，作为一个传统的陆权大国，"舟楫之便、渔盐之利"是中国人对海洋的基本认知。因此，即便在中国历史上，中华民族曾创造了先进的造船、航海技术和灿烂的海洋文化，郑和七下西洋，开拓了沟通太平洋、印度洋，直达非洲沿岸的海上丝绸之路，传播了中华民族以和为贵、敦睦四海的文化理念，开创了造福四邻、共同发展的共享模式，但在近现代史上，我们还是没能扛住西方列强的坚船利炮，以致国土沦丧，更谈不上维护海洋权利了。

　　新中国成立后，"帝国主义在东方的海岸线上架起几门大炮就可以征服一个国家的历史"一去不复返。然而，新中国成立之初，我们仍面临"有海无防、缺船少炮、没人懂海军"等现实困境。矗立在刘公岛铁码头边的石碑，无时无刻不在提醒我们铭记人民海军建军之初筚路蓝缕、白手起家的情形：彼时，新中国第一任海军司令员肖劲光要渡海到刘公岛考察，只能向当地渔民租一条小船。渔民发问："海军司令还要租我的渔船？"肖劲光听后，面色凝重地说："记下来，1950 年 3 月 17 日，海军司令员肖劲光乘渔船视察刘公岛！"这句话，早已深深镌刻在了一代又一代人民海军心里，成为激励海军将士建设海军、保卫海防的不懈动力。

　　中国既是陆地大国，也是海洋大国，是世界上邻国最多、陆地边界最长、海上安全环境最复杂的国家之一，维护领土主权、海洋权益和国家统一的任务艰巨繁重。"建设海洋强国是中国特色社会主义事业的重要组成部分。我们要进一步关心海洋、认识海洋、经略海洋"。它"关系我们民族生存发展，关系我们国家兴衰安危"。海洋意识的觉醒，恰在我们迫切需要走向海洋之时，我们将面对的是怎样一个凶险而复杂的海洋形势？历史上，我们多次遭受外敌来自海上的入侵，如今，我们仍然面临来自海上的安全威胁，只不过基于我们逐步强大的海上力量，这种威胁变成了敌对力量在我周边地区，甚至全球范围的围堵和遏制。这种威胁既有现实存在的，也有长期潜在的。

为全方位应对海上威胁，维护国家主权、领土完整和海洋权利，以及不断拓展的海外利益，我们的海上力量正逐步实现从近海型向近海防御与远海护卫型相结合的转变，并最终走向深蓝，这意味着必须面对不断扩展的地理活动范围。正如美国《国家利益》杂志曾发表的文章称，中国可能会向远洋部署混合编队水面行动群，预演多种战斗训练，例如反潜、防空以及反水面作战演习。这些战备巡逻可能会沿太平洋各条战略海上交通线、印度洋咽喉要道展开。这主要是为了实现两个目标：其一，保护中国在战略海峡的经济利益；其二，在美海军可能会在未来对华冲突中利用到的路线部署中国战舰以发挥威慑作用。

这需要打开一个新的视界，从安全和军事角度去认知海洋环境。为此，星球地图出版社策划出版了"军事新视界——经略海洋"系列丛书，包括《海防"前哨"：重要海岸与岛屿》《海上"咽喉"：重要海上通道》和《航母之"家"：全球战略母港全透视》。三本书的共同点在于都是从安全和军事需要出发，以地理空间的视角认识海洋，而不同点在于表现的尺度和军事作用的差异。三本书互为支撑，互为补充，为读者全面了解海洋战场环境、掌握海洋军事地理知识提供了客观准确、深入浅出、图文并茂的科普指引。

《海防"前哨"：重要海岸与岛屿》一书主要从国土防卫的需要出发，分析海岸与岛屿的军事作用，其逻辑是沿着海岸线寻找曲折的湾，再在这些湾中寻找重要的港。在对海岸特征描述的基础上，分析的重点落在重要的港口上。同时，选择重要的岛屿进行分析。判断其军事作用和价值的依据，主要是其地理位置和距离。

《海上"咽喉"：重要海上通道》一书主要从海上力量投送的需要出发，聚焦影响世界政治、经济、军事及全球格局的海上通道，重点从历史演变、地理空间分布、全球战略发展、大国海上争控等视角，介绍世界主要海上通道的相关知识。它们的核心价值其实是通与堵的矛盾复合体。这些被称为"咽喉"的海上通道，既能行海上之便，又容易反被"卡死"，因而常常成为争夺的战略要地。

《航母之"家"：全球战略母港全透视》一书从军事研究和实战运用的角度，分析探究一个港口之所以能成为战略母港的地理基础、政治因素、地缘条件、军事需求和经济诉求等综合要素，为读者从军事地理和地缘战略等层面理解并掌握战略母港的军事政治价值提供直观、全面的素材。该书的核心看点是，战略母港是一个国家海上最强力量的聚集地，它的一举一动都会影响地区的安全形势，同时，它又是敌方重点研究和打击的战略目标。

本丛书的作者，有长期从事地缘安全环境和战场环境研究的军事地理专家，有从海军指挥员成长起来的军事学专家，有知名的资深国防科普专家，有跨军种跨领域的战场环境研究专家、地理学专家，也有年轻的高校教师、人文地理学博士。他们既专业又勤奋，都曾经与国防结缘，或本身就是国防人，以他们的专业所长，在写作和分析海洋战场环境及其军事影响的过程中，较好地实现了地理学和军事学的结合。本丛书的编辑们以极其专业的水准，为丛书的出版增添了不少光彩。

尽管作者和编辑们付出了艰辛的劳动，但要把专业的东西通俗地讲出来，也不是一件容易的事，有时难免言语生涩，挂一漏万，恳请广大读者批评指正。这套丛书的出版，如果能为广大读者朋友提供一个认识海洋战场环境的新视界，让您读有所思，思有所得，那将是对我们的最大褒奖！

"军事新视界——经略海洋"丛书主编

2024 年 12 月 13 日

本书编写组　郗笃刚　刘　玉　王耿峰

本书审稿人员　尹　黎

图　　例

◎	首都、首府	————————	地区界	沼泽　盐沼
◉	一级行政中心 省级行政中心	+++++++++++	停火线	湖泊
◎	重要城市 地级行政中心	— — —	铁路	时令河　时令湖
◌	一般城市 县级行政中心		河流	沙地
○	外国城镇 城镇		水库	珊瑚礁
⊢·⊢·⊣·⊢·⊣	洲界	海里 千米 480 (889)	航海线及里程数	▲　■　山峰　火山
—·—·—·—	国界		运河　沟渠	★　灯塔
— — — — —	未定国界	⚓　✈	港口　机场	空军基地　海军基地

北美洲

北

丹麦海峡
261

喀拉海峡
332

波罗的海诸海峡
254

大

欧 洲

宗古海峡
190

津轻海峡
195

英吉利海峡
245

亚 洲

渤海海峡
164

朝鲜海峡
200

西

黑海海峡
232

直布罗陀海峡
239

苏伊士运河
148

大隅海峡
207

霍尔木兹海峡
282

台湾海峡
175

宫古海峡
213

洋

非

琼州海峡
185

巴士海峡
218

曼德海峡
291

保克海峡
299

洲

马六甲海峡
114

望加锡海峡
223

印 度 洋

巽他海峡
125

龙目海峡
130

莫桑比克海峡
304

好望角南部水道
158

斯卡格拉克海峡
大贝尔特海峡

卡特加特海峡

厄勒海峡

小贝尔特海峡

欧 洲

马尔马拉海

伊斯坦布尔海峡
(博斯普鲁斯海峡)

恰纳卡莱海峡
(达达尼尔海峡)

亚 洲

非 洲

南 极 洲

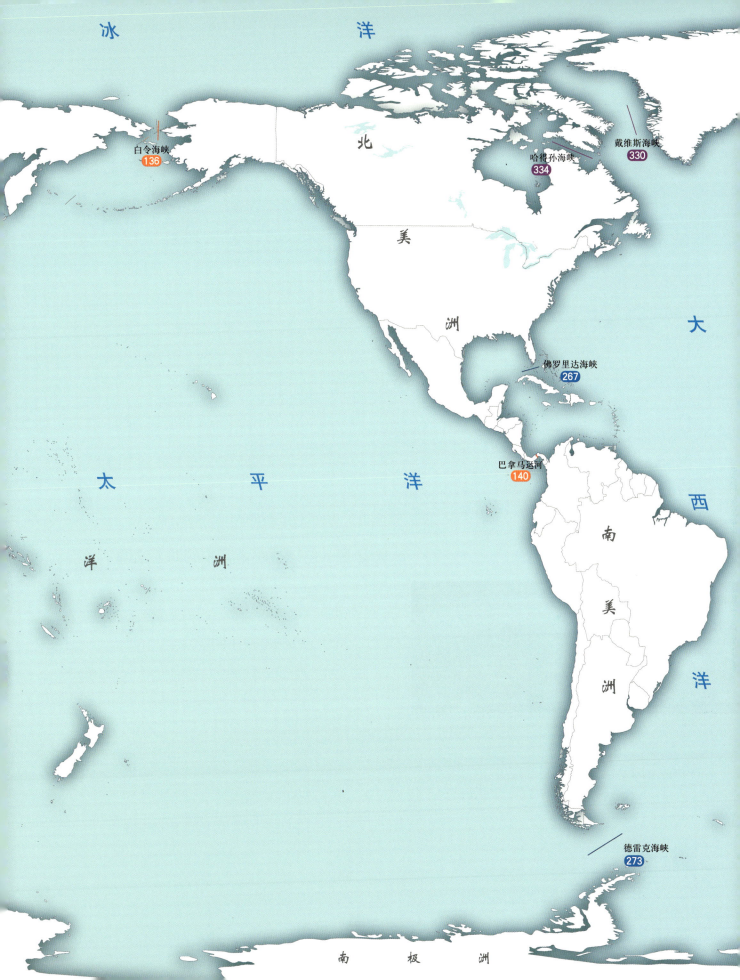

冰　　　　　洋　　　　　南　　　　　洋

大

西

洋

太　　平　　洋

北

美

洲

南

美

洲

洋　　　洲

南　　极　　洲

白令海峡
136

戴维斯海峡
330

哈得孙海峡
334

佛罗里达海峡
267

巴拿马运河
140

德雷克海峡
273

Contents 目 录

第 3 章　跨洋通道的"咽喉"

第 4 章　难以太平的太平洋海上通道

第5章　大国争控的大西洋海上通道

第6章　世界海洋中心的印度洋海上通道

第7章　越来越"热"的北冰洋海上通道

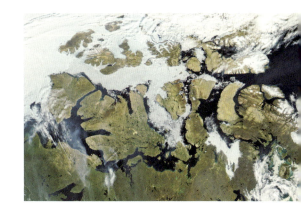

世界政区

1 以色列　2 巴勒斯坦　3 俄罗斯　4 列支敦士登
5 波斯尼亚和黑塞哥维那　6 卢森堡　7 圣马力诺
8 梵蒂冈　9 摩纳哥　10 斯洛文尼亚

1:93 000 000

世界海洋

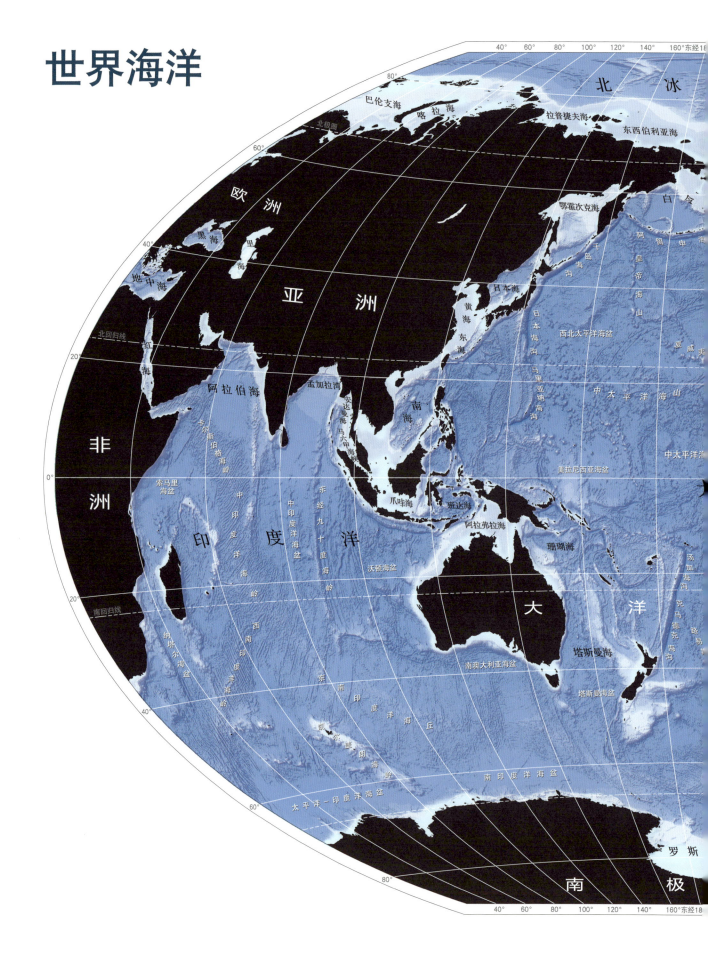

北冰

巴伦支海　喀拉海　拉普捷夫海　东西伯利亚海

北极圈　鄂霍次克海　白令

欧　洲　千岛海沟　阿留申海山　申

亚　洲　日本海　西北太平洋海盆　夏威夷

黑海　里海　日本海沟　马里亚纳海沟　中太平洋海山

地中海　黄海　东海

北回归线　红海　孟加拉湾　中太平洋海

阿拉伯海　安达曼海　马六甲海峡　南海

非　卡尔斯伯格海岭

洲　索马里海盆　爪哇海　班达海　美拉尼西亚海盆

印　中印度洋海盆　东经九十度海岭　阿拉弗拉海　珊瑚海　汤加海

度　西南印度洋海岭　沃顿海盆　克马德克海沟

洋　大　洋

纳塔尔海盆　南澳大利亚海盆　塔斯曼海

东印度洋海岭　塔斯曼海盆

凯尔盖朗海岭　南印度洋海盆

太平洋—印度洋海盆　罗斯

南　极

40° 60° 80° 100° 120° 140° 160°东经18

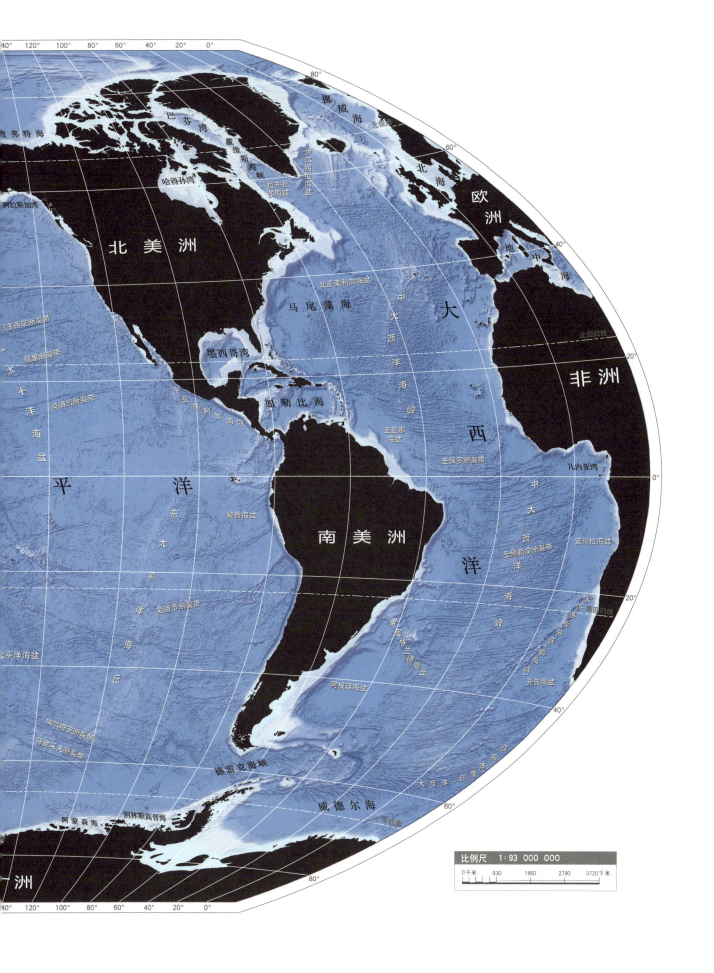

北极圈

挪威海

巴芬湾

戴维斯海峡

伊尔明厄海盆

北海

欧洲

皮弗特海

哈得孙湾

拉布拉多海盆

阿拉斯加湾

北美洲

地中海

北亚美利加海盆

马尾藻海

中大西洋海岭

大西洋

北回归线

非洲

墨西哥湾

门多西诺断裂带

默里断裂带

太平洋海盆

莫洛凯断裂带

加勒比海

中美利加海沟

圭亚那海盆

圣保罗断裂带

几内亚湾

0°

平洋

东太平洋海隆

秘鲁海盆

南美洲

中大西洋海岭

圣赫勒拿断裂带

安哥拉海盆

复活节断裂带

里奥格兰德海丘

沃尔维斯海岭

南回归线

鲸鱼海岭

开普海盆

埃尔塔宁断裂带

乌金米夫断裂带

阿根廷海盆

德雷克海峡

大西洋—印度洋海岭

阿蒙森海

别林斯高晋海

威德尔海

南极圈

洲

比例尺 1:93 000 000

0千米 930 1860 2790 3720千米

第 1 章

什么是海上通道

　　总面积约 3.6 亿平方千米的海洋，约占地球表面积的 71%，其重要性毋庸置疑。地球上的陆地完全处在海洋的包围之中。海陆分布形势总体表现为"海连陆断"，这使得海上运输具有不可比拟的优势，成为国际间贸易和交流的主要方式。而海上通道作为全球海运的依托，承载了约 80% 的外贸运输功能。广义的海上通道是指海上交通线，狭义的海上通道是指两陆域之间用于通航、较为狭长且特别重要的海域，通常为岛屿之间、岛屿与陆地之间、与海上航线密切相关的水道。这其中，海峡的作用至关重要，是海上通道的"咽喉"。

全球海上的"高速公路"

海洋运输在全球经济贸易中起着至关重要的作用，全世界 2/3 以上的国际贸易主要通过海洋运输实现。世界海洋运输所依托的海上通道的安全关乎世界政治、经济、军事发展，是名副其实的全球海上的"高速公路"。

海湾的油轮和石油钻井平台

世界石油运输的"油管"

石油被称为"工业的血液"，是现代工业和社会生活不可或缺的能源，是当今世界重要的战略资源。但是作为一种重要的化石能源，石油的全球分布严重不均，仅中东地区就占全球 68% 的可采储量。另一方面，世界石油的产区与世界主要石油消费区不一致，世界主要石油产区集中在波斯湾沿岸、拉丁

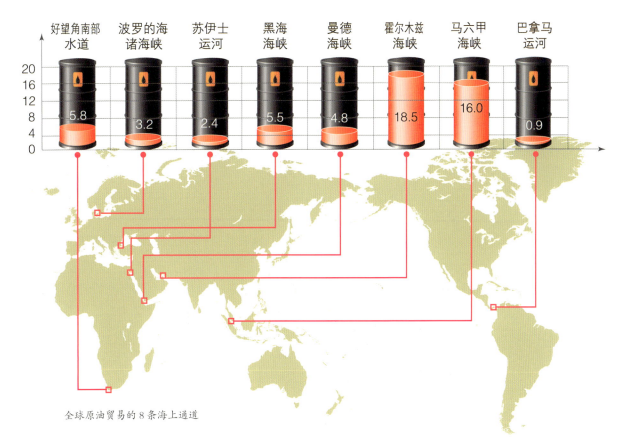

全球原油贸易的 8 条海上通道

美洲、非洲等地区，而石油主要消费地区则集中于北美洲、欧洲、东亚等经济发达地区或经济发展迅速的地区。石油消费区远离石油产区，这就造成了大量石油需要从产区运往消费区。由于具有运量大、运费低等独特的优势，海洋运输成为世界石油运输的首选方式。

在全球范围内，海运石油占据了石油贸易的重要份额。根据国际能源署（IEA）的数据，2020 年全球石油海上贸易量达到了每天约 160 万桶。海运在中国石油进口中长期占据主导地位。截至 2021 年，中国石油进口的海运比例为 70% 左右。中国已经连续多年位列世界第一大原油进口国，石油进口量占全球石油进口量的 22.4%，高于整个欧盟的石油进口量，这其中大部分是由海洋运输进口。2022 年，中国通过海运进口了 4.392 亿吨原油。

在全球原油贸易中，有一半以上是油轮经固定的海上通道完成运输的。目前，

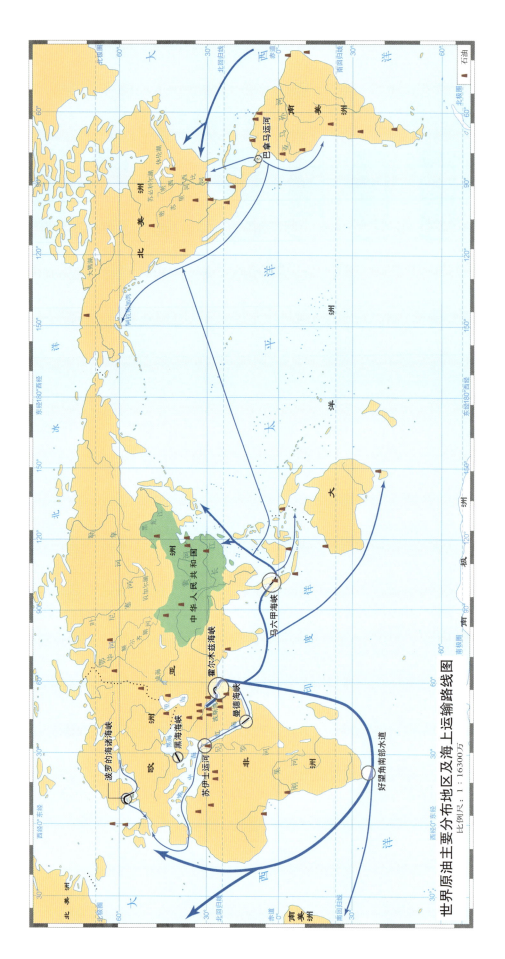

世界原油主要分布地区及海上运输路线图

比例尺：1：16300万

海上通道：『候圈』重要海上通道

全球原油贸易的海上通道主要有 8 条，这 8 条海上通道堪称承担世界石油运输任务的"油管"。一旦其中任何一条通道被破坏或者关闭，都会引发国际油价大幅波动，并对世界经济造成严重影响。这 8 条通道分别是：霍尔木兹海峡、马六甲海峡、好望角南部水道、曼德海峡、波罗的海诸海峡、苏伊士运河、黑海海峡、巴拿马运河。

霍尔木兹海峡是连通波斯湾与阿拉伯海的唯一水道，全球约 20% 的原油输出都要经霍尔木兹海峡。来自沙特、阿联酋、卡塔尔、伊朗和伊拉克等周边产油区的原油都需通过这条海峡运出，海峡通畅与否对世界原油价格甚至世界经济发展有着重要影响。马六甲海峡是连接印度洋、中国南海和太平洋的最短水上航道，来自中东地区的石油主要经该海峡运往中国、日本和韩国等东亚国家。受海峡通行条件限制，目前能通行船舶的最大吃水深度为 22 米。好望角南部水道是全球石油运输的重要水道，每年经此通道完成的原油运输约占全球海运石油贸易的 9%。曼德海峡连接红海和亚丁湾，是由印度洋经苏伊士运河进入地中海的国际油轮必经之地。波罗的海诸海峡连接波罗的海和北海，是俄罗斯向欧洲其他国家出口石油的重要海上通道，正常情况下每天有超过 300 万桶的原油通过这些海峡。苏伊士运河连接红海与地中海，是波斯湾石油运往欧洲和北美市场的战略通道。黑海海峡连接着黑海和地中海，是俄罗斯、阿塞拜疆等国石油外运的主要通道。巴拿马运河连接太平洋和大西洋，是墨西哥至日本的石油航线必经之地。

海洋运输

国际贸易的主要运输通道

随着全球经济一体化的发展，全球产业分工越来越细，合作越来越密切，以欧洲制造的著名的空客 A380 飞机为例，一架飞机

全球海上高速公路

由 400 多万个零件组装而成,这些零件分别由分布在全球各地的 30 个国家生产完成。足以见得,世界不同国家间的经济贸易合作越来越密切,世界经济也越来越依赖全球海上通道。

海洋运输具有诸多其他运输方式无法取代的优势,如:主要借助天然航道,不受道路、轨道的限制;通行能力更强;可随着政治、经贸环境以及自然条件的变化,调整和改变航线;货物载运量大(随着现代化造船技术日益精湛,船舶日趋大型化,超巨型油轮排水量最高已达 60 多万吨,第五代集装箱船的载箱能力已超过 5000 标准集装箱,载运量远远超过公路、铁路或航空等其他运输方式);运费低廉,单位运输成本远低于其他运输方式。所以,海洋运输日渐成为国际贸易的主要运输方式。目前,全球国际贸易总运量中的 2/3 以上、中国进出口货运总量的约 90% 都是由海上运输完成。

海空兵力全球机动的"坦途"

全球大洋是一个连续的整体,通过海洋可以到达全球任何一个沿海国家或地区。海上通道因此成为世界强国海空兵力全球机动的"坦途"。在全世界 232 个国家和地区中，有 182 个是沿海国家或地区，仅有 50 个国家或地区完全与海洋地理隔绝。因此，通过海上通道可以到达世界上绝大多数国家和地区。据统计，全球有过半数的人口居住在离海岸不足 200 千米的沿海地带内。因此，通过海上通道即可控制全球大多数国家，以及世界上的主要人口和财富。正是充分认识到海上通道的重要性，美国海军才会在 1986 年就提出战时必须要控制的 16 条海上通道。控制这些海上通道的重要目的是使美国具有通过这些海上通道实现海空兵力远洋投送的能力。美国的统治者们希望自己的海军和空军能够以最快的速度到达全球任何一个指定位置，以维持其全球海洋霸权地位。二战后，美国在全球发动的十几次局部战争中，绝大多数都是依靠其先进的海空兵力，依托海上通道快速机动到对手附近海域，向对手发起军事打击。

为了能自由地进出全球各大海域，肆意进行远洋军事投送，美国凭借其世界最强的海空兵力，持续开展所谓"航行自由行动"，反对其他沿岸国家合理的海洋主张。其根本目的是为了保持美国在全球海洋上进行军事投送的机动能力，并维护美国世界霸权。

世界沿海国家和地区

地质运动沧海桑田的变化

"沧海桑田"这一成语最早出自东晋葛洪所著《神仙传·王远》，讲的是一个叫麻姑的神仙得道以来，亲眼见到东海三次变成桑田。沧海变桑田只是神话故事里才有的吗？当然不是。现代地理学家在台湾海峡的海底发现了历史上森林的遗迹和古河道的遗迹，证明台湾海峡经历了多次海陆变迁，几度成为连接中国大陆和台湾岛的陆桥，沧海变桑田，桑田又变沧海；英吉利海峡所在的位置曾经是大陆，时至今日，英吉利海峡地区仍在缓慢沉降。

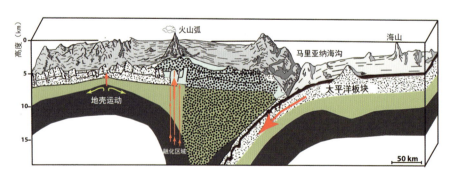

地球板块运动形成马里亚纳海沟

其实"沧海桑田"典故中所谓的"沧桑之变"是发生在地球上的一种自然现象。由于地球内部的物质总在不停地运动着，促使地壳发生变动，有时上升，有时下降。由于靠

沧海桑田的海陆变迁

近大陆边缘的海水比较浅，假如地壳上升，海底便可能露出，而成为陆地；相反，地壳下沉时海边的陆地下沉，陆地被海水淹没，便会变为海洋。海底的构造运动经常会造成海山喷发或海底地震，可能会形成海台、海山或者深海海沟等海底地貌，海底的海台、海山等如果遇到海面下降或地壳抬升，露出海面，也会成为陆地。

　　"沧海桑田"会受气候变化的影响而发生：如果全球气温降低，由海洋蒸发出来的水，在陆地上结成冰川，不能回到海中去，造成海水减少，浅海就可能变成陆地；反之，全球气温升高，造成陆上的冰川和海上的冰山融化，汇入海洋，海平面上升，使近海的陆地或低洼地区变成海洋。据科学家测算，假如地球大陆上的冰川全部融化，流入海洋的水可以使海面平均升高七八十米，那样将有许多陆地被海水淹没变成海洋，也会在低洼处形成新的海峡。另外，河流每时每刻都在把泥沙带入海中，天长日久也会将一部分海滨冲积成陆地。所以，这种"沧海桑田"的变化，在地球上是普遍进行着的一种自然过程，也是每时每刻都在发生的自然现象。地球上大多数海峡都是主要受到地质构造活动的影响而形成的，当然也会受到气候变化等其他因素的影响。

27

地球板块运动形成的海峡

全球岩石圈可分成六大板块，即太平洋板块、印度洋板块、亚欧板块、非洲板块、美洲板块和南极洲板块，其中只有太平洋板块几乎完全是海洋，其余板块均包括大陆和海洋。板块与板块之间的分界线是海岭、海沟、大的山脉和大断裂带。在地球的自转力等各种力的作用下，各大板块间不断发生缓慢的相互运动。如非洲板块和亚欧板块相互运动，拉伸、掰裂形成缺口，使大西洋海水进入地中海而形成直布罗陀海峡。印度洋板块和非洲板块间发生张裂，形成曼德海峡，并使红海不断扩张。太平洋板块不断扩张，与亚欧板块发生碰撞，使亚欧大陆板块边缘上拱，产生西太平洋边缘绵延数千千米的岛弧带，形成岛屿间和岛屿与大陆间的众多海峡，如太平洋的阿留申群岛、千岛群岛、日本群岛、琉球群岛、菲律宾群岛、马里亚纳群岛。印度洋的安达曼群岛、尼科巴群岛，太平洋和印度洋之间的努沙登加拉群岛，大西洋的大安的列斯群岛、小安的列斯群岛、南桑威奇群岛、南奥克尼群岛诸多群岛的岛间海峡，都是板块碰撞形成的。

板块运动与海峡形成

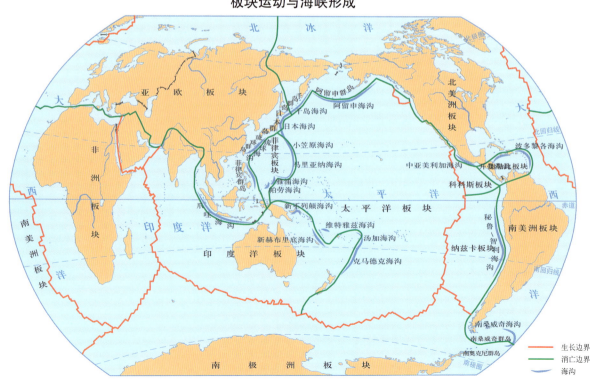

海上「咽喉」：重要海上通道

海面上升大陆沉降形成的海峡

按照海峡的地理位置划分，海峡可以分为三种：一是位于两块大陆之间的海峡，如直布罗陀海峡、白令海峡、德雷克海峡等；二是位于大陆与岛屿之间的海峡，如台湾海峡、英吉利 - 多佛尔海峡、莫桑比克海峡等；三是位于岛屿与岛屿之间的海峡，如大隅海峡、宫古海峡、印度尼西亚群岛各岛屿之间的海峡等。其中，位于大陆间、大陆与岛屿间的海峡由于距离大陆近，航运价值突出，地位重要。这些海峡在地质

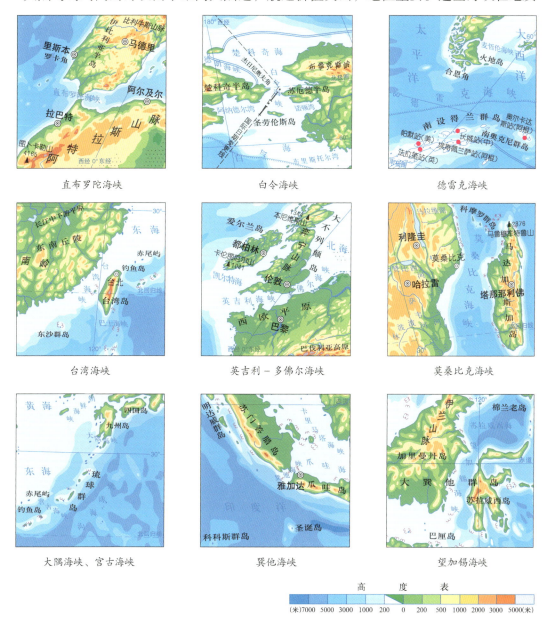

直布罗陀海峡　　　　　白令海峡　　　　　德雷克海峡

台湾海峡　　　英吉利 - 多佛尔海峡　　　莫桑比克海峡

大隅海峡、宫古海峡　　　巽他海峡　　　望加锡海峡

高　　度　　表

（米）7000 5000 3000 1000 200　0　200 500 1000 2000 3000 5000（米）

冰川是如何制造出这些数量巨大的海峡和岛屿的呢?

从约200万—300万年前开始,最迟在1万年前结束的第四纪大冰期,地球上的高纬度地区和山区广泛覆盖着厚厚的冰盖或冰川。这些厚厚的冰川在重力作用下不停运动,运动过程中将山谷或河谷侵蚀成为"U"形槽谷。槽谷的两侧有明显的谷肩,谷肩以下的谷壁陡峭。地形落差越大,冰川冰的厚度越大、形成的重力势能就越大,冰川下蚀能力越大,形成的冰川槽谷就会越深越大(松恩峡湾最深处可达1308米)。第四季冰期结束后,冰川融化,海平面上升,海水入侵,淹没了原来冰川形成的槽谷,使这些槽谷成为众多沿海的峡湾和岛屿。冰川给北欧留下了众多神秘、迷人、风景秀丽的峡湾,使北欧地区拥有最为典型的峡湾地貌。这些峡湾从外观上看好像是幽深的峡谷,两侧峭壁耸立,山崖夹峙,然而它却是一个个海湾,由于峡湾曲折,尽管外海风狂浪涌,峡湾里却波平如镜。

从世界范围看,除了在北欧地区外,北美洲中高纬度的西部沿海和东北部沿海地区、南美洲高纬度地区也分布有峡湾地貌。在由冰川侵蚀形成的众多海峡中,绝大多数海峡都是不重要、没名气的小海峡,一般也不会太引起世人的关注。但有一些重要的海峡也是由冰川侵蚀形成的,如南美洲的麦哲伦海峡、北欧的波罗的海诸海峡等。

历史上通常与邻近的大陆是连在一起的,属于大陆的一部分。由于海面上升,大陆沉降,逐渐淹没于海面以下,形成了分隔大陆与附近的岛屿的海峡。这类海峡一般水深较浅、海底地形平坦,海底沉积物与附近大陆基本一致。

高冷的峡湾地貌——冰川侵蚀形成高纬度地区海峡

如果有人问世界上岛屿最多的国家是哪里,很多人会毫不犹豫地回答:"是印度尼西亚。"号称"千岛之国"的印度尼西亚由17508个岛屿组成,是全世界最大的群岛国家。但印度尼西亚却不是世界上岛屿最多的国家。世界上岛屿最多的国家,不是中低纬度的群岛国家,而是处于高纬度地区冰川地貌广布的国家。

松恩峡湾,挪威最大、最深的峡湾。全长达204千米,最深处达1308米

挪威岛屿
比例尺：1：800万

加拿大海岸线蜿蜒而漫长，岛屿有52455个之多，其数量几乎是印度尼西亚的3倍。但加拿大的岛屿数量也只能排在世界第四。比加拿大岛屿数量多的国家还有挪威、芬兰和瑞典。这几个北欧国家，面积均不大，岛屿数量却非常惊人。挪威国土狭长，在靠大西洋的沿海地区，由北向南分布着超过1000个峡湾和峡谷。这些峡湾和峡谷的附近，则是密密麻麻的岛屿。据统计，挪威的岛屿数量有超过15万个。芬兰的海岸线比挪威

加拿大岛屿
比例尺：1：2230万

更短，却分布着 17.9 万个小岛屿。然而，岛屿最多的国家却是瑞典，它东临波罗的海，西临北海，在 2181 千米的海岸线附近，分布着多达约 22 万个小岛，岛屿数量约是印度尼西亚的 12 倍。

本书主要介绍海峡，却讲了那么多岛屿，貌似有些"跑题"，实则并没有。正因为有这么多的岛屿，在岛屿与岛屿之间，以及岛屿与大陆之间就形成了同样数量惊人的海峡。只是这些海峡由于所处纬度高、气候寒冷，人迹罕至，很多甚至连名称都没有，平时不被注意罢了。此外，这些地区广泛分布有美丽幽深、深入内陆的峡湾，形成的海岸线曲折、破碎，大量海湾、海峡深入内陆，形成了地球上高纬度地区广泛存在的一种独特的地貌景观——峡湾地貌。它的制造者是曾经在高纬度地区广泛存在的冰川。

火山喷发也能形成海峡？

火山喷发也能形成海峡？是的，有些海峡确实是由于火山喷发形成的。有些大洋中的岛屿面积较小，海拔高度却很高，这样的岛屿基本都是火山岛，是由海底火山喷发冷却形成。火山岛可由单个火山形成，也可由一系列火山群形成规模较大的

火山喷发形成群岛海峡

火山岛，如夏威夷群岛中的夏威夷岛，南北长 150 千米，东西宽 122 千米，面积 1.05 万平方千米，高出洋底近万米，由 5 座火山交叠构成，其中世界著名的冒纳罗亚活火山海拔达到了 4169 米。整个夏威夷群岛由夏威夷岛、毛伊岛、拉奈岛、莫洛凯岛、瓦胡岛、考爱岛、尼豪岛、卡霍奥拉韦岛等 8 个大岛和 124 个小岛、岩礁组成。群岛主体部分的 8 个大岛均为火山岛，诸岛屿间有 9 条水深且障碍较少的海峡，是岛际联系的海上通道。由于夏威夷群岛整体是火山喷发形成的，群岛间的海峡也是间接因海底火山喷发形成的。类似的海峡还有太平洋中的小笠原诸岛、硫黄列岛，大西洋中的亚速尔群岛、马德拉群岛、加那利群岛，印度洋中的科摩罗群岛、塞舌尔群岛等群岛中火山岛之间的海峡。

珊瑚礁的生长发育

珊瑚礁生长发育形成的海峡

珊瑚岛是由海洋中的珊瑚虫遗骸堆筑而成的岛屿，一般分布在热带海洋中。由于能够"制造"珊瑚的珊瑚虫对周围海洋环境的要求比较苛刻，只能生活在温暖、清澈的浅海水域，水深一般在 50 米以内，适宜温度在 22℃ 至 32℃ 之间，如果温度过低或过高都不能生存，所以这些珊瑚岛基本都分布在地球上低纬度的热带海洋地区。全球范围内的珊瑚岛集中分布于西太平洋、印度洋及大西洋的热带海区，如中国的西沙群岛、南沙群岛，太平洋中的密克罗尼西亚群岛、波利尼西亚群岛，印度洋中的马尔代夫群岛，大西洋中的百慕大群岛等。这些群岛之间形成众多的海峡，从某种意义上说是由于珊瑚生长发育而形成的。

马尔代夫环礁群影像

人类改造和利用自然的杰作

因势利导，开挖运河，形成海峡

　　人类很早就认识到了海洋可通舟楫之便的航运价值。在 3000 多年前成书的《易经》上就记载过伏羲氏"刳木为舟、剡木为楫"的故事。在河姆渡史前文明遗址中出现了 7000 年前的木桨，成为中国人早期航海的铁证。但在有些地方，虽然两侧的海域近在咫尺，却被狭窄的陆地分割开来，使得船只无法航行，于是就有了人为改造自然、开挖运河、联通海洋的人工海峡。为了能够利用海洋，进行海上航运，

人们在一些地峡上开凿运河，沟通地峡两岸水域，这类运河称为人工海峡。世界上著名的苏伊士运河、巴拿马运河、北海—波罗的海运河（基尔运河）、科

基尔运河由 9000 名工人耗时 8 年开凿。1895 年通航后又被再次拓宽

林斯运河等，都是人类改造自然、建造人工海峡的伟大工程。

很多人都知道中国的京杭大运河是世界上开凿最早、里程最长的运河，运河全长约 1797 千米。不仅如此，中国还开通了最早的通海运河，建成了世界上最早的人工海峡。元至元十八年（1281 年）始开凿、明嘉靖十四年（1535 年）续开凿的胶莱运河及马濠运河，是世界上最早开凿的连海运河。它比苏伊士运河（1859 年开凿）和巴拿马运河（1880 年开凿）开凿时间都要早数百年。元朝忽

必烈接受了莱州人姚演的建议，在胶州湾与莱州湾之间、胶州湾与唐岛湾之间，开凿出一长一短两条连海运河，以解决南粮北调的问题。开凿两运河工程以胶莱运河为主，马濠运河为辅。胶莱运河一带原为低洼地，有几条天然河流分别流入胶州湾和莱州湾。开凿时要在今山东平度分水岭一带开出一条长约 30 千米的人工河道，引百脉湖水连接通往两个海湾的河流，还要在运河沿途建水闸，控制水流。两年之后，"凿池三百余里……谓之胶莱新河"。此后，来自江南的运粮船队，不必再绕胶东半岛，只需进入胶州湾，随海潮驶入胶莱运河，再经莱州湾北上，即可直达天津塘沽沿岸。两条运河的开凿通航，连接黄海和渤海，将山东半岛变成了"岛"，缩短了南北海运航程，增强了海运安全性，促进了元朝南北方经济文化交流。

无论在古代还是在现代，开凿运河都是需要耗费巨大的人力、物力的大国工程，

不是轻而易举的。那么开凿运河或者说人工海峡需要具备哪些条件呢？

　　首先要具备便于开凿的良好的自然环境基础。巴拿马运河、苏伊士运河等人工海峡都是在原有地峡的基础上开挖而成，是因势利导的对自然环境的改造和利用。地峡是位于两块较大陆地之间或较大陆地与半岛之间的狭窄地带，如巴拿马地峡位于南美洲大陆和北美洲大陆之间，苏伊士地峡位于亚欧大陆和非洲大陆之间，克拉地峡位于马来半岛和亚欧大陆之间。地球上的地峡比较少，地峡的地理位置非常重要。地峡往往是沟通大陆和大陆、大陆和半岛的陆路桥梁，也是交通运输的咽喉要道。由于地峡比较狭窄，多数地峡地势低平，地峡内还有较多的河流和湖泊，因此地峡成为开凿运河的最优地域。

　　其次是要具备重要的经济、军事等方面的价值。最直接的是运河开通后能够大幅缩短重要航线的航程，产生巨大的经济效益。如巴拿马运河开通后，大大缩短了太平洋和大西洋两洋之间的航程。与绕道麦哲伦海峡相比，从美国大西洋沿岸的纽约到太平洋沿岸的圣弗朗西斯科（旧金山），缩短航程约 1 万千米；从纽约到日本的横滨，缩短航程约 7000 千米；从英国利物浦到圣弗朗西斯科，缩短航程约 1 万千米等。苏伊士运河开通后，通过运河的航线与绕道好望角相比，从北大西洋沿岸各国到印度洋，可缩短航程5500 ～ 8000 千米；从地中海东部和黑海沿岸各国到印度洋，可缩短航程 8000 ～ 12000 千米；从中国到黑海沿岸国家，可缩短航程约 1.2万千米。

1914 年 9 月 26 日，远洋拖船加通号首次通过巴拿马运河加通船闸

还有一个非常重要的条件，那就是建设运河要有强大的人力、物力、财力支持。运河的开凿耗资巨大。如开凿巴拿马运河，前后耗时十多年，完成工程总土方达 1.8 亿立方米，牺牲劳工 6.7 万人。修建苏伊士运河历时 10 年，耗资 1600 万英镑，牺牲民工 12 万人。泰国一直想在境内的克拉地峡开凿运河，但受制于国家国力，在没有大国参与的情况下基本无法实现。

兴建港口，疏浚航道，布设航标

船舶、航线、港口被认为是海洋运输基本要素。港口是海运连接两端陆地的交通枢纽，在整个海运体系中的作用十分重要。人类最早的港口是天然港口，是利用天然的海湾、河口等场所供船舶停泊。当天然港口难以满足海运发展需要时，人们开始建造港口。考古发现世界上最早的人工海港是 5000 多年前就已经建成的以色列地中海沿岸的古雅法港口。经测定其建造年代为公元前 30 世纪。作为西方航海发源地的地中海沿岸有许多古代重要港口，如腓尼基人于公元前约 2700 年在地中海东岸兴建了西顿港和提尔港，地点都在今天的黎巴嫩境内。中

1899 年之前的雅法港口

国在汉代建立了广州港，与东南亚和印度洋沿岸各国通商，后又建立了杭州港、温州港、泉州港和登州港等对外贸易港口。

随着商业和航运业的发展，传统的港口已不能满足经济发展的需要，须兴建具

1839年的黄埔港

古代广州港

有码头、防波堤和装卸机具设备的现代港口。西方产业革命后，开始了大规模的现代港口建设。现代港口建设需要良好的自然条件，如优越的地理位置、广阔的水域和陆域空间、必要的水深、适宜的气象条件等。港口的发展还需要有发达的经济腹地条件，为港口提供稳定的货源。港口属于交通运输基础设施，具有投资规模大、建设周期长的特点，要求建设者必须具有较强的资金实力。

供船舶航行的航道也不是开通后就能一劳永逸地使用的，在进出港的浅海海域，航道经常会被泥沙淤积，影响船舶航行，因此需要定期疏浚，增加和维护航道深度和宽度。在世界上一些大河流的中下游和河口区也多需要采用疏浚的方式维持航道水深。古代疏浚航道的方法是人在船上用长柄斗勺挖取水中泥沙，效率低下，疏浚难度大。自从18世纪出现了以蒸汽机为动力的挖泥船以后，疏浚机具取得了日新月异的发展，疏浚在航道工程中的地位越来越重要。

为了保障船舶航行的安全，人们还建设发展了助航标志系统，用于标示航道方向、界限与碍航物，帮助引导船舶航行、定位和表示警告等信息，其功能类似公路交通中的道路指示牌。大家所熟悉的为航海指明方向的灯塔也是航标中的一种，属于最常见、最古老的视觉航标之一。

峡"路"工程，天堑变通途

千百年来，海峡为海上交通带来了极大方便的同时，却阻断了两岸陆路的交通。陆上常使用的铁路和公路不能连贯，需要改用海运和航空运输。航空运输虽然快捷，但运量有限、运费昂贵，不适于运输大宗货物；海运需要在两岸建码头，需要有渡船，运货时还需转换运输方式（卸车、装船，卸船、装车），无疑要增加运输时间，增加运输费用。随着现代海洋工程技术的发展，人们建成了很多令人惊叹的峡"路"，这些改善海峡两岸陆路交通的工程成为人类的伟大工程。

宏伟壮丽的跨海大桥

在海峡上架设桥梁、沟通海峡两岸是实现跨海峡交通的最常用方式。如果桥梁高度较高，桥下还可以行船，使水路运输保持畅通，水、陆交通两不耽误。海桥中比较著名的有美国的金门大桥、土耳其的博斯普鲁斯海峡大桥、巴林和沙特之间的巴林—沙特阿拉伯跨海大桥、日本的明石海峡大桥等。

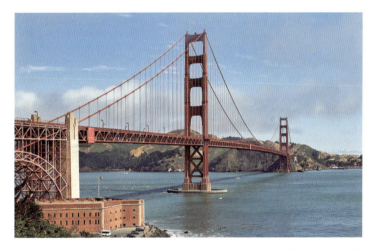

横跨金门海峡的金门大桥

美国横跨金门海峡的金门大桥，桥长 2700 米，桥宽 18 米，涨潮时桥面离水面高 67 米，巨型海轮可在桥下自由通过，被誉为"世界第一桥"。

土耳其博斯普鲁斯海峡大桥全长 1560 米，是第一座跨越博斯普鲁斯海峡并连结亚洲与欧洲两大陆的跨海大桥。

博斯普鲁斯海峡大桥

大贝尔特海峡跨海大桥

濑户内海海桥

日本的明石海峡大桥，主跨跨径达 1991 米，全长 3911 米，是世界上主跨最长的悬索桥。

其他跨海峡大桥还有丹麦的大贝尔特海峡大桥、日本濑户内海海桥等。

悠长神秘的海底隧道

海底隧道既可连接海峡两岸的陆路交通，又不受潮汐、海流和海面恶劣天气的影响，海底隧道内行车速度快，不影响海面船舶航行，是目前解决海峡两岸陆路交通问题比较好的方案。现已建和在建的海底隧道有 20 多条，主要分布在美国、西欧和东亚地区。从工程规模和现代化程度上看，当今世界最有代表性的海峡隧道工程有如下几条：

日本的青函海底隧道，横越津轻海峡，全长 54 千米，海底部分长 23 千米，是目前世界上最长的海底隧道。

英吉利海峡隧道，横贯多佛尔海峡，由三条分别长 51 千米的平行隧洞组成，总长度 153 千米，其中海底段的隧洞长度为 3×38 千米，是世界第三长的海底隧道及海底段最长的铁路隧道。

维多利亚海峡隧道，连接香港岛湾仔和九龙半岛尖沙咀。维多利亚海峡有三条海底隧道，分别是 1972 年通车的香港海底隧道（红磡海底隧道）、1989 年通车的东区海底隧道，以及 1998 年通车的西区海底隧道。其中红磡海底隧道是中国领土

日本青函隧道

上的第一条海底隧道。

　　埃及的哈姆迪隧道，从苏伊士运河的河床底下穿过，横贯运河东西两岸。隧道是以第四次中东战争中牺牲的原埃及工程兵部队司令哈姆迪的名字命名。隧道本身长约 2 千米，加上两边的入口部分，全长约 6 千米，是连接亚洲和非洲的第一条河底通道。

变化万千的桥隧组合

　　桥隧组合是根据海峡的地理特征，搭建桥梁与开挖隧道相结合的公路铁路通道，在适合架桥的地段架桥，适合开挖隧道的地段开挖隧道。比较著名的桥隧组合工程有大贝尔特海峡上的跨海桥隧系统以及切萨皮克湾隧道大桥等。

　　丹麦的大贝尔特海峡跨海桥隧系统由东公路桥和铁路隧道、西铁路和公路两用

厄勒海峡大桥及隧道

桥组成。桥隧系统以海峡中间的斯勃欧岛为枢纽，岛东因海水较深，在 40 米深处挖两条直径各为 8.5 米的双轨铁路隧道，长 8 千米，建一座高出水面 77 米、长 6.8 千米的当时世界最大的公路吊桥；岛西建有一座高出水面 18 米、长 6.6 千米的铁路桥和一座与铁路桥平行的公路桥。在海阔、水深、浪高、流急的大贝尔特海峡上建造的桥梁隧道相结合的公路铁路通道，是世界著名跨海桥隧组合工程。

美国切萨皮克湾隧道大桥结合了人工岛、沉管隧道和大桥，堪称独特。桥隧全长 37 千米，由 20.11 千米的混凝土低位高架桥、两条长度分别为 1.6 千米的海底隧道、两座高位钢结构桥、4 个长度为 457 米的人工岛、3.2 千米的堤道和 8.85 千米的引桥组成，是美国桥梁建设史上引为骄傲的超级工程。

瑞典与丹麦之间的厄勒海峡大桥，连接丹麦首都哥本哈根和瑞典第三大城市马尔默，由长 7.845 千米的桥梁、4.055 千米的人工岛、4.05 千米的海底隧道组成，全长 16 千米，是目前世界上已建成的承重量最大的斜拉索桥，也是目前世界上最长的公铁两用跨海大桥。

自然特征独特的海域

由于海峡所处的地理位置不同，地理环境不同，地质条件各异，在海峡的形成过程中受到的地壳运动及其他自然力方式、规模和强度千差万别，不同海峡的地理形态千姿百态，成为地球上特殊的风景线。

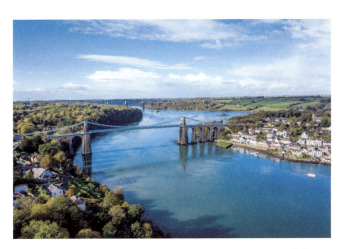

梅奈海峡

千姿百态的平面形态

海峡的规模和形态千差万别，不同海峡的空间规模差异极大，宽度从几百米到近千米，长度从不足一千米到几百千米，空间展布千姿百态，有些短宽，有些细长，有些长宽。海峡的不同形态使海峡的军事价值不同，海峡宽窄直接影响舰船通航，一般海峡越宽，越便于通航，海峡越窄，越利于军事上的防守

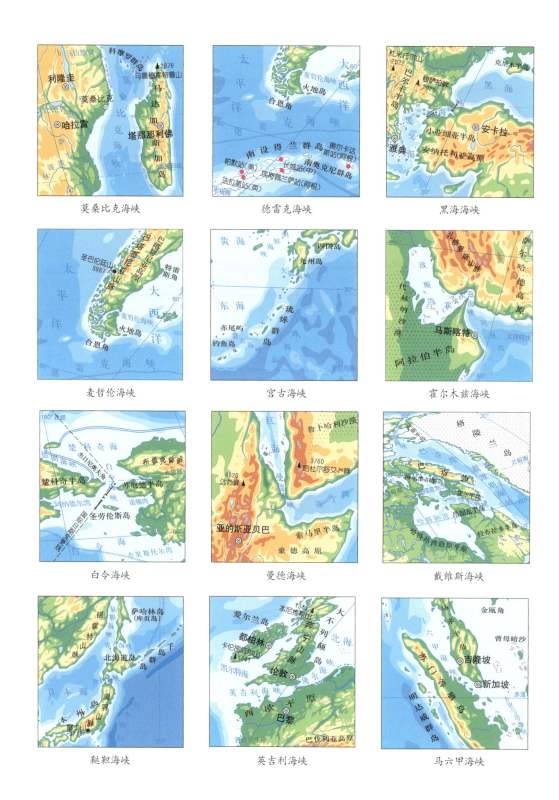

莫桑比克海峡

德雷克海峡

黑海海峡

麦哲伦海峡

宫古海峡

霍尔木兹海峡

白令海峡

曼德海峡

戴维斯海峡

鞑靼海峡

英吉利海峡

马六甲海峡

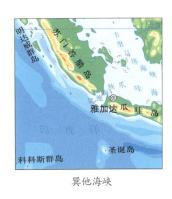

巽他海峡

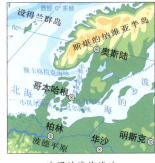

波罗的海诸海峡

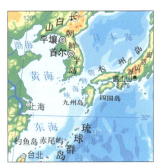

朝鲜海峡

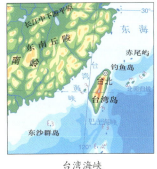

台湾海峡

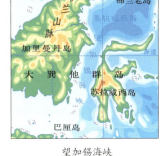

望加锡海峡

和封锁，海峡岸线越是曲折航行越复杂，岸线越是平直航行越容易。

我们熟知的可以通航的海峡，如马六甲海峡、直布罗陀海峡、霍尔木兹海峡等都是占据着海洋之上交通要道的重要海峡，这些海峡大多是海洋之中宽敞的通道。这些海峡中**有的海峡不仅很长，而且很宽**。如非洲东岸与马达加斯加岛之间的莫桑比克海峡，平均宽 450 千米，长 1670 千米，是世界最长的海峡；南美洲南端与南极洲南设得兰群岛之间的德雷克海峡，长 300 千米，宽达 970 千米，是世界上最宽的海峡。**有的海峡虽然不宽，但却比较长**，呈线形延伸，如新加坡岛和马来半岛之间的柔佛海峡，黑海海峡中的博斯普鲁斯海峡（伊斯坦布尔海峡）和达达尼尔海峡（恰纳卡莱海峡），麦哲伦海峡等。**有的海峡虽然不长，但较宽**，如一些岛弧中的海峡，例如位于琉球群岛的宫古岛与久米岛之间的宫古海峡，最窄处 209 千米，最宽处约 268 千米，平均宽度 239 千米，是"第一岛链"中最宽的海峡，海峡宽度是台湾海峡宽度的 2 倍。与世界上常用的通航海峡相比，很多海峡并不显眼，也不重要，**有的十分短小狭窄**，在一般的地图上几乎看不到。例如位于日本濑户内海中前岛与小豆岛之间的土渊海峡，全长只有 1.5 千米，最宽的地方只有 400 米左右，最窄处更是只有 9.93 米，是世界上最狭窄的海峡。

认真分析，海峡形态也是千差万别。**大多数海峡中间较窄、两头较宽**，如霍尔木兹海峡、白令海峡、曼德海峡，以及岛弧中的诸多海峡。**有的海峡两头窄、中间宽。**如黑海海峡两头的博斯普鲁斯海峡和达达尼尔海峡很窄，而中间较宽，以至于被另外命名为马尔马拉海；又如格陵兰岛西侧南头的戴维斯海峡较窄，北端的史密斯海峡和罗布森海峡更窄，而中间较宽（命名为巴芬湾，其实巴芬湾是格陵兰岛西侧海峡的组成部分）。**有的海峡，一头较窄，另一头较宽**，略呈喇叭形，如鞑靼海峡、英吉利海峡、马六甲海峡、巽他海峡、波罗的海诸海峡等。**有的海峡两岸接近平行**，略呈矩形，如朝鲜海峡、台湾海峡、望加锡海峡。**有的海峡蜿蜒曲折**，如位于南美洲大陆最南端的麦哲伦海峡，蜿蜒细窄，西段的海峡从西北向东南，东段的海峡又从西南折回到东北，西段与东段形成直角弯，是世界上最曲折的海峡。

高低起伏的海底地形

海峡的海底与陆地一样，高低起伏不平，水浅的海峡在低潮时峡底可以露出海面，水深的海峡可深达几千米。如位于印度南部泰米尔纳德邦与斯里兰卡本岛之间的保克海峡，大部分区域都很浅，平均水深 2 ~ 3 米，最深处仅 9 米，是世界上最浅的海峡；南美洲南端与南极洲南设得兰群岛之间的德雷克海峡，平均水深 3400 米，最深处达 5248 米，为世界最深海峡。一般而言，太浅的海峡不利于通航，

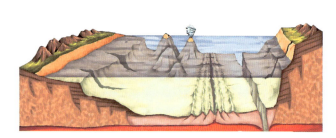
海底地貌

但有利于架桥以沟通两岸陆路交通，军事上有利于布设水雷封锁；深的海峡则有利于吃水深的大型船舶和潜艇隐蔽航行，而不利于布雷封锁。

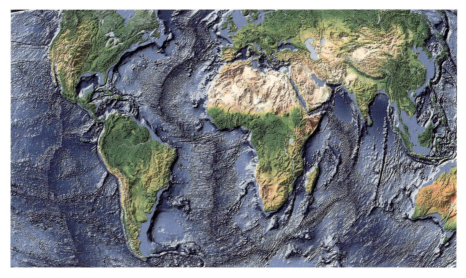
高低起伏的海底地形

各海峡底部的起伏形态差别也很大。处于岛弧中的海峡一般两岛之间的海域深度较浅，而向岛屿两侧海域深度加深；两岛之间的海域则靠近岛处深度较浅，逐渐向海峡中间深度加深。海峡剖面有的呈"U"形，有的呈"V"形。较大的海峡一般海底地形很不规则，起伏不平，如丹麦海峡虽然海面平静，但海底却隐藏着世界上已发现的最大的瀑布——丹麦海峡瀑布：整体宽度约160千米，垂直落差高达3505米，每秒钟的流量多达500万立方米，是世界上流量最大的河流亚马孙河的25倍。

海峡的底质类型多样，多为坚硬的岩石或沙砾，细小的沉积物较少。这是由于有的海区潮流作用强，流经海峡时，潮流流速加大，强烈冲刷海峡底部。但也有比较特殊的海峡，如马六甲海峡两岸径流携带大量泥沙进入海峡，加上位于赤道无风带，海水流速慢，以及海域水浅、狭小，且东南多岩礁和沙脊等原因，使海峡沉积作用强，海峡底部较平坦，多为粉沙、沙、泥沙和贝壳底，淤积较严重，两岸可见大量淤泥堆积形成的沼泽地。在一些沿海地区，每年由于泥沙淤积产生陆地，向海扩展近9米，海岸线每年会扩张几十米。据推测，如果不清淤疏浚，按照这个速度，1000 年以内，马六甲海峡就会消失。因此，马六甲海峡需经常疏浚才能保持水深，保证航行畅通。

独特的海洋水文环境

海峡内的海流、海水温度、盐度等水文特征对舰船航行影响很大，舰船如果逆流航行会降低航速，顺流航行可以增大航速，不稳定的海流会增加航行的危险性，高盐度会增加浮力，节省航行动力。潮汐和海流对海峡工程建设和海上军事行动也有很大的影响。

水温、盐度受所在海域的影响

海峡的水温和盐度一般与海峡所处海域的水温和盐度相一致。如白令海峡北连北冰洋，气候寒冷，结冰期长达9个月（10月至翌年6月），而马六甲海峡地处热带，年平均表层水温高达 27 ~ 29℃；厄勒海峡受低盐度的波罗的海海水的影响，盐度仅11左右，

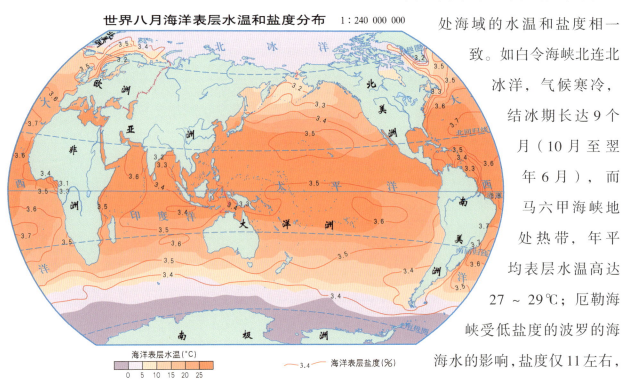

世界八月海洋表层水温和盐度分布　1：240 000 000

海洋表层水温(℃)
0　5　10　15　20　25

3.4　海洋表层盐度(‰)

而曼德海峡受高盐度红海海水的影响，盐度高达 40。

复杂多样的海流特征

受海峡所在的位置、两侧的陆地特征及所沟通的两个水域的水文特征影响，各海峡的海流特征比较复杂，主要有下列几种类型：

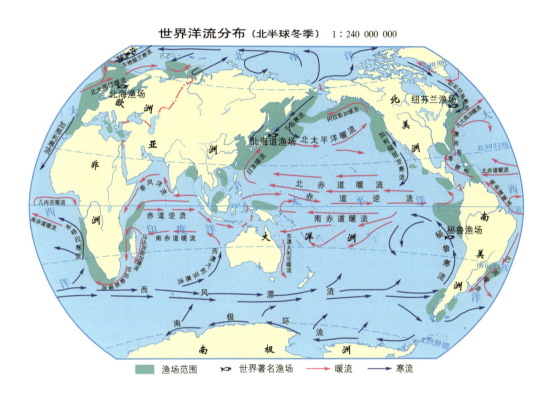

单向恒流海峡。通常受地区稳定的洋流或海流的影响而形成。如佛罗里达海峡，常年有佛罗里达暖流自墨西哥湾经海峡向东北流向大西洋；又如德雷克海峡，处于南极环流圈上，海水自太平洋经海峡浩浩荡荡流向大西洋。此种水文特征的海峡比较多，还有巴士海峡、巴林塘海峡、宗谷海峡（拉彼鲁兹海峡）、津轻海峡、望加锡海峡、莫桑比克海峡、向风海峡、尤卡坦海峡、英吉利海峡等。

双股同水位相向恒流海峡。通常受两股海流影响而形成。如白令海峡，白令海暖流沿海峡东岸向北流向北冰洋，北冰洋寒流沿西岸流向白令海；朝鲜海峡，黑潮的分支对马海流由济州岛东南方流向对马岛，在对马岛分成两支，一支经对马岛西侧，一支经对马海峡，向东北流进日本海，日本海流（寒流）在距朝鲜半岛海岸37～65千米范围内自东北流向西南。类似的海峡还有丹麦海峡、戴维斯海峡等。

季节性双向恒流海峡。如莫纳海峡，受风的影响海水冬季流向西南，夏季流向北。霍尔木兹海峡虽受风的影响不大，但也是季节性双向恒流，海水夏季流向东，冬季流向西。

双股不同水位相向叠流海峡。这类海峡最典型的要属直布罗陀海峡。因海峡东部的地中海海水盐度高（37.7）、水温低（年平均13.5℃），海水密度大而下沉，从下层（160米以下）经海峡流向大西洋，而大西洋海水盐度低（36.6）、水温高（年平均17℃），海水密度小，从上层经海峡流入地中海。类似的海峡还有黑海海峡（底层水由地中海流入黑海，上层水自黑海流入地中海）。

海流不稳定的海峡。有的海峡没有稳定的洋流经过，也不存在密度差，却有不稳定的季节风，海水受风的影响而不稳定地流动。如巽他海峡，平常没有海流，有季节风时有海流，季节风大时，海流流速很大，且时有急流。通过此类海峡时，需密切注意海流变化对航行的影响。

只有潮流，没有海流或海流很小的海峡。这种海峡所在海区既没有稳定的洋流或海流经过，也没有明显的季风，又不存在密度差的影响。如马六甲海峡、新加坡海峡、柔佛海峡、麦哲伦海峡、龙目海峡、曼德海峡等。

独特的海洋气象环境

大雾、大风等气象条件与海浪、海冰等的特征是确定航线和制定航海计划的重要依据。海峡的气象特征一般与所处海域的气象特征相一致，并受海峡两侧的陆地地形及海峡所沟通的两个海域的水文气象环境影响。

寒冷的海峡

在南北半球的高纬度地区的海峡，气候寒冷，海峡两岸常为冰雪覆盖，海峡内冬季结冰，夏季多浮冰，影响通航。如位于北极圈附近的白令海峡，冬季平均气温约 -20℃，1 月最低气温达 -43.8℃；7 月平均气温约 5℃。8 月水温 4 ~ 8℃，10 月至次年 6 月为封冻期，冰厚 1.2 ~ 1.5 米，7 月多浮冰，8 月至 9 月可正常通航，但海面仍有浮冰。

大风的海峡

在南北半球的中纬度地区，副热带高气压带与副极地低气压带之间的西风带，风力一般比较强劲、持久，海洋上风浪较大，受"狭管效应"影响，在该区域海峡内的风浪会比一般海域更大。如位于南纬 56° ~ 62° 之间的德雷克海峡，以其狂涛巨浪闻名于世，海峡上空盛行西风，尤以北半部风力更强，风速一般每秒达 6.4 ~ 10.3 米，有时超过 20 米 / 秒，是全球公认风浪最大、航海环境最恶劣的地区之一，海峡因此也被称为"魔鬼西风带""咆哮西风带"，有"航海家坟墓"之称。

多雾的海峡

海峡内水汽充足，并有丰富的盐粒作为凝结核，因此经常多雾。平流雾、混合雾、辐射雾和地形雾等各种海雾均有形成，其中以平流雾最为常见。英吉利海峡地区沿大西洋吹来的暖湿气流和从北冰洋吹

德雷克海峡大风

英吉利海峡浓雾

来的冷气流经常在这里交汇，形成茫茫大雾，雾季长达 6 个月以上。

悄然变化的海峡

随着全球气候变暖，全球范围内自然环境都受到或显著或微小的影响，海峡也在悄然发生变化，如海冰消融、温度升高、海平面上升……在全球变暖的大背景下，北极地区气温升高幅度约为全球平均升温幅度的两倍，海冰正加速融化，可以更短距离地连接欧亚的北极航道，通航时间延长。2007 年，首次出现有人类观测记录以来的北极东北航道、西北航道同时开通。在全球变暖背景下，北极航道有望成为新的"黄金水道"。

作为全球气候开关的海峡

海峡无疑会受到全球气候变化影响，但有些海峡反过来也会影响到全球气候变化。如德雷克海峡的海冰变化能影响拉尼娜事件和厄尔尼诺事件的交替，具有调控全球气候变化的作用，被称为海冰的气候开关效应。

国际海洋法的示范区

随着海洋在人类活动中地位的提高，国际上逐步形成了关于海洋的许多法律制度。1982 年通过，1994 年生效的《联合国海洋法公约》至今已得到全世界 167 个国家缔约，成为国际公认的海洋法。海峡作为特殊而重要海域，成为国际海洋法的重要的示范区。海峡的地理位置不同、地理形态不同，适用的通行制度也不同。《联合国海洋法公约》对不同性质的海峡规定了不同的通行制度，成为各国制定本国海峡航行制度和各国舰船规范航行活动的主要依据。根据海峡法理地位的不同，海峡可分为内水海峡、领海海峡、非领海海峡和适用于国际航行的海峡等几种。

1982 年 12 月 10 日，《联合国海洋法公约》在牙买加蒙特哥湾签署

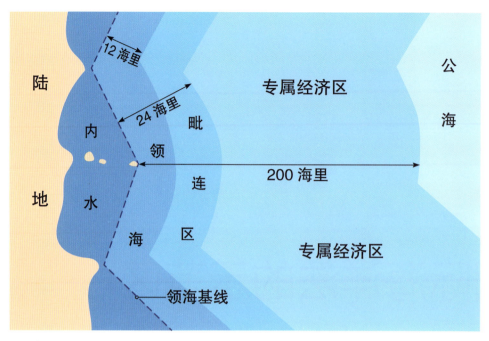

内水等概念示意图

内水海峡

如果海峡处于一个国家的领土内或领海基线以内，这个海峡就属于国家的内水海峡。内水是指国家领陆内及领海基线向陆一侧的水域，包括河流及其河口、湖泊、港口、内海和历史性海湾等。被陆地包围的陆锁海、海峡和湖泊也属于内水。内水是沿岸国家领土的组成部分，沿岸国家对内水享有与对领陆同样的主权，非经许可，其他国的船只不得驶入。有关内水的法律制度由各国国内法律规定。一切外国的船舶非经沿海国许可不得在其内水航行。外国商船获准进入一国内水活动的，需遵照该国法律和规章规定，驶入指定的港口。遇难的船舶可以进入内水海峡，但在海峡内航行也需要遵照沿海国的规章制度。外国军用船舶需要通过内水海峡时，必须通过外交途径办理一定手续。

内水海峡又可细分为四种不同情况，但无论是哪种情况，对内水海峡的通行制度都是一致的，即沿岸国家对内水海峡都拥有绝对的主权，外国船舶非经许可不得进入。

情况 1：海峡处于一个国家内海，如我国舟山群岛中的各海峡、日本濑户内海中的各海峡等，这种海峡完全为一国内水。

情况 2：海峡一端是公海或专属经济区，另一端连接内海，如果海峡两岸及所连接的内海属于一个国家的领土，且海峡的宽度不超过该国领海宽度的一倍，则这种海峡是沿岸国的领峡，其水域具有内水的性质，沿岸国完全有权不许外国船舶通航，如我国的渤海海峡。

情况 3：海峡两端连接的都是公海或专属经济区，并且两岸属于同一个国家，且海峡宽度不超过该国领海宽度的一倍，这种海峡属于该国的领峡，海峡内水域具有内水的性质，可以不对外国船舶开放。如我国的琼州海峡，两端都是我国的专属经济区，两岸的雷州半岛和海南岛都是我国的领土，海峡最窄处只有 10.5 海里，最宽处也只有 21.4 海里，不超过我国领海宽度（12 海里）的一倍。我国政府 1958 年 9 月 4 日发表的关于领海的声明中明确宣布，琼州海峡是中国的内海。1964 年又颁布了《外国籍非军用船舶通过琼州海峡管理规则》，明确规定琼州海峡是中国的内海，一切外国籍军用船舶不得通过，一切外国籍非军用船舶如需通过，必须按照规定申请批准。

情况 4：海峡两岸属于一个国家的领土，海峡宽度大于该国领海宽度的一倍，但海峡被该国划入领海基线以内，这种海峡也属于该国的领峡，其水域具有内水的性质，可以不对外国船舶开放。这种情况一般存在于菲律宾、印度尼西亚等群岛国家，群岛内的海峡，除了指定的群岛海道外，基本可以被认为是该国群岛基线内的内水海峡。

领海海峡

领海海峡是指海峡宽度小于或等于两岸领海宽度之和的海峡，这类海峡是海峡沿岸国的领海。领海也视同为沿岸国的领土，完全隶属于沿海国主权管辖之下，但领海海峡应允许外国船舶无害通过。无害通过只适用于领海海峡，而不能适用于内水海峡，这也是领海海峡和内水海峡的区别之处。

无害通过制度

无害通过是《联合国海洋法公约》专门规定的一种通行方式，是指船舶在不损害沿岸国和平、安全与良好秩序的情况下，继续不停地迅速穿过领海的航行。这种通过应是继续不停地迅速进行，除特殊情况外不得停船、下锚，不得进行捕鱼活动，不得违反防止污染和沿海国关税、财政、移民或卫生规则。潜水艇或其他潜水器，须在海面上航行并展示其旗帜。允许外国非军用船舶无害通过其领海是公认的国际法规则，但沿海国为了本国的安全考虑，在特殊情况下也可以暂时禁止外国船舶通过。在对军用船舶的无害通过问题上，海洋法公约规定得不够明确，因而不同国家对军舰在沿海国领海内的无害通过是需要得到沿海国的事先同意或通知，还是可以自由通行存在较大分歧。一般来说，海洋大国多强调自由使用论，而发展中国家则多采取事先同意论。《中华人民共和国领海及毗连区法》规定，外国军用船舶进入中华人民共和国领海，须经中华人民共和国政府批准。

1988年2月12日发生的美苏黑海撞船事件，根本原因是美苏两国围绕无害通过权的一系列政治斗争

过境通行制度

不是所有的领海海峡都适用无害通过通行方式，有些特殊的领海海峡可以采用更为宽松的通行制度——过境通行制度。如果领海海峡的两端分别连接公海或专属经济区，用于国际航行，那么这个领海海峡适用过境通行制度。这类海峡通常包括：两岸为一国所有，宽度不超过领海宽度的2倍的海峡；两岸分

属两个或多个国家，宽度不超过领海宽度的 2 倍的海峡。如果海峡是由海峡沿岸国的一个岛屿和该国大陆形成，而且该岛向海一面在航行和水文特征方面有同样方便的一条穿过公海或穿过专属经济区的航道，则不适用过境通行制度。

过境通行制度的主要内容包括下列几点：

第一，过境通行是指专为在上述海峡继续不停和迅速过境为目的而行使航行和飞越自由，但对继续不停和迅速过境的要求，并不排除在一个海峡沿岸国入境条件限制下，为驶入、驶离或自该国返回为目的而通过海峡。所有船舶和飞机均享有过境通行的权利。

第二，过境通行的船舶和飞机应毫不延迟地通过或飞越海峡，不得对海峡沿岸国的主权、领土完整或政治独立进行任何武力威胁或使用武力，或以任何其他违反联合国宪章所体现的国际法原则的方式进行武力威胁或使用武力；除因不可抗力或遇难而有必要外，过境通行的船舶和飞机不应从事与其迅速过境无关的任何活动。

第三，过境通行的船舶应遵守关于海上安全和关于防止、减少和控制船舶污染的国际规章、程序、惯例。过境通行的飞机应遵守国际民用航空组织制定的航空规则。外国船舶在过境通行时，非经海峡沿岸国事先准许，不得进行任何研究和测量活动。

第四，为保证船舶航行安全，必要时海峡沿岸国可为过境海峡的航行指定海道和规定分道通航制，但这种海道和分道通航制应符合通行的国际规章，并需要在海图上清楚标出，妥为公布。过境通行的船舶应遵守适用的海道和分道通航制。

第五，海峡沿岸国可以制定关于通过海峡的过境通行的法律和规章，这些法律规章的内容通常包括航行安全和海上交通管理；防止渔船捕鱼及渔具装载；违反海峡沿岸国海关、财政、移民或卫生的法律和规章等。无论是在形式上还是在事实上，这些法律规章都不应对不同国家船舶区别对待。

第六，海峡沿岸国不应妨碍过境通行，应将其所知的海峡内或海峡上空对航行或飞越有危险的任何情况妥为公布。

非领海海峡

非领海海峡一般是指海峡宽度超过了两岸领海宽度的海峡。在海峡内除了两岸国家的领海外还有部分海域是专属经济区或公海。根据情况又可分为两类：

第一，两端连接的都是公海或专属经济区的海峡，如果两岸属于同一个国家的领土，而海峡宽度超过该国领海宽度的一倍，沿两岸分别划定该国的领海，领海以外的非领海海域可供船只航行，如我国的台湾海峡。

第二，海峡两岸分别属于不同的国家，海峡的宽度超过两岸国家领海宽度的总和，则沿两岸分别划定沿岸国领海，两岸的沿岸国在海峡内各拥有自己的领海。两岸沿岸国领海之外的海域可供船只航行，如莫桑比克海峡。

通常认为非领海海峡可以实行航行自由制度，实际上这种认识是不准确的，非领海海峡也仅是海峡中的非领海部分可以实行航行自由制度。所谓航行自由，是指每个国家，不论是沿海国还是内陆国，均有权在公海上行驶悬挂其旗帜的船舶，船舶在公海上除受船旗国管辖外，不受其他国家的管辖或支配，不受任何强制性海上礼节的拘束，也不承担交纳任何通行税的义务。既然这样，是不是可以认为在非领海海峡内船舶的航行是绝对自由的呢？事实并非如此，即使是海峡的宽度超过了两岸领海宽度，但如果海峡宽度不超过 400 海里，通常海峡中非领海的海域也是沿岸国的专属经济区或大陆架海域，沿岸国有权制定本国专属经济区及大陆架的法律和规定，在该海域内航行和飞越自由的外国船只和飞机也应该遵守这些法律规定。

适用于国际航行的海峡

《联合国海洋法公约》对用于国际航行海峡水域的法律地位、过境通行、无害通过等作了明确规定。用于国际航行的海峡，特别是构成世界性主要海洋通道的海峡，**不论其海岸是属于一国领土还是两个以上国家的领土，大都以国际条约保证其通行。**由于处于特殊的地理位置，对于国际航行十分重要，这些海峡的航行制度由一些长期有效的公约规定。按照《联合国海洋法公约》第 35 条 C 款规定，此种海峡的特殊法律制度不受该公约有关规则的影响。此类海峡中，比较著名的有下列 4 条：

黑海海峡（达达尼尔海峡、博斯普鲁斯海峡）与蒙特勒公约

达达尼尔海峡和博斯普鲁斯海峡连接地中海、马尔马拉海和黑海，是黑海通往地中海的唯一通道。达达尼尔海峡长 36 海里，最窄处仅约 0.5 海里，博斯普鲁斯海峡长 17 海里，最窄处不足 0.5 海里。海峡两岸领土全部属于土耳其。这两个海峡的法律制度在历史上曾有一系列国际条约规定。根据 1936 年 7 月由保加利亚、法国、英国、希腊、日本、罗马尼亚、土耳其、苏联和南斯拉夫在瑞士蒙特勒签订的《蒙特勒公约》的规定，不论在和平时期或战时，各国商船有通过海峡航行的自由，但土耳其有权禁止与它作战的国家的商船通过海峡；军舰通过海峡应通过外交途径事先通知土耳其政府；非黑海沿岸国的军舰必须是一万吨以下，同时通过海峡的军舰不得超过 9 艘，总吨位不得超过 1.5 万吨；黑海沿岸国的军舰通过海峡，一次限任何吨位的主力舰 1 艘，随行驱逐舰 2 艘；潜水艇只能在日间以水面航行的方式通过；战时，土耳其为交战国或认为受到外国军舰的直接军事威胁时，土耳其可

1936 年 7 月蒙特勒宫海峡会议签订《蒙特勒公约》

制定关于外国军舰通过海峡的规则。

麦哲伦海峡与布宜诺斯艾利斯边界条约

麦哲伦海峡位于南美洲南部，连接太平洋和大西洋，海峡长约310海里，最窄处仅2海里，海峡两岸大部分陆地属智利，在海峡东出口以南有阿根廷的领土。1881年智利和阿根廷签订的《布宜诺斯艾利斯边界条约》规定，麦哲伦海峡永远保持中立，一切国家的商船和军用船舶均可自由航行。

直布罗陀海峡与英、法、西班牙三国协定

直布罗陀海峡连接大西洋与地中海，两岸陆地分别属于西班牙和摩洛哥。1904年英国占领海峡的北岸直布罗陀。海峡长35海里，最窄处为7.6海里。1904年英、法两国缔结协定，规定为保证直布陀罗海峡的航行自由，两国共同承担在法属摩洛哥不设防的义务。同年西班牙也加入这一协定。1907年，英、法、西班牙三国又签订新协定，规定直布罗陀海峡非军事化，并承担不改变一切国家在海峡内自由航行的义务。

美国海军"乔治·H·W·布什"号航母打击群穿过直布罗陀海峡

松德海峡、大小贝尔特海峡与哥本哈根条约

松德海峡和大小贝尔特海峡位于波罗的海连接卡特加特海和北海的最短航道上，沿岸分属丹麦和瑞典，海峡全长约350海里，最窄处约2海里。松德海峡和大小贝尔特海峡沿岸历史上曾属于丹麦，外国商船通过时必须向丹麦交纳通行税，外国军用船舶通过必须经批准。1857年，欧洲一些国家同丹麦签定了哥本哈根条约，废除通行税制度，实行各国商船的自由航行。丹麦也因此获得了300万英镑的补偿费。翌年，美国和丹麦定订了废除收费的条约，美国支付给丹麦一笔费用，丹麦承担维持海峡航道上的设备的义务。

海峡法律性质的争议

虽然《联合国海洋法公约》对海峡的法理地位和通行制度作出了比较系统的规定，但在具体实践中关于海峡法理性质和适用的通行规定方面仍然存在很多争议。

马六甲海峡是国际海峡吗？

马六甲海峡是印度洋与太平洋之间的重要通道，也是世界上水上运输最繁忙的水道之一，无论是从经济价值还是军事价值方面来看，马六甲海峡都是很重要的国际水道。因此，很多人都认为马六甲海峡毫无疑问应该是国际海峡。美国、日本等海洋大国也一直鼓吹马六甲海峡"国际化"。冷战时期，美苏两国出于各自的全球战略考虑，都曾试图实现对马六甲海峡的实际控制。如 1979 年以后，苏联控制了越南的金兰湾、岘港、胡志明市和海防等海空军基地以及柬埔寨的深水港西哈努克港，作为向东南亚扩张和控制马六甲海峡的前哨基地。美国海军更是在 1986 年宣布马六甲海峡为其要控制的全球 16 个海上航道咽喉之一。然而，马六甲海峡沿岸的印度尼西亚、马来西亚和新加坡却不这么认为。1971 年，印度尼西亚、马来西亚和新加坡三国发表联合声明，反对马六甲海峡"国际化"，宣布三国共管海峡事务。1977 年 3 月 24 日，三国又签署了《关于马六甲—新加坡海峡安全航行的三国协议》，并获得国际海事协商机构的批准。一直以来，马六甲海峡沿海三国对处理马六甲海峡事务遵循的原则首先是沿岸国家对附属海域拥有主权和维护安全的义务，在此基础上承认相关大国在该区域有利益，但是明确一切行动必须尊重沿岸国家主权和依据国际法。

领海海峡，军舰是否可以无害通过？

依据《联合国海洋法公约》的规定，所有国家的船舶都享有无害通过领海的权利。那么对于领海海峡来说，军舰是否可以无害通过呢？

关于这个问题，还要从第三次联合国海洋法会议说起。在这次会议期间，海峡通过制度成了争论最激烈的焦点之一，一方面沿岸国想要争取更大的"管辖权"，另一方面以航海大国为代表的海峡使用国追求对海峡更多的"航行飞越自由"。广

2019 年 5 月 16 日，美国海军舰船通过台湾海峡

大发展中国家主张领海海峡是沿岸国的领海，外国船舶通过时必须接受海峡沿岸国的管辖，遵守沿岸国制定的相关法律和规章。海洋大国则主张领海海峡尤其是那些用于国际航行的领海海峡，必须保留不受限制的航行和飞越自由。因此，双方争论不休，一时僵持不下。最终，经过讨价还价和相互妥协，形成了今天的海峡无害通过、过境通行、群岛海道通过和航行与飞越自由制度。由于这些制度在相关方面进行了模糊处理，导致具体实施中出现了很多问题和争议。其中，军舰在领海海峡的无害通过，就是典型的海峡法律性质争议问题之一。

众所周知，军舰是享有特殊法律地位和具有突出军事特征的船舶。不同于一般的民用船舶，军舰属于国家财产，相当于国家领土，享有不受船旗国以外任何其他国家管辖的完全豁免权，不能成为任何司法执行的对象，不能被要求登临搜查或检查。有的国家认为，所有国家的船舶应包括军舰，因此军舰享有同民用船舶一样的无害通过领海海峡的权利，沿岸国对这种权利不应进行任何限制。另外一部分国家则认为，所有国家的船舶不是指所有船舶，考虑到军舰特殊的法律地位，沿岸国有权对外国军舰无害通过其领海海峡进行必要的限制，如要求其通过时事先通知或征得沿岸国同意等。具体实践中，有的沿岸国允许外国军舰无害通过其领海海峡而不加以特别限制，比如美国、俄罗斯、英国、日本、印尼等，有的沿岸国则规定对其领海海峡的无害通过必须事先通知或获得沿岸国许可，比如中国、巴西、印度、韩国、朝鲜等。

海上战争争夺的要域

19 世纪末 20 世纪初，美国军事理论家马汉提出著名的海权论，即海上主导权和国家的兴衰休戚与共，谁掌握了海洋，谁就掌握了世界。世界海洋的控制权并非是比哪个国家占有的海域面积大，比的其实是对于海上咽喉的控制力。因为，就海洋区域的军事价值而言，一般近海重于远洋，岛礁重于海域，海上咽喉重于岛礁。而海峡通常都位于近海，海峡附近又都有岛屿，海峡本身又是海上交通要道、航运枢纽。海峡的军事价值可以说是重中之重，因此海峡自古多战事，历来是兵家必争之地，是海上战争争夺的要域。

登陆作战的主战场

渡海登陆作战是海战的重要组成部分。登陆作战受到海区自然条件、后勤保障等多方面因素影响，被认为是目前最复杂、最困难的作战样式。登陆作战的历史悠久，随着登陆舰船设备发展，以及资本主义海外掠夺战争加剧，登陆作战的频次亦随之增多。在整个第一次世界大战期间，有记载的登陆作战有数十次，到了第二次世界大战期间，登陆战的运用达到了极致，平均每三天就有一次登陆行动，每月有一次大规模的登陆战。登陆战规模、次数、组织和应用都达到前所未有的程度。二战后，登陆作战依然是一些国家用来解决政治、军事纷争或某些大国干涉别国内政的重要手段。由于海峡多位于近海，具有连接海陆的地理优势，是海上交通要道、航运枢纽，往往成为登陆作战的主战场。

史上最大规模登陆作战：跨越英吉利海峡登陆的"霸王行动"

在第二次世界大战期间，盟军为加速纳粹德国的灭亡，在欧洲西线开辟第二战场，与东线苏联形成对德军的东西夹击之势，于1944年6月，发起了代号"霸王行动"的诺曼底登陆行动。这是迄今为止人类历史上规模最大的一次海上登陆作战，一天内有15万盟军士兵横渡英吉利海峡，成功在法国诺曼底地区登陆。诺曼底登陆开启了法国及西欧大陆的解放进程，为盟军在西线的胜利奠定了基础。该战役给德军

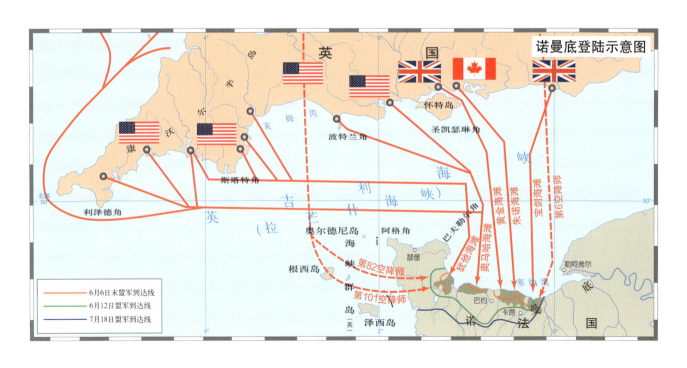

1944 年 6 月，诺曼底登陆补给时的场景

以致命的打击，不仅改变了欧洲战局，加速了战争结束进程，而且对于当时的国际形势，以及今天的世界格局都产生了深远的影响。

英法联军夺取达达尼尔海峡和伊斯坦布尔的战役：达达尼尔海峡战役

　　达达尼尔海峡自古为兵家必争之地。早在公元前 5 世纪，波斯国王就通过该海峡西征欧洲。第一次世界大战期间，为了夺占达达尼尔海峡，打通黑海海峡，占领奥斯曼土耳其帝国首都伊斯坦布尔，英法联军于 1915 年 1 月 19 日到 1916 年 1 月 9 日发动了达达尼尔海峡战役。英法联军最初企图单独使用海军兵力从海上占领达达尼尔海峡，经过多次进攻均未能有效突破奥斯曼土耳其防线，于是采用陆海联合的方式展开进攻，并一度控制达达尼尔海峡，但最终在奥斯曼土耳其的顽强抵抗下，英法联军以失败告终。英法联军在达达尼尔海峡先后发动两次登陆作战，是第一次世界大战中规模最大的陆海军联合作战行动。此战，英法联军共有约 25.2 万名士

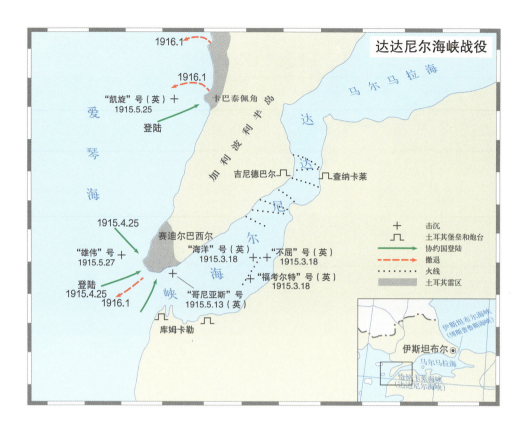

达达尼尔海峡战役

1916.1

1916.1

"凯旋"号（英）
1915.5.25

卡巴泰佩角

登陆

马尔马拉海

爱
琴
海

加
利
波
利
半
岛

吉尼德巴尔

查纳卡莱

1915.4.25

赛迪尔巴西尔

"雄伟"号
1915.5.27

"海洋"号（英）
1915.3.18

"不屈"号（英）
1915.3.18

登陆
1915.4.25

1916.1

"福考尔特"号（英）
1915.3.18

"哥尼亚斯"号
1915.5.13（英）

库姆卡勒

达
达
尼
尔
海
峡

十　击沉
土耳其堡垒和炮台
协约国登陆
撤退
火线
土耳其雷区

伊斯坦布尔

伊斯坦布尔海峡
（博斯普鲁斯海峡）

马尔马拉海

恰纳卡莱海峡
（达达尼尔海峡）

兵伤亡或失踪，超过参战人数的一半。这场战役是第一次世界大战中最著名的战役之一，也是当时最大的一次海上登陆作战。值得一提的是，在此次战役中奥斯曼帝国主要的将领之一穆斯塔法·凯末尔·阿塔蒂尔克表现优异，脱颖而出，成为奥斯曼帝国的英雄，从此登上政治舞台。数年之后他领导土耳其独立战争取得胜利，赢得现代国家土耳其的诞生，并被称为土耳其的国父。

1915 年 3 月 18 日，英军"不屈"号航母在达达尼尔海峡沉没

海上封锁与反封锁作战的关键"咽喉"

　　海峡是海上交通的咽喉，在军事上利于舰艇隐蔽、待机、出击、实施扼守和封锁等，自然成为海上封锁与反封锁作战的关键"咽喉"。历史上，重要海峡多是封锁与反封锁作战的主战场。

　　第一次世界大战期间，为了阻止土耳其从黑海南部运输战略物资，防止德、土舰队进入黑海，进而破坏俄海上交通，损毁沿岸设施，俄国黑海舰队分别于 1914 年、1915 年、1916 年对博斯普鲁斯海峡进行了 3 次大规模封锁，但一直未能完全阻止土耳其通过博斯普鲁斯海峡。1917 年，俄军采取了更大规模的封锁行动，基本封锁了黑海海峡，遏制了德、土舰队的活动，达到其作战意图。

　　同样，在第一次世界大战中，英国在英吉利海峡大量布设了水雷、防潜网，以封锁海峡，阻止德国海军舰队从北海通往大西洋，保障英、法之间航运畅通。第二次世界大战期间，英国再次在海峡深处布设坚固的防潜障碍及水雷，派出水面舰艇和飞机持续加强对英吉利海峡的封锁和控制，防止德军跨越海峡，入侵英国。相应地，纳粹德国也制定了渡过英吉利海峡登陆英国或者迫使英国尽快投降的"海狮行动"计划。德国派出大量潜艇，大肆袭击从海峡进出的英国船只，企图通过海上封

"海狮行动"

锁来击垮英国人的抵抗意志，并最终迫使英国放弃抵抗。英国和德国在英吉利海峡及附近海域展开了规模庞大的保交与破交战。

海上伏击战的理想战场

由于海峡通道的"咽喉"地位，很多重要海峡成为海上机动的必经之路，也成为海上伏击作战的理想预设战场。历史上，很多海峡都曾发生过诸多著名海战。海上伏击战与陆上伏击战有异曲同工之妙。陆上伏击战中，守方精选有利地形，提前部署兵力，以达到出其不意、攻其不备、围歼入侵之敌的作战效果。海上作战依托海峡有利的地理环境，一样可以实现出奇制胜。

海峡伏击战的经典战例——日俄对马海战

甲午战争后，日本与俄罗斯为争夺在中国东北和朝鲜半岛的利益，爆发了日俄战争。1904年2月，日本明治天皇决定对俄国作战后，在4个多月的时间里，俄国太平洋舰队遭受毁灭性打击，幸存的战舰被封锁围困在旅顺港内。1904年6月20日，沙皇尼古拉二世决定派遣俄

东乡平八郎指挥作战的油画

罗斯欧洲地区的军舰组建俄国第二太平洋舰队,跨越大洋增援被围困的太平洋舰队。经过4个多月的准备,1904年10月,俄国第二太平洋舰队从波罗的海起程,经过3万千米的航行,几乎跨越大半个地球,赶往远东海域参战。在进入对马海峡海域时,遭在此严阵以待的日本联合舰队伏击,38艘俄国战舰中有19艘被击沉,5艘被俘,6艘被中立国扣留,仅剩3艘回港,俄国共损失舰艇27万吨,阵亡4830人,被俘5917人。而日军仅损失3艘鱼雷艇,损失船舶吨位不到300吨,死亡117人,伤583人。此战,日本取得了空前的胜利,也让日本进入海军强国之列。日军大获全胜的原因很多,其中一个重要原因是日军指挥官东乡平八郎判断俄罗斯第二舰队长途航行的目的地必然是其在远东的第一大军港——符拉迪沃斯托克(海参崴),而进入符拉迪沃斯托克(海参崴)只能经由朝鲜海峡(对马海峡)或者是经日本控制的宗谷或津轻海峡。由于经对马海峡穿过日本海到达符拉迪沃斯托克(海参崴)

的航线航程最短，而俄罗斯舰队经过长途航行，补给有限，因此东乡平八郎认为，俄罗斯舰队选择通过对马海峡的可能性最大。于是，东乡平八郎在对马海峡选取有利伏击海域，加强编队训练，提前适应对马海峡海况，以逸待劳，坐等俄罗斯舰队进入伏击海域，果然大获全胜。

水下暗战的焦点

看似平静的海面下，不断上演着一场场看不见硝烟却惊心动魄、你死我活的水下暗战。这些水下暗战不但影响着国家的主权，也决定着未来海洋的控制权。海峡重要的军事、经济价值，使其经常成为水下暗战的焦点。

潜艇活动的要域

潜舰是能够在水下航行的舰艇。自第一次世界大战后，潜艇在海战中得到广泛运用，常被用于攻击敌方军舰或潜艇，用于近岸防护、突破封锁、运送特种部队行

美国"鹦鹉螺号"核动力潜艇（1955年1月20日）

动等。潜艇在很多方面具有优势，如：隐蔽性好，能利用海上掩护进行隐蔽活动和对敌方实施突然袭击；自给力强，有较好的续航力，作战半径大，可远离基地长时间活动，能在广阔的海域内，甚至是深入敌方海区独立作战；突击能力强，能在水下隐蔽发射导弹、鱼雷和布设水雷，攻击海上或陆上目标等。这使得潜艇在现代军事活动中发挥着重要的作用，成为主要的水下战略性武器平台。

如同水面舰艇一样，不管是跨洋机动或跨海域机动，海峡都是潜艇的必经通道。在深邃的海面下，也许就隐藏着无数可怕的潜艇。例如在两次世界大战期间，各国的潜艇曾多次通过直布罗陀海峡进入地中海。据已有数据统计，在 1915 年 2 月至 1918 年 10 月期间，协约国有 73 艘潜艇通过直布罗陀海峡。1939 年 9 月，德国 6 艘潜艇经该海峡入地中海，并在当年 11 月击沉了当时地中海上唯一的英国航空母舰"皇家方舟"号。

反制潜艇的深海巨网

有鱼就有捕鱼的网。潜艇又叫"黑鱼"，为了追捕隐蔽在深海之下的"黑鱼"，美国人率先制造了可用于追捕潜艇的"深海巨网"——水声监测系统（SOSUS）。自上世纪 50 年代开始，美国累计投入上百亿美元，建成了遍布太平洋、大西洋海底，绵延 3 万多千米的水声监测系统网。这张巨网全天候不间断工作，试图监视在大洋中活动的每一艘潜艇。"深海巨网"部署在哪里才能捕获到最多的"黑鱼"呢？海峡是潜艇水下航行的必经之地，所以水声监测系统发挥效果最好的海域就在海峡附近。最典型的例子是美国人在格陵兰—冰岛—联合王国海峡部署的水声监测系统。从地图上可以看出，苏联潜艇从北冰洋进出大西洋必经格陵兰—冰岛—联合王国海峡这一通道。部署在该海峡的水声监测系统，号称可以监测到每一艘从该海峡穿过的苏联潜艇，而很长一段时间内，苏联潜艇对此却毫不知情。美军因此发出狂言称，只要苏联潜艇一出港，美军就能在几千千米外听到它。

控制海峡的"抓手"——海空军事基地

　　海空军事基地作为控制海峡的桥头堡，是维护海峡权益、保护海上交通线、扼守海上咽喉、控制海峡的"抓手"。重要海峡沿岸都设有海空军事基地。越是关键重要的海峡，海空军事基地数量越多，规模也越大。如直布罗陀海峡两岸，西班牙一侧建有著名的直布罗陀海军基地和加的斯海军基地，摩洛哥一侧建有丹吉尔海军

基地；霍尔木兹海峡附近，伊朗建有阿巴斯港海军基地，阿联酋建有富查伊拉、阿治曼、阿布扎比。塞格尔港、哈利德港等海军基地，以及沙迦空军基地等；英吉利海峡和多佛尔海峡两岸有英国的朴次茅斯、波特兰、普利茅斯海军基地，法国的瑟堡、布雷斯特海军基地，比利时的奥斯坦德、泽布吕赫海军基地和科克赛德空军基地等；朝鲜海峡在朝鲜半岛一侧有韩国的釜山、镇海和木浦等海军基地，济州岛还有海军和空军基地，日本一侧有佐世保海军基地和福冈空军基地等。

海峡周边除了有能被人们看到的海军基地、空军基地外，还有隐蔽在海底的神秘军事基地。海底军事基地按用途通常包括导弹和卫星发射基地、水下指挥控制基地、潜艇水下补给基地、水下武器试验场等。据相关报道，冷战时期美苏两国曾在关键海域部署大量有人、无人的水下军事基地，实现对海底空间和重要海域的争夺和控制。

各国对海底军事基地相关情况严格保密，关于美国、俄罗斯等大国海底军事基地的具体情况，人们也知之甚少。2019 年，据瑞典媒体报道，瑞典将重新启用穆斯克地下海军基地。该基地曾是世界上最大的海下军事基地，建在巨大的花岗岩山体下，海底 32 米深的位置，可抵抗核武器打击。

穆斯克地下海军基地入口

该基地始建于 1950 年，经过了 19 年的艰难建设。建设过程中，挖出了约 150 万吨的花岗岩，建成了的面积为几平方千米的地下基地，通过 20 千米的地下通道连接。基地内建设有潜射导弹基地、核潜艇基地以及水下军事指挥所等。启用后的穆斯克地下海军基地将成为瑞典海军总部所在地。

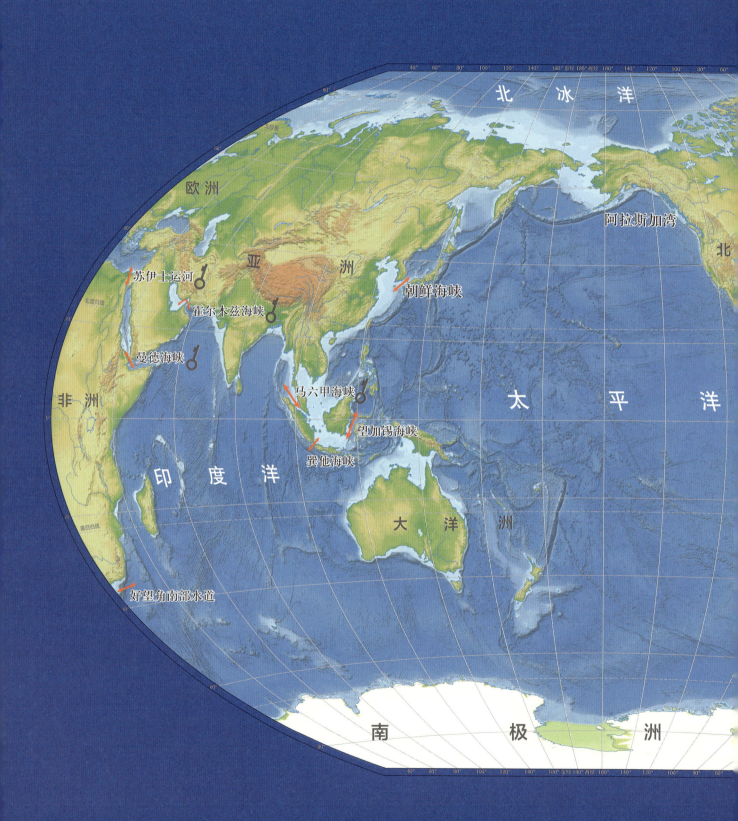

北 冰 洋

欧洲

亚   洲

阿拉斯加湾

北

苏伊士运河

霍尔木兹海峡

朝鲜海峡

曼德海峡

非洲

马六甲海峡

望加锡海峡

印 度 洋

巽他海峡

太 平 洋

好望角南部水道

大 洋 洲

南 极 洲

兰-冰岛-联合王国海峡

斯卡格拉克海峡
卡特加特海峡

欧洲

直布罗陀海峡

北美航线

佛罗里达海峡

大西洋

非洲

巴拿马运河

南美洲

第 2 章

全球战略博弈中的海上通道

　　600 多年前，伟大航海家郑和向明朝统治者进言："欲国家富强，不可置海洋于不顾。财富取之海洋，危险亦来自海上。" 100 多年前，孙中山先生曾沉重慨叹："海权，操之在我则存，操之在人则亡。" 19 世纪末，美国海军上校马汉总结得出："所有帝国的兴衰，决定性的因素在于是否控制了海洋。"然而，要控制全球面积达 3.6 亿平方千米的海洋，谈何容易。从历史上海上航路"取代"陆上丝绸之路，到二战中惨烈的海上通道争夺战，再到当今大国通过控制全球海上战略通道来控制世界的战略，无不向世人展示了海上通道在全球战略博弈中的重要地位。

海上通道"替代"陆上丝绸之路

"凿空西域"，开拓丝绸之路

西汉初期，北方游牧民族匈奴控制西域地区，并不断进犯中原。公元前 139 年，汉武帝派张骞出使西域。张骞肩负着寻找大月氏并说服其共同抗击匈奴的艰巨使命，离开长安西行。他一路上越过葱岭（帕米尔高原），经过大宛（中亚费尔干纳盆地）、

张骞出使西域（80cm×250cm），出自敦煌莫高窟（第 323 窟）

康居（中亚阿姆河与锡尔河之间）到达大月氏。此时的大月氏已在帕米尔高原以西的大夏定居，这里土肥草丰，又没有敌人骚扰，大月氏过上了稳定安逸的生活，同时拥立了新的国王，逐渐消弥了对匈奴的仇恨，对联合抗击匈奴的提议并不感兴趣。虽然张骞此行未完成说服大月氏共同夹击匈奴的使命，却"凿空西域"，打开了中原王朝向西交流的大门。从此，中原王朝与西方之间的交流通道正式开启。西汉与西域及中亚、西亚、南亚直至地中海地区的政治与贸易关系迅速发展。张骞开辟的这条东西方贸易与文化交流通道，就是我国古代的陆上丝绸之路。

在随后的 2000 多年中，无数商贾、旅人沿着张骞的足迹，来往于中国、中亚、西亚、南亚直至地中海地区等欧亚大陆各国之间。这条伟大的丝绸之路承载了古代东西方最辉煌的文明，搭起了东西方政治、经济、文化交流的桥梁，促进了欧亚大陆不同国家、不同文明的交流与融合，为人类社会的共同发展和繁荣做出了卓越贡献。

扬帆海上丝绸之路

在古代的中国，早就存在一条由中国东南沿海通往东南亚、印度洋北部诸国以及红海沿岸、东北非和波斯湾诸国的海上航道，被称为"海上丝绸之路"。在先秦时期，我国先民已经开始进行频繁的原始航海活动。距今 3000 年至 5000 年间，岭南先民穿梭于我国南海乃至南太平洋沿岸及其岛屿间，形成了以陶瓷为纽带的海上贸易。春秋战国时期，齐国在胶东半岛开辟了"循海岸水行"直通辽东半岛、朝鲜半岛、日本列岛及东南亚的黄金通道。秦汉时期，海上交通与贸易的物质

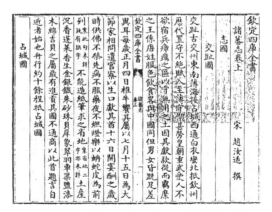

南宋《诸蕃志》书影，是中国最早的"海外贸易志"

基础——中央集权国家的建立和巩固、社会经济的繁荣、蚕桑与丝织业的蓬勃发展、造船技术的成熟和航海技术的进步取得长足发展。彼时，陆上商路经常受阻，使得统治者所需的海外物品难以为继，同时海外各地所需的丝绸也难以运出，海上丝绸之路因势而起：从我国东南沿海的广东番禺（今广州）和徐闻、广西合浦向西航行，从地中海、波斯湾、印度洋沿海港口出发向东航行，中西方在印度洋上实现无缝对接，连通亚、非、欧三大洲的海上丝绸之路逐渐形成。海上丝绸之路经历了魏晋的发展期、唐朝的繁盛期、宋朝的鼎盛期、明清的衰变期，形成了两条线路：东方航线主要是由我国沿海向东、向北，通往朝鲜半岛和日本列岛；西方航线从我国沿海向南，经南海抵达东南亚，进入印度洋，到达印度、波斯湾、东非。广州、泉州和宁波是

古代陆上丝绸之路和海上丝绸之路示意图

比例尺：1：6100万

- ━━━ 汉朝开通的陆上丝绸之路
- ━━━ 海上丝绸之路
- ━━━ 隋唐时期开通的陆上丝绸之路

古代的海上丝绸之路

主要的出发港或目的地。海上丝绸之路是已知的最古老的海上航线，架起了我国与东南亚以及印度洋沿岸国家贸易和文化交流的桥梁。

丝绸之路的中断及地理大发现

　　古代丝绸之路的通畅与否，受很多客观因素的制约，其中比较重要的因素是中原王朝的国力与丝路沿线国家或民族的实力。当中原王朝国力强盛时，它有能力投入大量的人力、物力和财力，可以从政治上、军事上实施对丝绸之路的有效威慑、控制和保护，能够保证丝绸之路的畅通；当中原王朝国力衰弱时，统治者往往将"安内"作为首要任务，无力经营丝绸之路，丝绸之路就容易中断。另一方面，当丝路沿线一个国家或民族崛起，建立强大的势力，并阻止贸易时，丝绸之路就可能会中断。

1492 年 8 月 3 日，哥伦布从帕洛斯港登船出发，开始第一次发现之旅

唐朝安史之乱后，中原王朝失去了对西域的控制，丝绸之路中亚段一度中断。元朝初年，蒙古人对中亚各国大规模屠灭，造成数千里无人区，丝绸之路再次中断，直到明朝时期才有所恢复。明朝中期，奥斯曼土耳其帝国崛起，攻占拜占庭，并趁势西进，控制并阻断了东西方交流的陆上通道，陆上丝绸之路又再次中断。之后，随着资本主义萌芽的产生和西欧各国商品经济的发展，西欧各国急需寻找原料产地和产品销售地，加之航海技术的飞速发展和我国四大发明之一的指南针应用于航海，在"寻金热"驱使下，西方人急需找到一条通往东方的新商路，欧洲大航海和地理大发现时代随之来临。

海上航路"替代"陆上丝绸之路

地理大发现和东西方航线的开辟，使海上航路运输量大、通达距离远、运输范围广、运费低廉等优势愈发显现。各国对海上航路展开了激烈争夺，葡萄牙、西班牙、荷兰、英国等欧洲国家，逐渐取代了中国在海上丝绸之路中的主导地位。帝国主义的坚船利炮打开了东方大国"闭关锁国"的大门，崛起的欧洲国家改变了传统海上丝绸之路的和平贸易方式，取而代之的是武力征服、血腥掠夺和大规模战争，海上通道成为西方列强称霸世界的主要途径，海上航路也在新航路开辟和地理大发现中，覆盖整个世界。

控制海洋，控制世界

"财富取之海洋，危险亦来自海上"——郑和

　　明朝永乐、宣德年间，三宝太监郑和率领船队远航西太平洋和印度洋，最远到达东非和红海沿岸。郑和不但建立了当时世界上最强大的海上无敌舰队，还将大明王朝的国威远扬至南海和北印度洋，使明帝国的旗帜飘扬在南洋和西洋各处。郑和船队的远航，早于哥伦布发现美洲新大陆 87 年，早于达·伽马绕过非洲好望角 92 年，早于麦哲伦环球航行 114 年，郑和是名副其实的世界地理大发现的先驱。郑和在航海实践中形成了较为先进

明代《武备志》中郑和航海图的线路图

的海洋开放意识、海洋财富意识和海洋忧患意识。据传，为说服明朝皇帝仁宗朱高炽保留宝船队，郑和进言道："欲国家富强，不可置海洋于不顾。财富取之海洋，危险亦来自海上……一旦他国之君夺得南洋，华夏危矣……"话语虽不多，但字字千钧。虽然这只是一种传闻，是不是真的是郑和所言已无从考证，但也从另一个方面体现了中国海洋先驱对海洋以及海权重要性的客观认识，可惜的是，这并没有引起明王朝统治者的重视。

郑和（1371年9月23日—1433年）

"谁控制了海洋，谁就控制了世界"——马汉

"谁控制了海洋，谁就控制了世界。"这是风靡全世界，并对20世纪有深远影响的马汉海权论思想的高度概括。如果评选世界范围内对海军战略和海军建设具有重大深远影响的人物，那美国海军军官、战略理论家阿尔弗雷德·塞耶·马汉肯定会名列前茅。在对大量历史文献的研究中，马汉研究了自哥伦布、麦哲伦航海大发现后，西班牙、葡萄牙、荷兰、英国和法国这些海上殖民大国崛起的历史，从而悟出海权是他们崛起的首要因素。他分别于1890年、1893年和1905年发表了《海权对1660至1783年历史的影响》《海权对1793—1812年法国革命和法帝国历史的影响》《海权与1812年战争的关系》三部著作。"谁掌握了世界核心的咽喉要道、运河和航线，谁就掌握了世界经济和能源运输之门；谁掌握了世界经济和能源运输之门，谁就掌握了世界各国的经济和安全命脉；谁掌握了世界各国的经济和安全命脉，谁就（变相）控制了世界。"马汉提出了凭借海洋通过海上通道以控制世界，以及控制海洋以使国家民族繁荣强盛的理论。海权论刚产生时，

并没有对美国以及世界产生多大影响，直到马汉的好友兼粉丝西奥多·罗斯福于1901年继任美国总统，并将海权论思想带入白宫，推动美国强化海军争夺制海权从而使美国走向世界后，马汉海权论开始风靡全球，并影响世界一个多世纪。在被称为"海洋世纪"的21世纪，马汉海权论思想仍受到许多后起的濒海国家重视，在其制定国家海洋发展规划中发挥着不小的影响力。

阿尔弗雷德·塞耶·马汉（1840年9月27日—1914年12月1日）

海权对大国争霸的影响

近代强国争霸的历史，即是一部海权争夺的历史。海权，是一个濒海国家得以生存、发展、繁荣、强盛的决定性因素。发展海权，也是其影响并控制世界所必须凭借的手段。葡萄牙、西班牙、荷兰、法国和英国这些世界强国的兴起、发展和衰落，都与海权的获取与丧失密切相关。其强国地位的更替实质上就是海权的易手，通常还伴随着一个强大舰队的兴盛或覆灭。

曾经的世界一流强国西班牙，由于1588年"无敌舰队"在英吉利海峡的覆灭，从强盛走向了衰落。英国和法国曾有过长期的海上争斗，只因英国的海权更稳固，才最终成为殖民地遍及全球的"日不落大帝国"。德国在铁血首相俾斯麦手中获得统一，但俾斯麦不重视海洋，他没有将德国发展为世界海洋强国，直到德皇威廉二世时期建成一支强大的海军，英美才感受到德国的威胁，才正式将德国奉为对手。路易十四时期是法国最鼎盛的时期，路易十四不仅建立了强大的陆军，还建立了强大的海军。19世纪末，日本经过中日甲午海战和日俄对马海战后，实现了强国的崛起。沙皇俄国的发展史，就是一部抢夺出海口的历史。彼得大帝穷其一生都在找寻俄国的出海口。沙俄虽然领土面积非常可观，但几乎没有可以利用的贸易港口。沙俄要想快速向世界扩张，就必须具备像英国和西班牙那样的海洋便利性和制海权。为此，从彼得大帝开始，历代沙皇持续着以抢夺出海口为目的战争。此后 200 多年里，沙俄先后获取了波罗的海、黑海、太平洋的出海口，俄国也终于跻身世界强国之林，成为横跨欧亚大陆的世界强国。美国也是如此，当马汉的海权思想经西奥多·罗斯福总统变成美国的施政纲领后，1907 年由海权论推动、由特意漆成白色的 16 艘战列舰编队的"大白舰队"环球航行时，美国才真正步入世界强国的行列。

英国与法国的斯鲁伊斯海战。公元 1340 年发生的斯鲁伊斯海战为英法百年战争揭开序幕。法军受到沉重打击，英军完全控制了英吉利海峡的制海权

海洋强国对海权论的战略实践

马汉海权论思想的深远影响不胜枚举，尤其是对美国、德国、日本三个国家的发展历程，产生过巨大影响。

19世纪末，美国作为新崛起的国家正处于历史的十字路口：是保守的孤立主义还是向海外积极扩张？马汉海权论的出现，使美国朝野上下一致认识到，一支强大的海军对于保持美国强大的经济发展势头和海外商业利益有着决定性作用。海权论的诞生推动了美国海权发展和海军建设思想的根本性转变，美国从而实现了"门罗主义"向"门户开放"的转型。在两次世界大战中，美国强大的海军护航能力保证了美国生力军向欧洲战场的输送，两次形成对劲敌德国的东西夹击的战略态势，从而保证了战争的胜利。在二战太平洋战场，美国海军取得中途岛海战的决定性胜利，从而决定了日本惨败的命运。时至今日，美国仍是全球第一大

中途岛海战中，美军空袭日本航母"赤城"号。日本战败，导致其丧失了太平洋海权的主导优势

国，依然牢牢把握着全球的制海权。

另一个受马汉海权论影响较大的国家是德国。在俾斯麦主政时，德国不重视海军，不追求海外殖民扩张，并同英国保持着友好关系。当时欧洲列强之间主导性矛盾是英国和俄国在世界范围的全方位争夺。德皇威廉二世读到马汉的著作后，一改只注重陆权的军事传统，大力发展海军，试图争夺世界霸权。马汉关于殖民地、海外贸易、海上力量三位一体的海权论，对于德国这样一个刚刚领悟到殖民地利益和外贸利益重要性的国家来说，简直如获至宝。德国大力发展海军，威胁到了英国赖以生存的海上生命线，挑战了英国制定的自己海军实力应超过另外两个最强国家海军实力总和的"海军双强标准"，促使英国一揽子解决了和俄国的分歧，将德国作为头号敌人。

第三个受马汉海权论影响较大的国家是日本。日本在西方国家冲击下，于明治维新时毅然选择了"脱亚入欧"。海权论的出现，对于日本来说，就像一个下决心准备做强盗的人突然捡到一把快刀。马汉的《海权对1660至1783年历史的影响》一出版，立即被译成日文（我国最早的海权论著作也是由日本传入的）。日本朝野上下争相传阅，举国上下很快统一了发展强大海军的思想，励精图治要发展一支强大的舰队，并制定了同清王朝作战的战略计划。最终，日本赢得了同中国的甲午海战和同俄国的对马海战，一举成为20世纪初的世界海洋强国。

甲午大海战

海上战略通道挥之不去的"鬼影"——海盗

　　海盗，顾名思义是出没在海上的强盗。海盗行为由来已久。世界上最早的海盗出现在何时，已经没有人能说清楚。它也许与早期海上贸易相伴形成。目前，有据可查的最早的海盗记录是在公元前1350年，地中海沿岸居民在海上进行商品交换，遭遇海上盗抢。这一时期的海盗主要是腓尼基人和迦太基人。他们的造船术和航海术都遥遥领先于地中海沿岸的其他民族。凭借更快的船和更好的航海技术，他们在地中海沿岸打劫商船，甚至掠夺城镇。公元前140年，古罗马史学家波利比奥斯首次将海上抢劫者称为"海盗"，这是最早关于海盗的明确定义。17世纪初至18世纪中叶，新大陆的发现和新航道的开辟使海盗活动进入黄金时代。有些强大的海盗集团像挥之不去的"鬼影"，不但长期控制重要海上战略通道，攫取巨额财富，有时甚至让大国都闻之色变。例如，控制地中海直布罗陀海峡的北非海盗，鼎盛时期美国也只能对其忍气吞声；掌控整个东亚、东南亚海上贸易的汪直海盗集团，令北京城嘉靖皇帝为之头疼，日本列岛诸侯们心有余悸；还有袭扰欧洲沿海和不列颠群岛长达 300 年的北欧海盗等等。时至今日，世界沿海各国都加强了海军的建设和海上巡逻力度，海盗活动大幅减少。但由于部分国家和地区陷入内乱、分裂，给海盗活动提供了适宜发展的土壤，这些国家附近的海域成为现代海盗再度兴起和猖獗的场所。

长期控制地中海直布罗陀海峡的北非海盗

1785 年，一个来自大洋彼岸的消息，让刚刚成立不足 10 年的美国政府陷入空前的恐慌之中。美国《独立宣言》的起草人和签署人之一、美国开国元勋本杰明·富兰克林，在出使法国并成功促成美法结盟后的归国途中，在由地中海进入大西洋的直布罗陀海峡时被北非海盗扣押！消息传来，美国举国上下一片哗然。虽然事后证实消息系英国谣传，这是英国在搞"认知战"，但这也从侧面反映了当时北非海盗的猖獗。彼时，苏伊士运河还未开凿，所有进出地中海的船只均需从西班牙与摩洛哥之间的直布罗陀海峡通过。商船在经过直布罗陀及附近北非海域时，会遇到一批由土耳其人、希腊人和柏柏尔人组成的国际海盗集团——巴巴里海盗。这些人看似是一帮乌合之众，实际上，背后是富商和政客的支持，是拥有高度组织性与纪律性的海盗组织。北非海盗曾一度打败过西班牙、法国这样的地中海沿岸的海军强国。

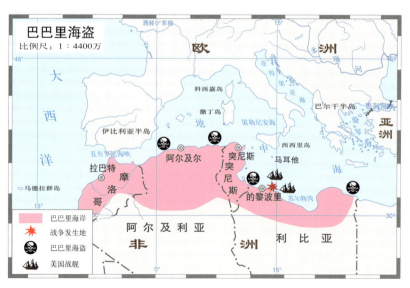

当时美国刚刚建立，还处于贫弱时期，无力对抗海盗，只得时不时上交"保护费"。美国被北非的海盗集团打劫了多少船只和财物已无从统计，但可以肯定的是，数额一定很大。否则，美国的第二、三任总统亚当斯和杰斐逊不会联名上书国会，要求国家组建海军讨伐北非海盗。两任总统励精图治，发展经济，积累财富，建设海军远洋队伍。到杰斐逊总统时，美国海军拥有了47艘巡洋舰，最大的一艘"宪法"

与巴巴里海盗的海战。巴巴里海盗是活跃于地中海地区的北非海盗。"巴巴里"的名称来源于柏柏尔人

号可以装备44门火炮。美国终于不用再忍气吞声地向海盗交"保护费"了。

控制南海航线的汪直海盗集团

自16世纪中叶起，中国东南沿海的海盗活动愈来愈猖狂。与欧洲那些以劫掠为主的海盗不同，中国海盗自诞生起，就是"商盗结合"——装上货物是海商，拿起刀枪是海盗。其中，名声最大的，当属控制南海航线、名号响彻日本和东南亚，富可敌国的"五峰船主"——汪直海盗集团。明朝施行"片板不许下海"的海禁政策，反而催生了东南沿海的走私活动。16世纪中期，随着经济发展、海上贸易需求增加，葡萄牙、荷兰等西方国家的船队远洋而来，我国东南沿海的海商们也迅速壮大起来。现属浙江省宁波市的双屿港成了整个东亚、东南亚最大的走私基地。此时，来自安徽徽州的汪直做起了红火的"走私生意"。凭借出色的经商才能，汪直逐渐打通了

汪直海盗集团劫掠东南沿海
比例尺：1：2600万

被倭寇劫掠的区域
（1540—1565年）

与日本诸岛的贸易关系，并在日本形成很大的影响力。时至今日，很多日本历史学家还将汪直带来的葡萄牙商人视为日本近代史的开端。随着实力的膨胀，汪直的野心不再局限于中日之间的贸易，而是伺机找寻更为广阔的天地。他从东南亚购进胡椒、香料卖给欧洲商人，在双屿港购买丝绸、棉布等商品运往日本销售，在日本购买刀剑等武器售卖到我国或东南亚。最终，汪直在中、日、马六甲之间打造了一片"海上走私三角"。巨额的财富在双屿港流转，贸易额甚至超过了明朝政府，明朝当局自然无法容忍利润落入海盗之手，派军队对双屿港进行了清剿。双屿港的破灭，打击了各海盗集团的海上走私活动，却给汪直带来了更大的发展机遇。汪直一方面收拢双屿港海商、海盗残部，自立山头，并将其转移到舟山沥港；另一方面，他注重武装力量建设，建造大船，对麾下海盗进行军事化管理；他还与官府勾结，以打击不肯臣服于自己的其余海盗势力，妄图一支独大。据史书记载，汪直的海商集团鼎盛时人数多达20万人，拥有大型舰船百余艘，是真正的"海上霸主"。汪直集团的发展引起明朝当局重视。1553年，明朝朝廷派军队深夜偷袭沥港，汪直险些丧命，随后逃往日本。汪直逃往日本后，在平户公开立国，自称徽王。1554年，汪直再一次渡海归来，目的不是为了经商，而是复仇。几个月内，汪直攻克嘉定县城，而后沿途烧杀抢掠，渡江北上，威胁中原腹地，史称"壬子之变"。自此，汪直成了最大的"倭寇头子"，其海盗集团经常劫掠我国东南沿海。动辄数万人呼啸而来，大肆劫掠，如入无人之境，明朝水军几乎毫无招架之力，给沿海地区造成很大危害。

袭扰欧洲沿海和不列颠群岛长达 300 年的北欧海盗

现在，提起亚丁湾海盗，几乎无人不知。其实早在 1000 多年前，在欧洲沿海和不列颠群岛附近就活跃着一群北欧海盗。公元 793 年，一群有组织的丹麦海盗从日德兰半岛出发，驾驶着当时制作最精湛、设备最先进的战船跨越北海，劫掠了英国海岸的林第斯法恩修道院。教士和修女惨遭凌辱和杀戮。整座修道院也在顷刻间被

维京时代的海盗船

海盗们夷为平地。虽然林第斯法恩事件让西欧人无比震惊，但这并不是历史记载的北欧海盗最早的海外袭击。早在公元787年，北欧海盗就曾侵扰过英格兰南部海岸。此后，这群生活在斯堪的纳维亚半岛的北欧海盗（俗称维京人）冲击了整个欧洲，由此掀开了中世纪欧洲史上"维京时代"的序幕，在中世纪的舞台上上演了一幕又一幕令世人胆战心惊的历史剧。

北欧海盗是一个统称，包括丹麦海盗、瑞典海盗和挪威海盗。这几股海盗各有其势力范围，各有不同的海盗行动规律。从活动路线来看，可分东、西两路。西路的丹麦和挪威海盗，主要向不列颠诸岛扩张掠夺；东路的瑞典海盗则主要向俄罗斯沿海发展。北欧海盗异常凶猛，不仅善于航海，更善于海战，远航掠夺时往往数百条船同行，不可一世。其中，丹麦海盗实力最强，活动最为猖狂。据史料记载，11世纪初，丹麦海盗席卷欧洲，即便面对挪威海盗和瑞典海盗也不客气。1016年，丹麦国王斯韦恩·福克比的儿子成了历史闻名的克努特大帝，将领土扩大到包括丹麦、挪威、英格兰、苏格兰大部和瑞典南部在内的领土，建成了显赫一时的海盗政权——"北海大帝国"。这是北欧海盗最鼎盛的时期。26年后，"北海大帝国"瓦解。北欧海盗从此开始衰落。到1066年，最后一批大规模北欧海盗的首领哈拉尔德在远征英格兰时彻底失败，从而结束了北欧海盗时代。屈指算来，从公元8世纪末到11世纪，北欧海盗在海上活动长达近300年。这场持续约三个世纪的海盗对外掠夺成为了人类历史上有文字记载以来的规模最大、持续时间最长的对外劫掠活动，对中世纪的欧洲乃至北大西洋地区的历史均产生了重大而深远的影响。

◉

决定二战进程的海上通道争夺战

决定英国命运的英吉利海峡封锁与反封锁作战

英国是岛国，很多战略物资、原料和粮食都需要进口。以 1937 年的统计数据为例，英国消耗石油的 75%、铁矿的 88%、铜的 95%、铝材的 93%、橡胶的 91%、小麦的 89%、玉米的 93% 均靠海上进口。二战爆发后，英国不但需要进口战略物资及粮食，还有大量进口武器军火。从战争开始，德国就认为，海上交通线是英国的生命线。其军事与海军威力，甚至经济命脉及国家存亡，

丹麦海峡之战中英国的"威尔士亲王"号战列舰

英国战列舰"皇家橡树"号

都与海上交通线的安全与巩固休戚相关。英德开战后，德国调集大量水面舰艇打击英国的海上交通线。1941年，为攻破英国大西洋海上交通线，德军发起了丹麦海峡之战。不料，此战德军遭受重大损失。但这次战争也使德国改变了使用大型水面战舰进行海洋破交战的习惯，改由潜艇作战。德国凭借在潜艇数量和质量上的优势，在英国周边海域对英国船只大肆猎杀。从战争开始到1939年底的4个月中，德国凭借为数不多的潜艇，居然击沉了盟国的商船114艘，总吨位达42万吨，尤其是击沉了英国战列舰"皇家橡树"号和英国航母"皇家方舟"号，使英国

1942年盟军油轮在大西洋被德国潜艇鱼雷击中，船中部在大火中摇摇欲坠，沉入海底

受到极大震动。英国为保护其海上交通线，组建了护航舰艇编队，并在英吉利海峡和北海各主要航道布设水雷。最终，德国潜艇在通过多佛尔海峡时触雷沉没，不得不暂停派遣潜艇通过英吉利海峡，转而绕道苏格兰。之后，德国海军司令邓尼茨采取了著名的"狼群战术"，以极小的代价击沉了大量商船。仅1942年全年，德国海军就以64艘潜艇的代价击沉了同盟国1000多艘舰船，总吨位达600多万吨。由于商船的损失数量非常大，英国的进口物资面临着完全被切断的危险。在战争初期，虽德国用于破坏英国海上交通线的兵力非常有限，但其曾一度使英国处于崩溃的边缘。在此情况下，英国动员一切资源展开大规模的反潜保交战，美国海军也参加了护航行动，同时美英海军也对德国海上战略交通线进行积极的攻击和破坏，在海上战略交通线斗争中逐渐占据主动地位，使得希特勒亲自制定的登陆英国的"海狮计划"一再被推迟，直至最后取消，成功保卫了英国，改变了战争的走势，并使同盟国最终赢得战争的胜利。

决定北非战场胜负的地中海海上通道争夺战

二战期间，德国、意大利与英国、法国、美国等盟国在北非展开激烈厮杀。作为联系欧洲大陆本土与北非殖民地的海上通道，地中海海上通道的争夺在某种程度上几乎决定了北非战场的胜负。地中海的交通线对英国和意大利都至关重要。英国需要通过地中海航线

1940年11月，意大利塔兰托港被英军轰击，意大利损失惨重

运输战略物资，通过地中海通道与北非的英属殖民地联系以及与德、意两国争夺北非及巴尔干等战略要地，进而威胁德、意两国在欧洲战场的南翼。意大利也需要通过地中海运输战略物资，并与北非殖民地联系。墨索里尼曾将意大利比喻为囚禁在地中海里的"囚犯"，而将盟军控制的直布罗陀海峡和亚历山大港比喻为锁住"囚犯"的两把锁，只有砸开监牢的这两把锁，意大利才能获得自由。因此，双方围绕地中海交通线展开了激烈的争夺。

在战争初期，英国的基本战略是防御性的，主要是确保直布罗陀海峡和苏伊士运河安全，以及保护盟国至北非、红海的海上通道的畅通。与此同时，英国还破坏意大利至东非、北非的海上交通线。德国为保证其在地中海和直布罗陀海峡以西海域交通线的安全，派潜艇破坏英国的交通线。派出的潜艇最多时达40艘到50艘，几乎相当于德军投入大西洋潜艇的一半。进入地中海的德军潜艇总共击沉盟军432艘运输船，共217.2万吨物资，一定程度上支援了北大西洋海域重要战略通道的争夺，牵制了英军部分护航力量。与此同时，由于意大利海空军太弱，无法对抗英军海上舰队，在北非激战的隆美尔沙漠军团补给遇到了极大困难。到1942年，轴心国通往北非的后勤运输网实际上已断绝，轴心国海运物资损失率此时已高达66%，北非战局受到严重影响。隆美尔元帅后来证实，他的部队在阿拉曼地区之所以失败，就是因为缺乏给养。英国破交作战的胜利对非洲战场产生了至关重要的影响。

封锁日本海上通道的"饥饿计划"

作为一个太平洋西北部的群岛国家，日本国土狭小，资源匮乏，主要资源靠海上运输输入。明治维新后，走上资本主义发展道路的日本，为了掠夺资源、抢占市场，开始推行军国主义路线，疯狂对外扩张，并发动了第二次世界大战。战争使日本对

海外粮食、能源和矿产等资源的需求量剧增。1940年，日本物资进口量为2210万吨，日本80%的油料、80%的铁矿石、24%的各种煤、20%的粮食都依赖海运供应，尤其是要通过下关海峡、日本海、朝鲜半岛和中国海岸之间进行运输。如果切断日本的海上交通线，就可以使日本这个已经进入疯狂状态的战争机器处于"饥饿"之中，日本的工业生产也将会处于停

水雷封锁战中 B-29 轰炸机投下水雷

顿状态。美国对日宣战后，于1945年3月27日至8月15日，对日本实施了著名的"饥饿计划"作战行动，即对通往日本本土的主要海峡、海湾，如下关海峡、大隅海峡等实施大规模的水雷封锁。经过4个半月对日本内线的海上封锁，下关海峡的运输量下降了90%，几个重要工业港口的运输量下降了79%，致使日本急需的石油、煤炭以及粮食等战略物资严重短缺。日本国内众多的工厂停产，极大地削弱了日本的战争潜力，使其国民经济濒临崩溃，从根本上加速了日本帝国的灭亡。

6 把钥匙锁世界

全世界的海峡数以万计，但真正适宜航运的只有130个，经常用于国际航行的海峡只有40多个，而起至关重要作用的海上战略通道更是少之又少。这其中，有6条海峡通道决定着全世界的能源运输安全，被形象地称为"6把钥匙锁世界"。这6条海峡通道包括霍尔木兹海峡、苏伊士运河、直布罗陀海峡、曼德海峡、巴拿马运河和马六甲海峡。

第1把钥匙是霍尔木兹海峡。霍尔木兹海峡位于中东重要的石油产区，是连接波斯湾和阿曼湾的狭窄水道，自古以来就是东西方国家的文化和贸易枢纽。波斯湾是世界上重要的石油出口地，周围有沙特、伊拉克、科威特、巴林、卡塔尔、伊朗和阿曼等石油大国。目前全球1/3的海运原油贸易都要经过霍尔木兹海峡。自从发现石油以来，它一直是世界强国争夺的战略要地。如果霍尔木兹海峡被封锁，石油将立即成为稀缺产品，全球油价随之飙升，很多国家的经济都会受到重创。因此，霍尔木兹海峡又被称为世界石油阀门，是世界

6把钥匙锁世界
比例尺：1：17660万

海上「咽喉」：重要海上通道

公认的海上生命线。

　　第 2 把钥匙是苏伊士运河。苏伊士运河是亚洲和非洲的分界线，连接着地中海和红海，是一条人工运河。它位于埃及尼罗河三角洲和西奈半岛之间，全长193.5 千米，水深 23.5 米，平均宽度 205 米，是从欧洲到印度洋的最短路线，是世界上最重要的航线之一。每年大约有 18000 艘来自世界各地的船舶经过这里，全球 14% 的货物运输通过这里完成。仅这条运河每年就能为埃及带来超过 60 亿美元的收入。一旦运河通行受阻，亚非欧三大洲间的贸易运输将受到重创，世界经济立刻会受到重大影响。

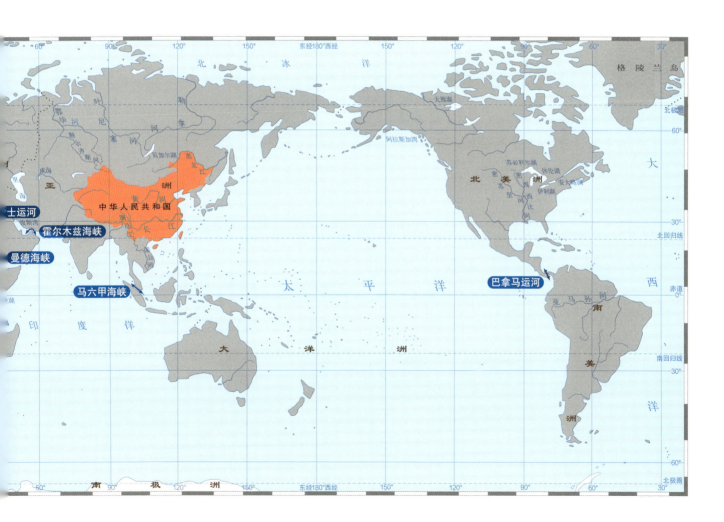

第 3 把钥匙是直布罗陀海峡。直布罗陀海峡是欧洲和非洲的分界线，长约 65 千米，最窄处 14 千米，位于欧洲伊比利亚半岛南端与非洲大陆西北角之间，是从地中海到大西洋最便捷的海上通道，也是西欧、北欧各国舰船经地中海、苏伊士运河通往印度洋的咽喉要道，有"西方海上生命线"之称。

第 4 把钥匙是曼德海峡。曼德海峡位于红海和亚丁湾之间，与其他战略通道相比，曼德海峡似乎名气不大，但其作用不可小觑。如果说苏伊士运河是地中海和印度洋之间的咽喉，曼德海峡就是控制苏伊士运河进出印度洋的枢纽，是名副其实的控制亚非欧海上战略通道的"咽喉"。

第 5 把钥匙是巴拿马运河。巴拿马运河连接太平洋和大西洋，是沟通美洲东西部最便捷的海上通道，也是一条人工运河。巴拿马运河由美国建造，1914 年开通，全长约 82 千米。如果没有巴拿马运河，船只绕行北极航线或麦哲伦海峡，美洲东西方的航运距离将增加数万千米。运河的开通不仅节省了一两个月的航运时间，也节省了大量的人力、物力和财力。该运河的通航大大便利了大西洋与太平洋之间的海上联系，是国际海运的捷径和重要军事战略通道。

第 6 把钥匙是马六甲海峡。马六甲海峡位于马来西亚、新加坡和印尼苏门答腊岛之间，是沟通印度洋和太平洋最便捷的海上通道，每年约有 10 万艘船只经过马六甲海峡，每年经过该海峡的油轮数量是苏伊士运河的 3 倍，巴拿马运河的 5 倍。马六甲海峡是中国、日本和韩国的海上生命线。

这 6 大战略通道的石油运输总量超过世界石油总运输通过量的 40%。对世界上任何一个国家来说，控制了这 6 把钥匙就控制了世界能源运输，控制了世界石油资源，也就控制了全世界。目前，美国凭借强大的军事优势，妄图对上述战略通道进行控制，其背后的战略意图就是控制石油资源。

美国：控制 16 条海上战略通道，控制全世界

马克思曾深刻指出：没有任何一个民族会眼看自己的海洋和河岸被夺走。谁想跻身于世界民族之林，谁就必须控制海洋通道。美国海军部长莱曼也曾毫不掩饰地指出，美国必须握有确信无疑的海上优势，必须有能力而且让人们看到有能力牢牢控制那些通往重大利益地区的通路。

冷战期间，美国出于称霸世界海洋、实现其全球战略、封锁与隔离苏联舰队的需要，于 1986 年制定了战时控制世界 16 条海上咽喉航道计划。在这全球 16 条海上战略通道中，大西洋有 7 条，分别是北美航道、佛罗里达海峡、斯卡格拉克海峡、卡特加特海峡、好望角南部水道、巴拿马运河、格陵兰 - 冰岛 - 联合王国海峡；地中海有 2 条，分别是直布罗陀海峡和苏伊士运河；印度洋有 2 条，分别是霍尔木兹海峡和曼德海峡；太平洋有 5 条，分别是马六甲海峡、巽他海峡、望加锡海峡、朝鲜海峡和阿拉斯加湾。除了上节说的霍尔木兹海峡、苏伊士运河、直布罗陀海峡、曼德海峡、巴拿马运河和马六甲海峡 6 条航道外，其余 10 条咽喉航道分别为：

1. **阿拉斯加湾**：是美国阿拉斯加州南端、加拿大西部濒临太平洋的海湾，是连接阿拉斯加与美国本土西部的海上走廊，是美国宣布战时必须要控制的海上航道咽喉的第一个。

2. **佛罗里达海峡**：位于美国佛罗里达半岛和古巴及巴哈马群岛之间，是墨西哥湾与大西洋连接的重要水道。

3. **北美航道**：指佛罗里达海峡至纽芬兰岛附近的航道，是美国、加拿大海运的主要航道，也是墨西哥湾、加勒比海、南美洲东岸前往美、加东海岸和欧洲航线的必经之地。

4. **斯卡格拉克海峡**：位于挪威、丹麦之间，是波罗的海诸国通向北海的重要通道，也是俄罗斯波罗的海舰队进入大西洋的唯一通道。

5. **卡特加特海峡**：位于丹麦的日德兰半岛和瑞典之间。该海峡西经斯卡格拉克海峡通北海，

美国声称要控制的16条海上战略通道

比例尺 1：17660万

海上「咽喉」：重要海上通道

南与厄勒海峡相连，是波罗的海诸国通向北海的重要通道，也是俄罗斯海军波罗的海舰队进入大西洋的唯一通道。

6. **好望角南部水道**：非洲大陆以南的航道，是连接印度洋和大西洋的重要航道。

7. **格陵兰－冰岛－联合王国海峡**：指格陵兰和冰岛之间的丹麦海峡和冰岛与不列颠群岛之间的广阔水域。是沟通北冰洋和大西洋的海上要道，俄罗斯海军北方舰队南下大西洋的必经之路。

8. **望加锡海峡**：位于加里曼丹岛与苏拉威西岛之间，是沟通太平洋与印度洋的通道。

9. **巽他海峡**：位于印度尼西亚苏门答腊岛和爪哇岛之间，是沟通太平洋与印度洋的通道，美海军第7舰队舰艇从西太平洋赴印度洋或从印度洋返西太平洋的重要通道。

10. **朝鲜海峡**：位于朝鲜半岛与日本九州岛之间，是沟通日本海与东海、黄海的水道，为俄罗斯海军太平洋舰队从远东港口南下太平洋的咽喉要道。

分析这16条海上战略通道的特点，不难看出，这些战略性航道分别为经济发达区的洲际海峡、沟通大洋的海峡、作为唯一通道的海峡和主要航线上的海峡，它们均是海上交通的咽喉要道，可扼控舰船航行和缩短海上航程，具有十分重要的政治、经济和军事意义。可以说，美国找准了世界海洋的关键点。16条海上战略通道不仅是连接世界大洋的商业航运交通线，而且是美国从全球海洋上彻底"击退"对手苏联的咽喉航道，是美国实现其全球海洋战略的"锁眼"。在回答为什么要控制这些要道时，美国前总统里根非常直白地说，"因为这些点的苏联海军在战时可以阻止美国的石油、食品和原料运输"，"一旦发生任何敌对行动，他们就要截断和关闭这16个咽喉点"。冷战结束后，美海军作为全球最强大的海上力量，仍然把控制16条海上战略通道作为其推行全球战略、维持世界霸权的重大战略举措。

◎

影响未来世界格局的北极航道

北极地区位于亚洲、欧洲、北美洲三大洲的中心，联通太平洋和大西洋，与世界主要城市的距离之和最短，是现代军事意义上的制高点，一直是世界主要大国角力的舞台。近年来，随着全球气候变暖，海冰消融，北极航道首次在没有破冰船的护航下被人类成功穿越，北极航道成为连接东亚与欧洲、东亚与北美东海岸的捷径，其价值愈发凸显。加之北极地区资源丰富，军事价值和科研价值突出，使得对北极航道的探索与争夺成为世界焦点。

随着北极海冰持续融化，船只可以直接驶入北冰洋

北极航道组成

北极航道主要包括东北航道、西北航道和中央航道。

东北航道是指靠近俄罗斯一侧的北极航道，西起冰岛，经挪威海、巴伦支海、喀拉海、拉普捷夫海、东西伯利亚海、楚科奇海，东至白令海峡。它不是一条固定的航道，而是由若干不同的航路组成，船只需要根据冰情调整航路。根据航道的不同，总长约3889～5370千米不等。东北航道沿途需经过大量海峡，较有名的有喀拉海峡、维利基茨基海峡、绍卡利斯基海峡、拉普捷夫海峡、桑尼科夫海峡和德朗海峡等。

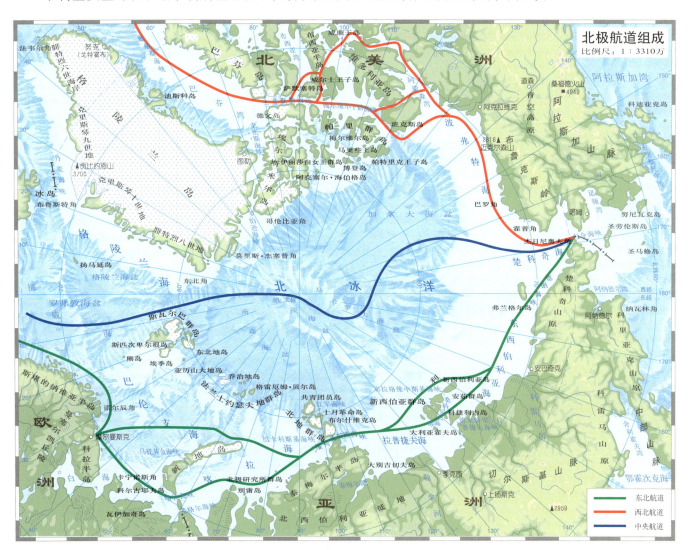

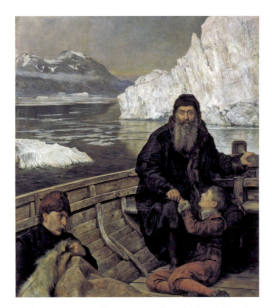

《亨利·哈得孙的最后一次探险》。亨利·哈得孙是一名英国探险家与航海家，以探索西北航道闻名。北极地区的哈得孙湾及哈得孙海峡即是以其名字命名的。画作表达的是想要继续探索北极地区的哈得孙遭到船员背叛，叛变的船员将哈得孙、哈得孙十几岁的儿子及生病的船员放在一艘小船上，以有效控制他们

西北航道是靠近加拿大一侧的航道，以加拿大巴芬岛以北海区为起点，自东向西经北极群岛系列海峡，过波弗特海，至白令海峡进入太平洋，全长大约3800海里。西北航道共有7条可行的航路，包括西北航道北路、威尔士亲王海峡航路、皮尔海峡航路、皮尔海峡调整航路、利金特王子湾航路、利金特王子湾调整航路Ⅰ、利金特王子湾调整航路Ⅱ等。但一年中大部分时间受冰况影响，船舶在每条线路的航行都存在不同程度的困难。西北航道沿途的海峡有戴维斯海峡、兰开斯特海峡、巴罗海峡、梅尔维尔子爵海峡、麦克卢尔海峡、贝洛特海峡、富兰克林海峡、哈得孙海峡、维多利亚海峡、多尔芬-尤宁海峡等。

中央航道起于白令海峡，直接穿过北极中心地带到达挪威海，在三条航线中路程最短，但却是北极气候最为恶劣的区域，终年覆盖厚厚的冰层，因此商船通航及资源开采的可能性最小。目前，东北航道的开通前景最为乐观，西北航道通航条件稍次，中央航道通航条件最为恶劣。

北极航道的开通将会改变世界海洋运输格局

作为连接北美、东北亚与北欧最短的海上通道，北极航道具有其他航道不可比拟的航运价值，在缩短航程、降低成本和增加利润方面发挥重要作用。东北航道将使横滨到鹿特丹的航程比走苏伊士运河航线缩短6500海里，节省40%的航程，西北航道将使西雅图到鹿特丹的航程比经巴拿马运河航线缩短2000海里，节省25%的航程。对我国而言，利用北极航道到欧洲，比传统的马六甲海峡—印度洋—红海—

苏伊士运河航线航程缩短约 25% ~ 55%，可使我国每年的国际贸易海运成本节省 533 亿 ~ 1274 亿美元。利用北极航道到北美洲，比传统的太平洋—巴拿马运河—北

北极航道与传统航线对比

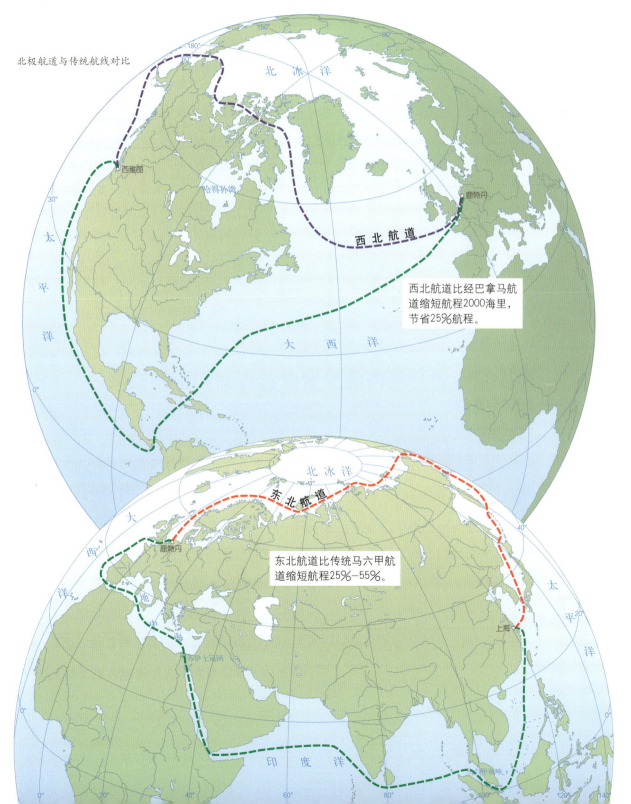

西北航道比经巴拿马航道缩短航程2000海里，节省25%航程。

东北航道比传统马六甲航道缩短航程25%-55%。

美西海岸航线航程少 2000 ～ 3500 海里。

目前，适宜商业通航的只有东北航道和西北航道。其中，北极东北航道已进入实质性的商业应用阶段，其可航行时间由原来的 3 个月延长到了 5 个月，可航行船舶的吨位也稳步提升。俄罗斯早在 2007 年便几乎实现了北方海航道全线无冰化通航，至 2019 年，该航道总货运量达 3150 万吨，在 2020 年疫情爆发的第一季度仍然实现了 7.7% 的增长。2020 年 10 月，世界上动力最强的核动力破冰船"北极"号开始正式服役，装备两座 RITM-200 型核反应堆，可破开 3 米厚的冰层，进而保证俄在北极地区工作的稳定开展和从太平洋到大西洋船只的正常通航。可以预见的是，随着东北航道和西北航道的实质性运营，由于航运距离缩短、航行成本降低、船舶周转次数增加等经济性指标的改变，势必会引起世界航线布局、港口地位、区域地位、航运安全等发生变化，进而促进新的能源通道和货源地以及区域和港口的开发，改变世界海洋运输的格局。

北极航道的开通将会改变世界贸易和资源格局

北极航道除提高世界航运利益外，在促进贸易发展、创造贸易价值和改变贸易格局等方面也具有不可替代的作用。北极航道的开通将大幅度提高东亚（中国、韩国、日本）和西欧各国的贸易前沿量，因贸易前沿量的提高和贸易经济的发展，东亚国家将极大提升其国际地位，世界政治经济中心将北移，环北冰洋国家将进一步崛起。从资源角度看，北极地区被称为"第二个中东"。其石油储量占全球储备总量的 10%，天然气储量超过全球储备总量的 30%，煤炭、铁和铜等矿产资源以及渔业资源和木材资源也十分丰富。北极航道的开通使世界增加新的能源通道，美国和俄罗斯等国的能源贸易流量因此增大，全球能源贸易来源和通道的集中度将降低，世界能源格局将会发生改变。

印度意图控制印度洋的5条海峡通道

印度与印度洋

　　从世界范围看，印度洋提供了太平洋和大西洋之间最便捷、最经济的航线，是一个集航运价值、地缘价值和资源价值于一身的地区，对世界经济具有显著的重要性。世界贸易量的90%通过海洋运输，而通过印度洋的商品吨位最高，每年通行轮船近10万艘，包括全球一半以上的集装箱货轮和近1/3的散装货轮。更为重要的是，世界大约36%的石油产量源于印度洋地区。其中，排名第一的是波斯湾。占石油制品运输总量70%的货物由中东通过印度洋运往太平洋地区；西欧进口石油的35%从中东通过苏伊士运河或好望角航线运往欧洲。包括亚丁湾、阿曼湾在内的世界主要海上石油航路，以及霍尔木兹海峡、曼德海峡等重大海上通道都在印度洋。因此，无论对东方国家还是西方国家，印度洋都是名副其实的"海上生命线"。为此，海

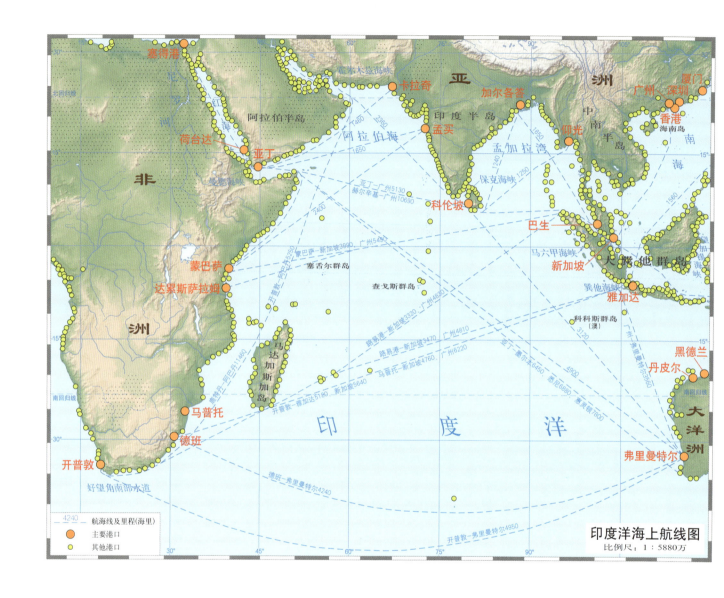

印度洋海上航线图
比例尺：1：5880万

航海线及里程(海里)
主要港口
其他港口

权论创始人马汉曾说过：谁控制了印度洋，谁就控制了亚洲。

印度是印度洋地区面积最大、人口最多、资源和经济规模最大、军事实力最强的国家。印度坐拥印度洋核心位置、印度洋航线枢纽的地利，自立国伊始便觊觎印度洋的控制权。印度一直将印度洋当成自家"内湖"经营，企图使其成为名副其实的"印度的洋"。

海上『咽喉』：重要海上通道

印度的海洋战略

发展海军、控制海洋，是世界海军强国的重要战略方针，印度也不例外。印度第一任总理尼赫鲁曾经说过："为确保陆上领土安全，我们必须将制海权放在首要位置。"鉴于印度洋独特的地理结构，印度前外长潘尼迦对于将印度洋打造成印度的安全屏障进行了完美构想：选择、依托关键的岛屿地域，部署一定数量的海军及空军基地，实施有效控制，进而在印度洋形成一个以印度为中心的"钢圈"。在这个"钢圈"内再打造一支强大的海军力量来保卫印度的内海。由此，无论是印度自身的繁荣与安全，还是与印度利益攸关的印度洋都可以受到保护。也就是说，对作为印度洋地理中心的印度而言，印度洋的最大意义是成为护卫印度安全之洋。

进入 21 世纪以来，印度将"支配南亚，控制印度洋，增强在亚太地区影响力，争当世界一流国家"作为其总体发展目标。从政治、经济、军事和外交等多个方面提高其在印度洋的实力和影响力。核心目标就是要将印度洋变成"印度之洋"。为达到这一目的，印度颁布了《印度海洋学说》《印度海军构想文件》《海上能力远景规划》等，构建了较为完整的海洋战略理论体系。其核心思想为：印度海军战略应从当前的近海防御和区域威慑转向远洋进攻，控制印度洋，发展远洋海军，扩展印度的海上利益疆界，最终使印度成为影响遍及印度洋、阿拉伯湾乃至全亚洲的一个世界性强国。这其中，控制印度洋及其周边的五大海峡通道是印度海军战略的重要组成部分。印度前总理拉吉夫·甘地曾公开宣称：印度防务要求我们必须牢牢控制通向印度洋的海上通道，印度应在控制印度洋五大海峡的基础上，继而"控制从地中海到太平洋之间的广袤海域"。这五大海峡是指霍尔木兹海峡、曼德海峡、保克海峡、马六甲海峡和巽他海峡，它们控制着波斯湾、太平洋、大西洋和印度洋交通的咽喉，也是印度人宣称的掌握自己命运、控制印度洋广大海域的主要抓手。

白令海峡

北　冰　洋

北
美
洲

欧洲

亚

苏伊士运河

大

非　　洲

马六甲

西

巴拿马运河

南
美
洲

洋

印　度

赤道 0°

太

好望角南 部水道

平

洋

南　极　洲

太平洋

大平洋

海峡

龙目海峡

大

洋

洲

北回归线

20°

赤道 0°

20°

南回归线

第 三 章

跨洋通道的"咽喉"

　　地球上的海洋被分割成相对独立的四个部分：太平洋、印度洋、大西洋、北冰洋。除北冰洋终年气候寒冷、人迹罕至外，太平洋、大西洋和印度洋，是世界海上运输和全球海空兵力机动的主要通道。而连接这些大洋的海上通道则成为跨洋通道的"咽喉"。由印度洋进入太平洋，包括西行通道（新加坡海峡和马六甲海峡）和南行通道（经望加锡海峡过龙目海峡或者由卡里马塔海峡经巽他海峡）。苏伊士运河的开通，使得由大西洋进入印度洋的航程大大缩短。巴拿马运河开通后，成为连接大西洋和太平洋最重要的通道。

印太两洋海上战略走廊
马六甲海峡

"我确实相信，如果还有另一个世界，或者在我们所知道的以外还有另一条航线的话，那么他们必然将寻找到马六甲来。因为在这里，他们可以找到凡是世界所能说得出的任何一种药材和香料。"

——葡萄牙果阿总督阿丰索·阿尔布克尔克（16世纪）

阿丰索·阿尔布克尔克

马六甲海峡是当今世界上最重要、最繁忙的海峡之一，它连接太平洋与印度洋，是亚、非、欧沿岸国家往来的重要海上通道，被称为"海上十字路口"，也是东亚地区的"海上生命线"。

海上『咽喉』：重要海上通道

繁忙的"海上十字路口"，东亚的"海上生命线"

马六甲海峡位于马来半岛与苏门答腊岛之间，西北端联通印度洋的安达曼海，东南端连接中国南海，是沟通太平洋与印度洋，连接欧洲、亚洲、非洲的海上交通要冲，扼控太平洋与印度洋间海上航运"咽喉"。马六甲海峡呈西北—东南走向，西北部宽、东南部窄，形状像一个由印度洋安达曼海"漏"向太平洋南海的长条形的巨型漏斗。海峡西北口宽 370 千米，东南口最窄处 37 千米。水深自海峡东南向西北递增。东南部水深较浅，一般水深大于 25 米，西北部水深超过 100 米。最深处是海峡的西北口，水深超过 1500 米。海峡内的海流流向恰恰与"漏斗"的

马六甲海峡	
位 置	马来半岛和苏门答腊岛之间
峡 岸 国	马来西亚 新加坡 印度尼西亚
沟通海域	南海（太平洋）与安达曼海（印度洋）
峡 长	1080 千米
峡 宽	东南口最窄 37 千米 西北口 370 千米
水 深	一般 25 ～ 113 米
气 候	热带雨林气候，炎热多雨
交 通	年通过船只 10 多万艘，仅次于英吉利海峡和多佛尔海峡
军事基地	马来西亚的槟城、巴生港、卢穆特海军基地，北海、亚罗士打空军基地；印度尼西亚棉兰海军基地；新加坡樟宜等

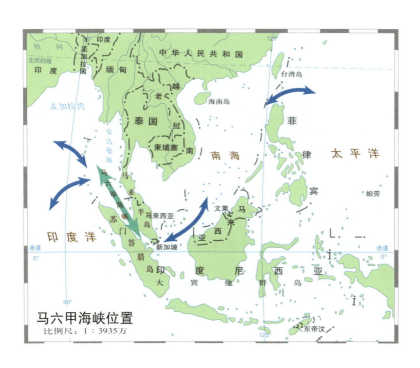

马六甲海峡位置
比例尺：1：3935万

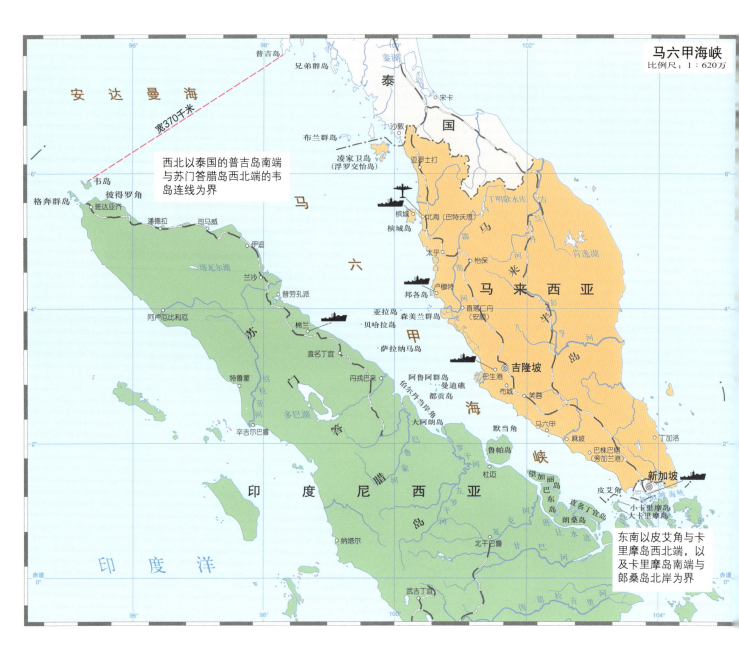

马六甲海峡

比例尺：1：620万

安达曼海

宽370千米

西北以泰国的普吉岛南端与苏门答腊岛西北端的韦岛连线为界

泰国

马来西亚

吉隆坡

马六甲海峡

新加坡

印度尼西亚

印度洋

东南以皮艾角与卡里摩岛西北端，以及卡里摩岛南端与郎桑岛北岸为界

方向相反，常年是自东南流向西北。海峡位于赤道以北，属热带雨林气候，兼有季风气候特征，常年炎热，年平均气温 26 ～ 28℃，降水丰富，年降水量 2000 ～ 2500 毫米。全年大部分时间风力较弱，平均风力 1 ～ 3 级。

马六甲海峡作为世界上最繁忙的海峡之一，每年经过海峡的各型船只有 10 多万艘，平均到每天有 200 多艘船只通过。全世界约 1/4 的油轮要从该海峡通过。在

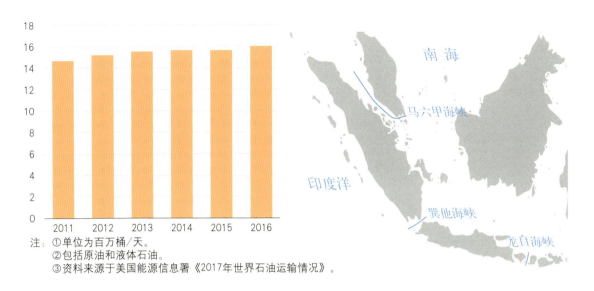

注：①单位为百万桶/天。
②包括原油和液体石油。
③资料来源于美国能源信息署《2017年世界石油运输情况》。

通过马六甲海峡的石油运输量

经过马六甲海峡的船只中，以通往东亚地区的船只最多，每年通过马六甲海峡进入南海的油轮数量约是经过苏伊士运河的3倍，是经过巴拿马运河的5倍。海峡是日本、中国、韩国等国家的主要能源运输通道，是东亚地区国家与南亚、西亚、非洲和欧洲国家进行海上贸易的必经之地。以中国为例，每天经该海峡的船只中有60%是来往中国的，中国进口石油量的80%以及进出口物资的50%要经过该海峡，因此该海峡安全一旦出现问题，将威胁中国的进口能源安全，即形成所谓的"马六甲困局"。不仅中国是这样，日本对马六甲海峡的依赖更甚。据统计，日本90%的进口石油都要经过马六甲海峡。因此马六甲海峡也被称为东亚地区的"海上生命线"。由于马六甲海峡是仅次于霍尔木兹海峡的世界第二繁忙的海上石油运输要道，如果马六甲海峡被封锁，世界上将会有近一半的船队需要改道绕航印度尼西亚群岛，例如通过印度尼西亚巴厘岛和龙目岛之间的龙目海峡，或者通过爪哇岛和苏门答腊岛之间的巽他海峡，这对全球政治、经济等方面造成的影响难以估量。

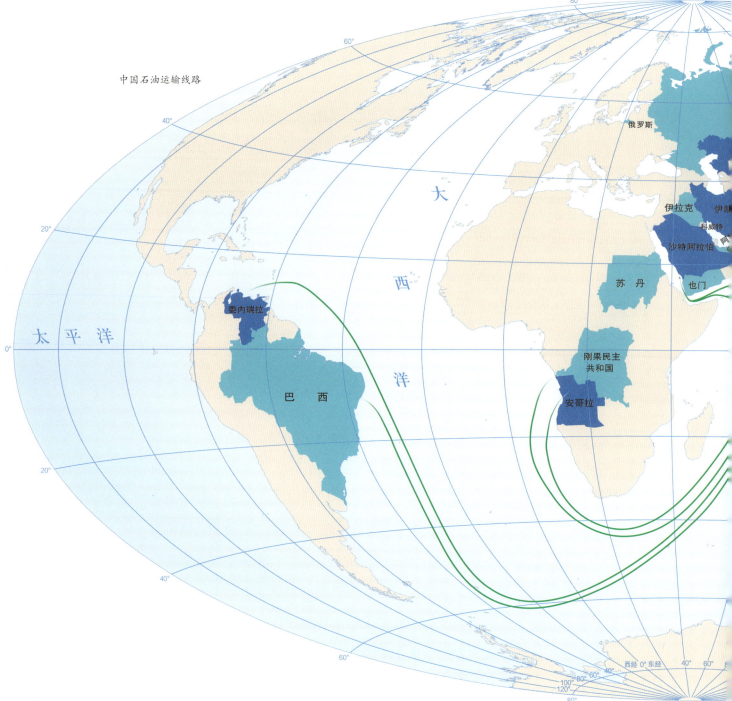

中国石油运输线路

俄罗斯

伊拉克　伊朗

科威特

沙特阿拉伯

苏丹　　也门

刚果民主
共和国

安哥拉

委内瑞拉

巴　西

大　西　洋

太　平　洋

通航千年的兵家必争之地

　　马六甲海峡得名于海峡沿岸的古代名城马六甲，该城在我国明朝的史籍中被称为"满剌加"。早在公元 4 世纪，阿拉伯商人就从印度洋穿过马六甲海峡，经南海到达中国，作为穿梭于南海和印度洋的商人，他们源源不断地把中国的丝绸、瓷器

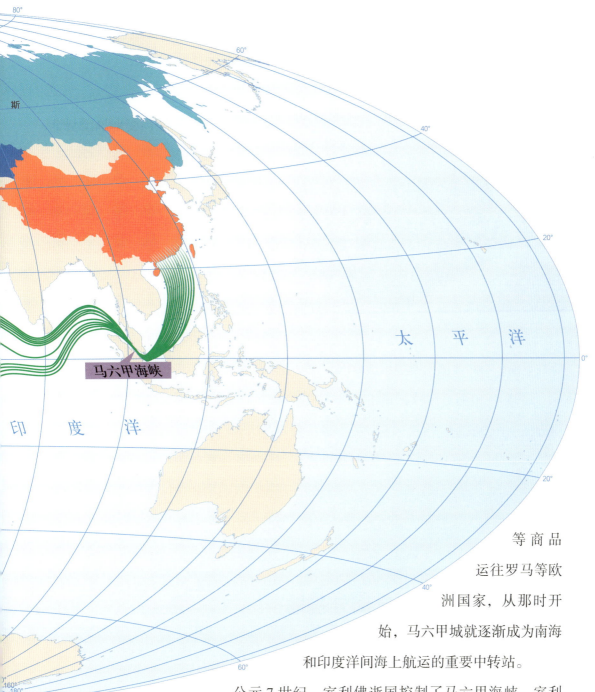

斯

马六甲海峡

太 平 洋

印 度 洋

等 商 品

运 往 罗 马 等 欧

洲 国 家，从 那 时 开

始，马六甲城就逐渐成为南海

和印度洋间海上航运的重要中转站。

公元 7 世纪，室利佛逝国控制了马六甲海峡。室利

佛逝国在我国宋代以后的史籍中被称为三佛齐国。它发源于今苏门答腊岛的巨港

附近，以巨港附近为中心，不断扩展势力范围。鼎盛时期包括了今天马来半岛和巽

他群岛的大部分地区，是当时的东南亚强国，也是马来群岛的香料贸易中心。自建

国以来，三佛齐国曾多次派遣使臣前往中国朝贡，与中国封建王朝保持着长期友好

关系。中国与三佛齐国和平共处、互利共赢的友好关系保证了马六甲海峡的通畅，

马来西亚马六甲的郑和文化馆再现郑和船队的场景

促进了唐宋时期由中国出发、驶往印度洋和欧洲的海上丝绸之路的发展。

1025 年三佛齐国被南印度朱罗王朝突袭，此后逐渐走向衰落。1397 年（明洪武三十年），东爪哇满者伯夷国攻占三佛齐国。三佛齐王子逃往马来半岛建立满剌加王朝（即马六甲王朝）。弱小的满剌加王朝不得不臣服于暹罗国，每年需向暹罗国缴纳 40 金，而且依然随时面临满者伯夷国的威胁。

1403 年 10 月，朱棣派遣宦官尹庆往谕满剌加，赠送其国王御笔题赐的"镇国山碑铭"作为礼物。国王大喜，随即派使者与尹庆一同到北京朝贡，这也首开了永乐朝御笔题赐的先例。后来，明朝帮助满剌加摆脱了暹罗国的控制，并赠送船只给满剌加王国，帮其"归国守土"。满剌加逐渐被纳入明朝朝贡体系，两国形成了战略同盟关系。

郑和七下西洋的重要海外基地

郑和七下西洋，在马六甲历史上留下了浓墨重彩的一笔。1407 年，郑和第一次下西洋，肃清了盘桓在马六甲海峡的陈祖义海盗集团。1409 年，郑和第三次下西洋期间，受命对满剌加王拜里迷苏剌进行册封。纵观郑和七下西洋，至少有五次在马六甲海峡停泊，可见马六甲海峡和满剌加王朝对明朝的重要意义。基本上可以认为马六甲成了郑和船队远洋活动的海外基地。

为什么郑和的远航船队非要停靠马六甲呢？这还要从当时的条件和面临的海洋环境特点说起。郑和船队被认为是世界上最早建立的一支大规模远航船队。船队

no

由 200 余艘不同用途、不同船型的远洋海船组成，随船将士 2 万余名。由于规模庞大，人员众多，需装载大量粮食、淡水和其他货物，迫切需要在远航途中建立一个固定的物资转运站和补给站。另一方面，帆船时代的长途航海，必须依靠季风（或者称为"信风"）作为主要动力。南海航行需要依靠东亚季风，印度洋航行则需要依靠南亚印度洋季风。因此，郑和从南海航行进入印度洋后，必须找到一个合适的港口，靠港候风，等风起后才能"使风"航行。处在南海和印度洋连接处的马六甲就成了郑和船队最好的物资转运站、补给中点站和等候季风的候风港。

郑和下西洋图

西方殖民者从海上入侵亚洲的"桥头堡"

郑和之后，随着西方航海探险活动的开展，马六甲海峡逐渐进入了西方殖民者的视野，被西方新兴海洋国家发现和重视。

欧洲人 1750 年绘制的荷兰殖民下的马六甲

1509 年，葡萄牙人到达马六甲苏丹国。由于宗教原因，马六甲宫廷中势力强大的印度泰米尔穆斯林非常敌视葡萄牙人。马六甲苏丹国企图拘捕葡萄牙代表，事先得到消息的葡萄牙代表只身逃脱，但他的同伴被囚禁。1511 年 7 月 1 日，葡属印度总督阿尔布克尔克率领一支由 18 艘舰船、1400 名士兵组成的舰队到达马六甲，以解救被扣押的葡萄牙人为借口，兵临城下，企图攻占马六甲，但马六甲城城墙坚固、防守严密，葡萄牙人一直未能得逞。直到 3 个月后，葡萄牙人成功贿赂了城堡守卫，打开城门，葡萄牙军队顺利攻入马六甲城，苏丹国王被迫逃亡。葡萄牙攻占马六甲海峡，从此以后葡萄牙人以马六甲为据点进入南海和东南亚地区，马六甲海峡成为西方殖民者从海上入侵亚洲的"桥头堡"。从东方的视角看，马六甲海峡的丧失也成为明王朝海权丧失和朝贡藩属体系崩溃的开始，作为明王朝重要藩属国的满刺加王国被葡萄牙灭国，明朝在很长时间内不知道消息，在得到消息后也没有进行有效的反制，这无疑使南海周边的明朝其他藩属国降低了对明朝的信任。

一百多年后，后起的海上强国荷兰于 1641 年占领马六甲海峡，并在此后控制海峡长达 180 余年。1824 年，新兴的"日不落帝国"英国在取得马来西亚殖民权后控制了马六甲海峡。1941 年，日本发动太平洋战争，从英国手中夺取海峡控制权。

当今大国争相控制的关键海峡

第二次世界大战后，马六甲海峡重归沿岸国家所有。1971年，印度尼西亚、马来西亚和新加坡发表联合声明，宣布由三国共管海峡事务。2004年7月三国签署了马六甲海峡巡逻合作协议，组成特混舰队，开始全天候巡逻。但实际上，想控制马六甲海峡的国家远不止沿岸三国。

作为全球海洋霸主，美国虽然距离马六甲海峡遥远，也只有少量的橡胶和锡等战略物资要通过马六甲海峡进行运输，但美国对马六甲海峡的重视从来没有减弱过。美国明确将马六甲海峡列为要控制的全球16条海上战略通道之一。近些年来，为了控制马六甲海峡，美国可谓不遗余力。美国获得在新加坡樟宜军港的航母补给权后，又提出让其海军陆战队直接进驻该港。美国和马来西亚签署了军事后勤合作协议。在遏控海峡东口的泰国征用乌塔堡作为空军基地，并在南海东边的菲律宾采取灵活的部署方式，部署多个军事基地。有分析认为，对美国来说，控制马六甲海峡，可以实现"一箭多雕"，可以控制日本"海上生命线"，压制印度"东进战略"，迟滞俄罗斯重返远洋的步伐，最重要的是必要时可以遏制中国的发展。

印度把马六甲海峡视为从印度洋进入太平洋的一扇大门，是印度政治、经济和外交全面实施"东进战略"的必经之路。从军事角度看，印度海军提出要控制进出印度洋的五大海峡，而马六甲海峡位于首位。因此，印度在靠近海峡西口的安达曼-尼科巴群岛上建设三军联合作战基地，部署先进的海军舰船和空

众多货轮通过的马六甲海峡

123

军战机，加强对马六甲海峡的控制。

脆弱的"海上生命线"

马六甲海峡这一"海上生命线"是重要的，但也是脆弱的。从自然环境上看，海峡总体水深浅、航道窄，且易淤积。海峡最窄处仅 37 千米宽，海峡中最重要的航道是靠近马来半岛一侧的深水航道。该航道宽 2.7 ~ 3.6 千米不等，大部分水深也仅有 25.6 ~ 73.0 米。由于苏门答腊岛上河流众多，沉积物在海峡中不断堆积，形成东南口处大量小岛、岩礁和沙脊。沙脊向西北方延伸长达 48 千米。航道淤积较严重，需经常疏浚。加上东南部"漏斗口"处非常狭窄，使该海域成为航行的危险区域。20 世纪六七十年代，马六甲海峡曾经发生过 10 多起严重的海上交通事故。2017 年，阿拉伯联合国家轮船旗下的超大型集装箱船 UMM SALAL 就曾在此搁浅，给船舶通航带来巨大影响。从人文社会等情况看，海峡附近的海盗也是曾长期困扰马六甲海峡的重要因素之一。海峡航道狭长，长度达 1185 千米，海峡内岛礁暗滩密布，地形复杂，使得船只通航时为保证航行安全，不得不降速行驶，客观上为海盗在此活动，袭击过往商船提供了机会。2020 年全年，仅马六甲海峡的新加坡海峡发生的海盗事件便超过 30 起。根据亚洲反海盗及武装抢劫船只区域合作协定组织信息共享中心发布的报告，在 2021 年 1 月 25 日至 29 日的 5 天时间里，共接获三起海盗事件报告，均发生在船只通过新加坡海峡分道通航时。

虽然马六甲海峡存在一些风险和问题，但这些风险和问题都是在周边国家的控制之内的。美国、日本等别有用心的国家经常会刻意放大马六甲海峡的风险和问题，以此作为插手马六甲海峡事务的借口。"海上生命线"的重要之处，不仅在于其自身的经济意义，更在于其背后的战略意义。

北太平洋进入印度洋的重要海峡

巽他海峡

巽他海峡

位　　置　印度尼西亚爪哇岛和苏门答腊岛之间

峡 岸 国　印度尼西亚

沟通海域　爪哇海与印度洋

峡　　长　约 150 千米

峡　　宽　东北口 26 千米，西南口 130 千米

水　　深　一般 70~180 米，最深 1759 米

气　　候　热带雨林气候

港　　口　印度尼西亚楠榜港

　　自美国公开推进印太战略以来，"巽他海峡"一词越来越多地出现在联合军事演习、舰船部署调整甚至是地区或国家间的军事协议等事件的报道中。针对 2014 年美国和澳大利亚签署《美澳驻军协定》，世界主流媒体大多指出：

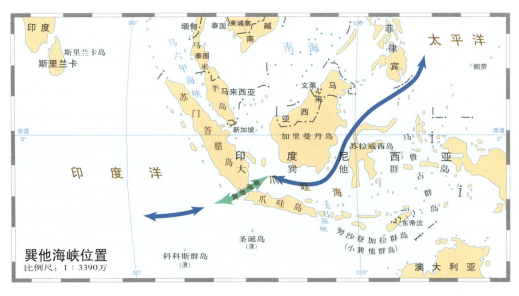

巽他海峡位置
比例尺 1：3390万

125

美依托澳大利亚达尔文港军事基地，可以更为便捷地出兵南海，控制马六甲海峡、望加锡海峡、巽他海峡和龙目海峡。1986年，美国声称要控制全球的16个海上通道，其中之一便是巽他海峡。在印太战略背景下，美国强化对巽他海峡的控制，是其必然选择。特别是近年来，随着西方国家频频通过巽他海峡在印度洋和太平洋之间实现兵力调动，巽他海峡在地缘战略和大国竞争中的重要性、敏感性进一步上升。

巽他海峡是连接太平洋和印度洋的重要海峡之一。早在大航海时代，就是欧洲殖民者来往于印度洋和太平洋的重要水道。巽他海峡水深远超马六甲海峡，比马六甲海峡更适合大型、吃水深的船舶通航，因此，吃水深度 20 米以上的巨轮，多需绕行巽他海峡进入印度洋。

海峡呈东北—西南走向，长约 150 千米，宽约 22 ~ 110 千米。大部水深 70 ~ 180 米，西南口最深达 1759 米。桑伊昂岛位于海峡东北口最窄处，将海峡东北口分为 2 条航道，是扼控海峡之要地。桑伊昂岛西航道宽约 10.4 千米，水深 23 ~ 207 米；东航道宽约 7.4 千米，水深 33 ~ 111 米。海峡西南部的岛屿将海峡分为 3 条航道：库朗半岛与帕奈坦岛间的航道称帕奈坦海峡，宽约 8 千米，水深 55 ~ 209 米；帕奈坦岛与拉卡塔岛（喀拉喀托岛）之间为主航道也是最安全的航道，航道宽约 44 千米，水深 47 ~ 391 米，无障碍物，可通航 20 万吨级以下舰船；塞贝西岛与塞布库岛间的航道，宽约 2.4 千米，水深 20 ~ 27 米。海峡属热带雨林气候，常年气温高、降水量大，终年少雾，能见度较好。年平均气温约 25℃，1 月最低 24.9℃，5 月最高逾 25.7℃，温差小；年平均降水量 1770 ~ 1915 毫米。

火山活动频繁的海峡

巽他海峡处于欧亚板块、大洋洲板块和太平洋板块三大板块的交汇处，所在地区地壳运动活跃，板块间相互碰撞导致巽他海峡附近成为地震、火山喷发等自然灾害频发的地区。海峡内有帕奈坦岛、拉卡塔岛（喀拉喀托岛）等多个岛屿。其中，拉卡塔岛（喀拉喀托岛）位于海峡中央，为活火山形成的火山岛，历史上曾多次喷发。沉寂了 200 年的喀拉喀托火山，曾于 1883 年 8 月 27 日猛烈喷发，并引起大海啸，形成的近海波浪高达 35 米，足有 12 层楼高，使苏门答腊岛南部和爪哇岛西部沿岸 300 个村镇被毁，3.6 万人丧生。2023 年该火山又多次喷发。爪哇岛中部的默拉皮火

喀拉喀托火山爆发石版画

山于 2023 年 12 月 1 日、2 日先后两次喷发。2023 年 12 月 3 日印尼苏门答腊岛的马拉皮火山喷发，火山喷出高达 3000 米的火山灰柱，形成的烟雾不断向空中翻滚，造成 23 人遇难。该火山 1979 年的喷发，曾造成 60 人死亡。

香料贸易的必经海峡

历史上，西方世界的香料长期由东方世界供应。这使得香料非常稀缺，价格昂贵。现代人可能无法想象，在 500 多年前的欧洲，香料的价格远比黄金要贵。在某种程度上，正是西方世界对东方香料的执着追求，引发了欧洲的大航海探险和地理大发现。

"香料群岛"这个词，最早可能是由与欧洲人做生意的阿拉伯人或印度人命名的。它是指位于印度尼西亚东北部的马鲁古群岛。该群岛独特的气候和地理位置，以及岛上火山喷发形成的火山灰，使马鲁古群岛盛产丁香、肉豆蔻等香料。1511 年，葡萄牙人为了掠夺香料，从海上入侵"香料群岛"。巽他海峡也逐渐成为欧洲殖民者来往于"香料群岛"和印度洋之间的主要航道。但欧洲殖民者不知道的是早在他们到来之前，中国明朝的航海家就发现和使用了巽他海峡。1407 年，完成印度洋航行的郑和船队，从巽他海峡北上，到达当时的旧港，即现在的印度尼西亚巨港地区。

美澳荷三国军舰全军覆没的巽他海峡海战

二战太平洋战争爆发后，日军进军东南亚，进展迅速。从 1942 年 1 月 11 日至

2 月 19 日，仅仅一个多月的时间，日军就占领了荷属东印度群岛（今印度尼西亚）中除爪哇岛以外的所有重要的岛屿。因此，盟军预料到日军的下一个进攻目标必定是爪哇岛，于是荷兰远东舰队司令兼盟国海军司令赫尔德里希中将将盟军舰队分为东西两路突击编队，计划分路拒敌，其中西突击编队驻扎在丹戎不碌港，东突击编队驻扎在泗水港。

　　1942 年 2 月 27 日，在日军进攻爪哇岛前一天，盟军西突击编队经巽他海峡离开荷属东印度群岛，驶向斯里兰卡，但编队中的荷兰驱逐舰"艾弗森"号受海上风暴影响与编队失联后，被迫于次日再次回到丹戎不碌。东突击编队与日军舰队在 2 月 27 日下午遭遇，爆发了爪哇海战。在经过 7 个多小时的战斗后，东突击编队大败，编队司令多尔曼少将战死，盟军残余舰只分别逃到泗水和丹戎不碌港。美国重巡洋舰"休斯顿"号和澳大利亚轻巡洋舰"珀斯"号逃到丹戎不碌港，加上之前返回的荷兰驱逐舰"艾弗森"号，共 3 艘盟军军舰编为一队。由于丹戎不碌港缺少燃油和炮弹补给，于是 3 艘盟军船只计划通过巽他海峡到达芝拉扎港完成补给，以便继续作战。编队在巽他海峡中与日军编队遭遇后发生激战，来自美澳荷三国的 2 艘巡洋舰、1 艘驱逐舰全军覆没。日军方面，除了有多艘战舰受轻伤外，仅有 1 艘扫雷舰沉没。

1942 年 2 月 28 日至 3 月 1 日巽他海峡战役期间，"休斯顿"号重巡洋舰沉没

印尼各海峡中最安全的海峡
龙目海峡

2021 年当地时间 4 月 21 日 3 时左右,印尼海军潜艇"南伽拉"号在龙目海峡附近海域执行训练任务时沉没在 800 多米深的海底,艇体断裂为 3 部分,53 名艇员全部遇难。应印尼政府请求,中国海军"永兴岛"号远洋打捞救生船、"南拖 195"号远海救援拖船

"南伽拉"号潜艇

和中国科学院深海科学与工程研究所"探索二号"万米载人潜水器保障母船组成的救援舰艇编队抵达相关海域,协助救援印尼失事潜艇。其实,潜艇失联后,该事发海域先后汇集有一艘新加坡潜艇救援船、一艘马来西亚军舰、一艘印度潜艇维修舰、一艘澳大利亚护卫舰、一架美军反潜机等在内的多国"救援力量"。然而,印尼最终选定由中国舰船编队实施救援。世界媒体在竞相报道潜艇失事情况外,对于印尼官方选定由中国具体实施救援从技术实力和政治、军事、地缘战略等的考量也

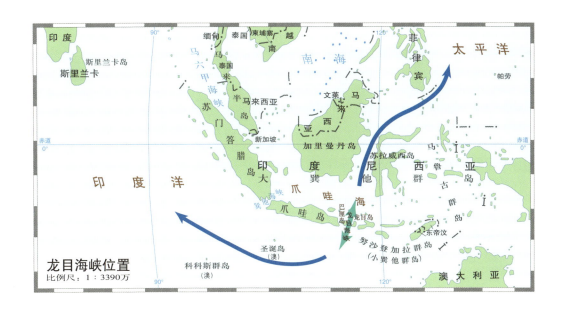

龙目海峡位置
比例尺：1∶3390万

纷纷发表看法。国际社会对于此次救援事件的极大关注，除了潜艇失事事件本身的轰动效应，更多的是出于对事发相关海域龙目海峡的地理环境、印太通道安全、军事利用价值和地缘战略地位等的关注。

　　龙目海峡位于印度尼西亚龙目岛与巴厘岛之间，连接巴厘海与印度洋，是沟通太平洋与印度洋的重要海上交通要道、全球海运大型船只的主要通航走廊。相较于马六甲海峡，龙目海峡主航道水域更宽、水深更大，且海峡内几乎无暗礁和浅滩。20万吨以上巨型油轮多由此通行，大型舰艇编队和潜艇出于安全的目的，也多选择由龙目海峡出入印度洋和太平洋。正因如此，龙目海峡已经成为印尼海域舰船航行最安全的海峡。

龙目海峡

位　置	印度尼西亚巴厘岛和龙目岛之间
峡岸国	印度尼西亚
沟通海域	巴厘海与印度洋
峡　长	80.5 千米
峡　宽	11~35 千米
水　深	50~100 米
气　候	热带季风气候
军事基地	龙目岛上的安佩南等

美丽的岛，安全的海峡

　　龙目海峡位于印度尼西亚群岛的巴厘岛和龙目岛之间。海峡得名于东岸的龙目岛。龙目岛的名气远不如海峡西岸的旅游胜地巴厘岛，但风景却丝毫不逊色。龙目岛上不但有湛蓝宁静的海水、雄壮的活火山、美丽可爱的热带鱼，也有巧夺天工的手工艺品、古朴的建筑物和淳朴独特的民风民情，是世界上难得的旅游胜地。

　　龙目海峡是连接巴厘海与印度洋的水道，也是印度洋和太平洋海上交通的要道。海峡由地壳断裂下沉而形成，如同印度尼西亚岛弧上的一个海底垭口，航道幽深，

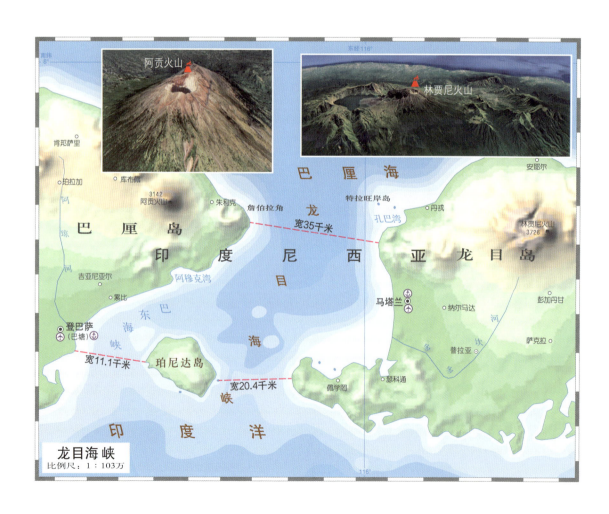

岸壁陡峭。海峡内强烈的海流持续对海峡底部和海岸进行冲刷，使海峡继续不断地加深、加宽。海峡的这种环境特点使无论是吃水深的巨型油轮还是水下潜航的潜艇都可以畅通无阻。海峡大致呈南北走向，南北长约 80.5 千米，南口宽 65 千米，北口宽 35 千米，一般水深逾 200 米，最深 1306 米，北深南浅。海峡两侧均有岛屿，北口东侧有特拉旺岸岛，南口被珀尼达岛分为东、西两条水道：东水道为主航道，宽 20.4 千米，大部水深逾 100 米，可通航 50 万吨级油船；西水道又称巴东海峡，宽 11.1 千米，大部水深逾 50 米。得天独厚的自然条件，使得龙目海峡成为印尼众多海峡中最安全的海峡，各型水面舰船和水下潜艇均可安全通航。

人们通常认为沿海地区的山不会太高，近岸的海也多半不会太深，龙目海峡却恰恰是个例外。龙目海峡两岸的龙目岛和巴厘岛上多山地。其中龙目岛上的林贾尼火山海拔 3726 米。巴厘岛北部也有一条由一系列火山组成的火山带，贯穿东西，其中最高山阿贡火山海拔 3142 米。如此高的火山紧邻着最大水深超过 1000 米的龙目海峡，形成这一现象的原因是神奇的地球地质构造活动：一方面，岛上火山活动、岩浆的喷发和冷却，造成火山不断"长高"，另一方面，近在咫尺的海峡却是由地层断裂形成的深谷，所以水深很深。

神奇的"华莱士线"

1854 年至 1862 年期间，英国动物地理学者亚尔佛德·罗素·华莱士在马来群岛研究动物时注意到，巴厘岛上的鸟类与爪哇岛的几乎相同，却与龙目岛相差 50%。在加里曼丹岛与苏拉威西岛之间也存在相似的情况。也就是说，似乎有一条隐形的界线将两边的生物分开。界线以西的生物更接近东南亚地区，界线以东的生物则接近新几内亚、澳大利亚地区。为纪念这一重要发现，科学界将划分这两个地区的界线称为"华莱士线"。龙目海峡恰好处在分割海峡两岸生物历史的"华莱士线"上。

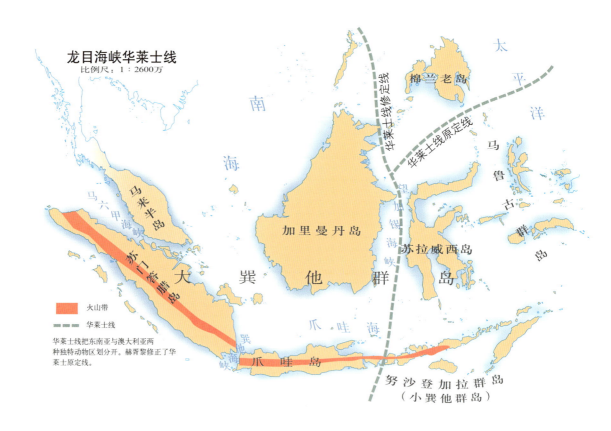

龙目海峡华莱士线
比例尺：1：2600万

南 海

太 平 洋

华莱士线修定线

华莱士线原定线

棉兰老岛

马鲁古群岛

马来半岛

马六甲海峡

苏门答腊岛

巽 他 群 岛

加里曼丹岛

苏拉威西岛

望加锡海峡

爪 哇 海

巽他海峡

爪 哇 岛

努沙登加拉群岛
（小巽他群岛）

🟧 火山带
╌╌╌ 华莱士线

华莱士线把东南亚与澳大利亚两
种独特动物区划分开。赫胥黎修正了华
莱士原定线。

　　海峡两岸的巴厘岛和龙目岛，虽然相距最近仅 30 多千米，但是在生物演化的历史进程上，却可能已经相差了亿万年。

二战中日军舰船的"坟场"

　　龙目海峡连接太平洋和印度洋的重要位置，使海峡成为二战时期侵占东南亚的日本常用航道，大量日本船只航行在龙目海峡内。在此情况下，盟军在海峡内成功设伏，将海峡变成了日军舰船的"坟场"。1944 年 2 月 25 日下午 17 时，携带着改进鱼雷的美海军"红石鱼"号潜艇在巴厘岛附近发现了从苏腊巴亚出发前往安汶的日本运输船团。"红石鱼"号发射鱼雷，先后击沉了日军"丹后丸"号和"隆西丸"

号运输船，造成"丹后丸"号超过 5700 人死亡，"隆西丸"号约 5000 人死亡。"红石鱼"号在安全撤离后于 3 月 3 日夜间，再次用鱼雷袭击日军护航船团，击沉日本陆军运输船"日泰丸"号。同年 3 月 27 日，"红石鱼"号潜艇在龙目海峡与由 4 艘扫雷舰护卫和 4 艘商船组成的日军船团相遇，"红石鱼"号对两个目标各发射了 3 条鱼雷，造成日本陆军运输船"日南丸"号被鱼雷击中沉没，船上的 321 人死亡。

"红石鱼"号潜艇

6200 吨运输船"丹后丸"号

马六甲海峡的替代海峡

　　近年来，马六甲海峡航行条件不断变差已成为不争的事实。从自然条件来看，马六甲海峡海域水深较浅、海域狭小，且该海峡位于赤道无风带，海水流速慢，加上海峡东南多岩礁和沙脊，影响水流速度。此外，两岸径流携带大量泥沙进入海峡，加剧了航道淤积程度和海底沙滩增长速度。从社会治理情况来看，新加坡、马来西亚和印尼三国共管制度使得该海域海盗活动久禁不止，加上该海峡通航量大，船型复杂，安全事故频发。20 万吨以上的超大型货轮、油轮等多数选择将龙目海峡和巽他海峡作为主要航线。特别是龙目海峡，无论是航道水深和海峡宽度都使其成为联通太平洋和印度洋间最安全的航道。将来，随着印度尼西亚在港口建设、航道基础设施建设和海事救援等方面能力的不断提升，龙目海峡的经济地位和地缘战略价值必将进一步提升，有望成为马六甲海峡的替代海峡。

分割亚洲和北美洲，连接太平洋和北冰洋的海峡
白令海峡

白令海峡	
位 置	亚洲大陆东北端与北美洲大陆西北端之间
峡岸国	美国 俄罗斯
峡 长	60 千米
峡 宽	最窄约 86 千米
水 深	30~52 米
气 候	温带大陆性气候
交 通	舰船航行不便，但有利于潜艇水下航行

当地时间 2022 年 9 月 26 日，美国防部下属部门网站发文，称美国海岸警卫队日前在白令海峡巡逻时，遇上了中国"南昌"号导弹驱逐舰，并派出"金博尔"号船对其展开跟踪监视，发现了由 3 艘中国军舰和 4 艘俄罗斯军舰组成的中俄军舰联合舰队。很快，美媒就开始对此事进行宣传炒作，有媒体还特意指出中俄联合舰队所处位置是在距离阿拉斯加基斯卡岛北约 75 海里的白令海峡海域。中俄联合舰队现身白令海峡，为什么会引起美国如此警惕呢？

白令海峡是位于欧亚大陆和北美大陆之间，连接楚科奇海与白令海的水道，是沟通太平洋和北冰洋的唯一通道，亚洲和北美洲的洲界线、俄罗斯和美国的国界线、国际日期变更线均通过其间。

曾经连接亚洲和美洲的"陆桥"

　　白令海峡的名字来自丹麦探险家维图斯·白令。任职于俄国军队期间，白令为了寻找连接欧亚大陆和美洲大陆间的陆桥，沿俄罗斯远东海岸一直北上航行。1728年，经过艰苦卓绝的航海探险，他最终发现了连接太平洋和北冰洋的白令海峡，这也证实了欧亚大陆和美洲大陆之间是被海洋分割开的。事实上，白令海峡的确曾是连接亚欧大陆和美洲大陆的白令陆桥。现在研究发现，在冰河时期，白令海的海面比现在的海

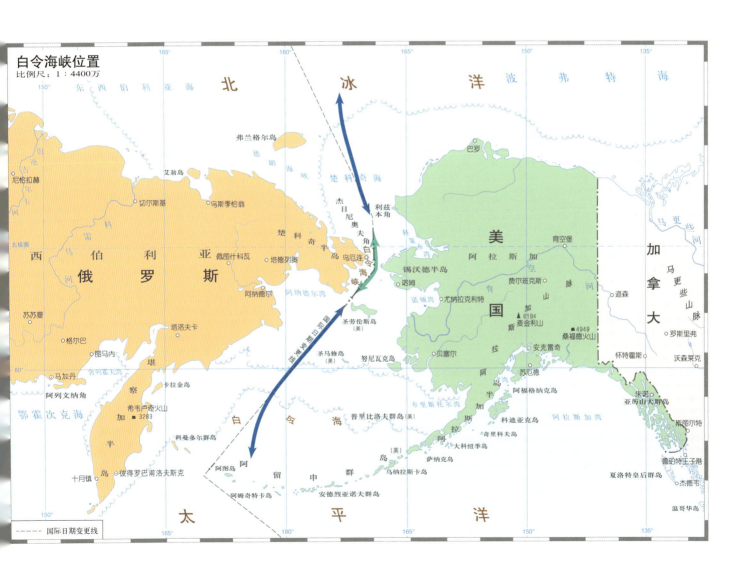

白令海峡位置
比例尺：1：4400万

- - - 国际日期变更线

面低 100 多米。那时的白令海峡是连接亚欧大陆和美洲大陆间的大陆桥。考古学和历史文化学家们普遍认为，美洲印第安人的祖先是在冰河时期，通过白令陆桥由亚洲东部迁移到美洲的。所以，美洲的印第安人是与东亚蒙古人一样的黄色人种。

特殊的"时间"和"空间"分界线

白令海峡非常独特。狭窄的海峡不仅是美国和俄罗斯两个国家的分界线，也是亚洲和北美洲两个大洲的分界线，还是分隔"昨天"和"今天"的国际日期变更线。海峡南北长仅 60 千米。最窄处位于楚科奇半岛的杰日尼奥夫角和苏厄德半岛的威尔士亲王角之间，宽约 86 千米，水深仅 30 ~ 52 米。海峡中间的代奥米德群岛中有俄罗斯的拉特马诺夫岛（大代奥米德岛）和美国的小代奥米德岛，两岛相距只有 4 千米。这也是俄罗斯和美国两个世界大国领土相距最近的地方。因国际日期变更线在

其间通过，两岛日期相差整整1天。这也成为地球上相距最近但时差最大的两个岛屿。

俄罗斯的拉特马诺夫岛（大代奥米德岛）和美国的小代奥米德岛影像图

恐怖危险的海峡

连接北冰洋和太平洋的白令海峡被认为是世界上最恐怖的海峡之一。这里纬度较高，气候寒冷。传说，白令海峡有巨大而神秘的海蟒等怪兽出没。传说未必属实，但海峡危险恶劣的环境却是真实不虚的。

白令海峡气温很低，1月最低气温可达-43.8℃。一般10月至翌年6月，有8个多月的时间为封冻期，冰层平均厚度1.2～1.5米。在此期间，船舶必须借助破冰船才能通行。每年7月，海上多浮冰。

白令海峡海冰

巨大的冰山漂浮在海面上，对航行的船舶造成严重威胁。春季至初秋多雾，夏季多浓雾，影响船舶航行安全。冬季，海峡盛行猛烈的西北风，常伴有暴风雪和巨浪，因此，常有船只遇难或失踪。据统计，从十九世纪至今，已有3000多艘船只在该海峡失事。但是，由于该海峡是从大西洋经北冰洋到太平洋的必经之地，地处俄罗斯北极地区和远东海上航线交通要冲，军事及经济价值突出，每年依然有大量船只通过。俄美两国均在海峡两岸建有多个军事基地。

连接太平洋和大西洋的人工海峡

巴拿马运河

据《环球时报》报道，2023 年巴拿马运河遭遇 70 多年来最严重的干旱，造成运河运输能力严重下降，运河管理局组织船东参加拍卖会，以竞拍的方式安排优先过闸的资质。11 月初，日本一家能源企业为一艘液化石油气运输船支付了 397.5 万美元的巨额"插队费"。11 月 25 日，巴拿马运河管理局将"插队权"再次公开拍卖，一艘货船以 110 万美元的价格中标。一些不能拿到"优先通行权"的船只，要么需等待长达 20 天，才能通过运河，并需支付昂贵的延误费用，要么选择绕行南美洲的麦哲伦海峡。

巴拿马运河位于巴拿马中部蜂腰地带，横贯巴拿马地峡，是沟通太平洋和大西洋的船闸式国际航运水道，可通航 6 万吨级以下的舰船，昼夜通航能力最多可达 48 艘。巴拿马运河的通

巴拿马运河	
位　　置	南北美洲之间的蜂腰地带，横穿巴拿马地峡
沟通海域	太平洋与大西洋
峡岸国	巴拿马
峡　　长	总长 82.3 千米，陆地部分长 68 千米
峡　　宽	152~304 千米
水　　深	13.5~26.5 米
气　　候	热带海洋性气候
交　　通	太平洋至北大西洋的捷径，昼夜通行能力最多可达 48 艘。货运量占世界货运量的 5%，与绕道麦哲伦海峡相比，使太平洋与大西洋之间航程缩短 5000~13757 千米
军事基地	共有 14 处，主要有：太平洋沿岸的阿马多堡、巴尔博亚、罗德曼海军基地，克莱顿堡陆军基地，霍华德、阿尔布鲁克空军基地；大西洋沿岸的加莱塔岛海军基地，谢尔曼堡陆军基地，科科索洛空军基地

巴拿马运河位置
比例尺 1：4168万

经过巴拿马运河航线
经过麦哲伦海峡航线

航，使太平洋与大西洋两大洋之间的航程比绕道麦哲伦海峡缩短了 5000 ~ 13757 千米。目前，通过巴拿马运河的货运量约占全世界海上货运量的 5%。巴拿马运河对美国具有特殊的意义，美国 50% 的海上贸易要依靠巴拿马运河，在通过运河的船只中，约 40% 是往返于美国东海岸和西海岸之间的货船，因此美国历届政府都将巴拿马运河作为必须要控制的战略航道之一。

独特的地理、地形条件

巴拿马运河开凿于巴拿马地峡最狭窄的地段。巴拿马地峡是连接北美洲与南美洲的中美地峡的最南段的地带，位于哥伦比亚和哥斯达黎加之间，分隔太平洋和大西洋加勒比海，包括东部的达连地峡和西部的奇里基地峡以及巴拿马运河区，东西长约 640 千米，南北宽 48 ~ 193 千米，大部分地区海拔较低，一般不超过 600 米，是美洲大陆最狭窄的地段，山地、热带雨林和小平原交错其间，地形复杂。地峡西部有塔瓦萨拉山、中科迪勒拉山，东部有圣布拉斯山，处于东西山地之间的地区，地势较为低平，被开凿为巴拿马运河区。

沿运河中心线向两侧延伸 16.09 千米（不包括巴拿马城和科隆）形成的面积 1676 平方千米的条形地带，称为运河区。区内丘陵遍布，高 50 ~ 280 米，多湖泊、河流和热带森林。运河中最开阔的地段是面积为 420 平方千米的加通湖，湖面海拔 26 米，湖中岛屿散列。加通湖是世界上最大的人工湖之一，是在注入加勒比海的查格雷斯河上人工修筑大坝，拦截蓄水形成。它与另一人工湖——马登湖一起，起到调节运河水位、保持运河畅通的作用。太平洋一端巴拿马运河入口处有巴拿马城及巴尔博亚港，它们同在一个半岛上。美洲大桥横跨运河两端，桥长 1653.5 米，高 61.3 米，成为连接南北美洲的陆路交通要道。大西洋一端运河入口处有科隆及克里斯托瓦尔港，也位于同一小岛上。港外有东西两条防波堤环抱，堤内为利蒙湾。

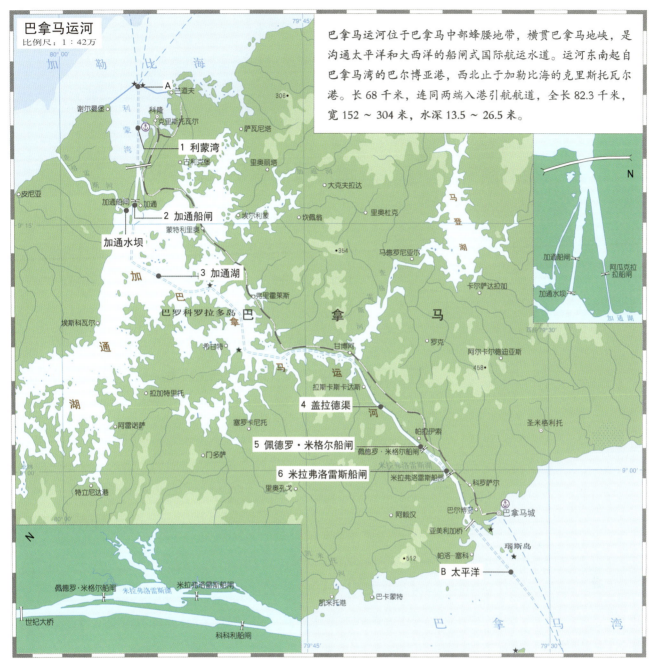

巴拿马运河
比例尺：1：42万

巴拿马运河位于巴拿马中部蜂腰地带，横贯巴拿马地峡，是沟通太平洋和大西洋的船闸式国际航运水道。运河东南起自巴拿马湾的巴尔博亚港，西北止于加勒比海的克里斯托瓦尔港。长68千米，连同两端入港引航航道，全长82.3千米，宽152～304米，水深13.5～26.5米。

1 利蒙湾
2 加通船闸
加通水坝
3 加通湖
4 盖拉德渠
5 佩德罗·米格尔船闸
6 米拉弗洛雷斯船闸
B 太平洋

N

加通船闸
阿瓜克拉拉船闸
加通水坝
加通湖

大约82千米

大西洋   26米   海平面   盖拉德渠   95米   太平洋

A   1   2   3   4   5   6   B

1889 年 1 月 26 日，杂志中的插画"巴拿马运河－道路上的狮子"。"山姆叔叔，暂停！我并不反对它由私人企业来建造，但任何欧洲政府不能插手！"

沿运河东岸，有长约 80 千米的巴拿马铁路连接两端港口。

运河开凿权的大国争夺

1513 年 9 月，西班牙人巴尔沃亚率探险队，用 25 天时间穿越巴拿马地峡，找到了从大西洋沿岸到太平洋沿岸的捷径，并提出了开凿运河的设想。此后，西班牙人、美国人、法国人先后尝试开凿运河。

西班牙殖民者于 1534 年首次尝试开凿运河。限于当时的技术条件和施工能力，只是沿山脚用鹅卵石铺设了一条供车队穿越地峡的驿道。相当于沿巴拿马地峡修通了连接太平洋和大西洋的"公路"。

随着铁路技术的成熟，美国人提出修通贯穿地峡的跨洋铁路计划。1848 年，美国成立巴拿马铁路公司。1855 年，跨洋铁路建成并营运。

与此同时，法国对运河计划颇感兴趣。1870 年以后，法国取得了巴拿马地区的永租权，成立了以苏伊士运河工程设计师莱塞普斯为首的"巴拿马运河工程公司"。1878 年，法国取得运河开凿权。1880 年，法国开始开凿运河。

此时，独立后的美国逐渐强大起来。它认识到了巴拿马地区以及建成后的巴拿马运河对美国的战略价值，想方设法谋求对运河的控制权。1903 年 11 月，美国策动巴拿马脱离哥伦比亚独立。巴拿马与美国签订了不平等条约《美巴条约》。美国获得继续开凿运河、永远租借运河区以及在科隆、巴拿马城驻扎军队和修筑防御工事等特权。1904 年，美国人采用法国人开凿船闸式运河的方案，再次动工修建运河。巴拿马运河工程先后历时 10 年，耗资 3.8 亿美元，终于在 1914 年 8 月建成试航。

海上『咽喉』：重要海上通道

运河开通后，美国对运河区实行殖民统治，牢牢控制了巴拿马运河。直到1999年12月31日，运河才被巴拿马政府正式收回。

高出海面的"高空运河"

巴拿马运河与一般的通海运河不同，它的大部分河段的水面要高出海面26米。船只要航行通过运河，就像是坐电梯，先要爬升到约有10层楼高的高度，再水平航行，通过一座高架的水桥，再坐电梯下降26米到海面上，然后才能航行进入大洋。船只由太平洋航经巴拿马运河驶向大西洋的过程是这样的：首先船只要驶进长约13千米、宽152米、水深13.7米的太平洋的巴拿马湾深水航道，然后通过二级船闸组成的米拉弗洛雷斯船闸后水位升高16.5米，进入到长约1.6千米的米拉弗洛雷斯湖航道；通过米拉弗洛雷斯湖航道后，到达佩德罗·米格尔船闸，经过佩德罗·米格尔船闸后，水位再升高至海拔26米，进入长13千米、宽152米、水深13.7米的盖拉德水道，该水道也是巴拿马运河中地势最高、地形最险要、开凿工程最艰巨的地段；而后航行进入略呈"S"形、宽150～300米、水深13.7～26.5米的加通湖水道；在加通湖水道内航行约38.5千米后，到达由三级船闸组成的加通船闸，通过加通船闸开始

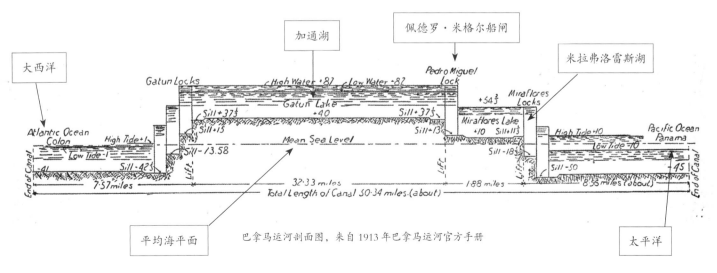

巴拿马运河剖面图，来自1913年巴拿马运河官方手册

145

1914 年船舶通过巴拿马运河船闸

逐级下降,直至最后进入大西洋的克里斯托瓦尔港,最后经过长约 12 千米、宽 150 米、水深 12.6 米的利蒙湾深水航道进入大西洋。

船闸的大小决定了能够通过的船只的最大尺寸。由于巴拿马运河对国际贸易的重要性,许多船只被特意建造成巴拿马运河允许的最大尺寸,即巴拿马型船,该型船的最大规格为:船长 294 米、船宽 32.31 米、最大吃水线 12.04 米。2007 年巴拿马政府开挖新航道,在大西洋侧新建阿瓜克拉拉船闸,在太平洋侧新建可可立船闸,将船闸的宽度扩大到 55 米,长度扩大至 427 米,并于 2016 年投入使用,这也使新巴拿马型船最大扩展至长 366 米、宽 49 米、最大吃水线 15.24 米。

干旱造成的巴拿马运河困局

船只在巴拿马运河内各区段航行的最大速度在 6 ~ 18 节之间,每次通过运河时间约需 8 ~ 10 小时。加上编队和等待时间,船只通过运河需 48 ~ 72 小时。通过船闸时,还需由专用电力机车牵引,可以说耗时耗力。此外,持续的干旱还造成了巴拿马运河的困局。相比苏伊士运河等通海运河,巴拿马运河的主体是一条淡水河道。河道的淡水主要依赖人工湖,因此很容易遭受干旱困扰。当气候干旱、降水量少时,河道的水量不足、水位下降,通过运河的船只数量必然会减少。据新闻报道,2023 年的严重干旱迫使巴拿马当局将通过巴拿马运河船闸的船只数量减少了 36%。不仅如此,运河管理部门估计,2024 年巴拿马运河的水位下降可能令其蒙受 5 亿至 7 亿美元的损失。持续的干旱影响了巴拿马运河的通航,导致船只交通堵塞,并使人们对该运河的国际航运可靠性产生了怀疑。

　　为什么不像苏伊士运河一样，直接凿通地峡两侧的海洋，形成一个无船闸的运河呢？原因在于，巴拿马地峡与苏伊士地峡地形上有巨大的差别。巴拿马地峡地形复杂，环境恶劣，气候炎热，丛林密布，工程难度非常大。为了打通运河，法美两国接力开挖，耗时共约 20 年，开凿土石方 2 亿多立方米，但如果采用海平面式运河设计，直接挖通巴拿马地峡，其工程量和工程难度远超过这些。初步计算开凿土石方量要超过 10 亿立方米。这在当时的技术条件下是难以完成的天文数字，即使是在现在的技术条件下也是很难完成的。其次，运河两侧的大西洋和太平洋的海面高度并不一致，加上两个大洋的潮汐和洋流差异也比较大，容易造成运河航道使用和维护的困难。

巴拿马运河

美国的"国防生命线"

　　巴拿马运河能够沟通美国太平洋和大西洋两岸地区。在运河开凿之前，美国就认识到了运河对于美国以及美国控制美洲的重要性。巴拿马运河通航后，美国对运河区实行了殖民统治，逐步将运河军事基地化，成立了美军加勒比海司令部，1963 年又扩大为南方司令部。

　　运河极大地方便了美海军太平洋舰队和大西洋舰队的联系和调动。在第二次世界大战、朝鲜战争以及越南战争中，运河成为美国运输兵员和作战物资的主要通道，被美国视为"国防生命线"，是美国西半球防务的重要环节。目前，虽然巴拿马运河已经交给巴拿马政府，但实际上，美国从未放弃对运河的控制。美国仍将巴拿马运河列为美国要控制的全球 16 个关键海上通道之一，并在运河附近部署大量军事基地。

世界上最繁忙的人工海峡
苏伊士运河

2021 年 3 月 23 日到 3 月 29 日，中国台湾长荣集团旗下巴拿马籍货轮"长赐号"在苏伊士运河搁浅，导致运河运输停滞。仅一周时间内，就有 450 多艘船只被堵，被人们称为"世纪之堵"。据统计，每天约有 30 艘重型货船通过苏伊士运河。运河堵塞一天就意味着将有约 5.5 万个集装箱不能按时到岸。大量货船无法通过运河及时周转，导致海上物流受阻，甚至引发全球物价上涨。据初步估算，

"长赐号"堵塞在苏伊士运河

苏伊士运河	
位 置	亚洲与非洲之间的苏伊士地峡上
峡岸国	埃及
峡 长	约 162.5 千米，连同两端引航道 193.5 千米
峡 宽	190~395 米
水 深	最深 23.5 米
气 候	热带沙漠气候
交 通	北大西洋、印度洋和西太平洋之间海上交通的捷径。与绕道好望角相比，可节省航程：北大西洋到印度洋 5500~8000 千米，地中海东部和黑海到印度洋 8000~12000 千米，中国到黑海沿岸 12400 千米
港 口	伊斯梅利亚、陶菲克港和塞得港
军事基地	陶菲克港、塞得港

苏伊士运河位置图

货轮通过苏伊士运河

"长赐号"货船搁浅导致的苏伊士运河受阻，每周给全球贸易造成的损失高达60亿美元至100亿美元。运河被堵引起了一系列连锁反应，包括海运保险等领域动荡等，导致全球贸易成本增加。

苏伊士运河受堵为什么会对世界造成如此重要的影响？这是苏伊士运河的重要地位和作用造成的。苏伊士运河位于埃及东北部，是沟通红海与地中海的著名国际通航运河。运河地处欧洲、亚洲、非洲三洲连接地带，是地理上亚洲和非洲的分界线，是跨大西洋、印度洋两大洋和欧洲、亚洲、非洲三洲交通运输和兵力机动的战略通道。

运河之始——苏伊士地峡

谈起苏伊士运河，不得不提到苏伊士地峡。因为在1859年，现代苏伊士运河动工之前，这里还是地中海和红海之间的一片低地和湖泊，也就是地理上常说的苏伊士地峡。

苏伊士地峡位于埃及东北部，亚洲和非洲相连处。地峡呈南北走向，平均宽度约100千米，面积约2万平方千米。地表以平坦的沙漠为主。北部因靠近海岸，分布着一连串咸水湖、洼地与沼泽。从地质构造上看，苏伊士地峡为地中海苏伊士湾与红海之间的地质断层，是非洲大裂谷向西的延伸部分。地质历史上，这片地峡曾被地中海完全淹没，为古地中海与印度洋连通的海域。后来由于地壳隆起抬升，地峡所在的海底区域露出了地面，成为分隔地中海与红海的低洼陆地。

现在世人所说的苏伊士运河，是指近代开凿的、目前由埃及管理的现代苏伊士运河。但实际上，人类在苏伊士地峡上开凿运河、联通红海和地中海的历史已经有 4000 多年。

"法老运河"的兴衰

有文献记载的开凿苏伊士运河的历史，可追溯至古埃及第 12 王朝（公元前 2000 年—公元前 1786 年）。当时的法老是西索斯特里斯。后来，古埃及的法老们为了控制铜矿、发展贸易，开凿了联通尼罗河和红海的运河。这一时期的运河又称为"法老运河"。其中，参与开挖古运河的最著名的国王是苏伊士，也就是辛努塞尔特三世。因此，后人将运河称为苏伊士运河。

法老运河起自与地中海相连的曼宰莱湖，经尼罗河支流贝鲁济河南下，至宰加济格折向东，穿多美拉河普，至阿布苏维尔，流进与红海相连的苦湖。全长 150 千米，宽 60 米，深 2 至 3 米。后运河因战乱而荒废。直到埃及第 26 王朝（公元前 664 年—公元前 525 年），运河被重新疏通。据希罗多德的《希波战争史》记载，埃及第 26 王朝的国王尼科二世大规模发展对外贸易，重新开凿了尼罗河到红海的运河。

此后，古埃及被波斯帝国征服。波斯帝国皇帝大流士一世继续开凿连接红海、地中海和尼罗河的运河，最终完成了运河的开凿工作。之后，古埃及地区的历代统治者都曾疏浚过该运河航道。较大规模的疏通或开凿先后有 5 次，使得法老运河断断续续通航 2600 多年之久。直到公元 767 年，阿拔斯王朝哈里发艾布·加法尔为封锁反对他的麦加、麦地那人，下令填平运河下游，法老运河彻底被废弃。

虽然在现代运河修建之前，苏伊士地峡地区没有形成一条持续、便捷的水系，但这一地区长久以来就是亚洲与欧洲之间最便捷的商道。大量的文献资料证明，来自亚洲的中国海上商船队沿着海上丝绸之路抵达红海最北端的港口城市。在这里，大量精美的东方货物经陆上转运，或许某一时期还会经由古运河转运，抵达地峡另一端的地中海沿岸，再装船经地中海运往欧洲意大利等地的港口。

近代苏伊士运河的开凿始于西方殖民国家的侵略

法老运河中断后，沟通亚、非、欧的贸易主通道几经更迭，时而以陆路为主，时而以海路为主。

直到十八世纪，英国通过控制好望角航线，垄断了对印度等东方殖民地的控制。英国在与法国的竞争中占据了上风。为制衡英国，法国谋划重新开挖法老运河，以沟通地中海和红海，直通东方，强化对非洲等殖民地的统治。

十八世纪末，拿破仑占领埃及，开始着手计划修建运河。但是，当时的法国设计人员错误地计算出红海的海平面高于地中海约 10 米。这就意味着必须要建设有船闸的运河，工程量巨大，工期也将延长。加上此时法国国内政治斗争形势严峻，拿破仑的运河计划被迫夭折。

英国为了维持对印度等东方殖民地的控制，

第一批船只通过苏伊士运河

苏伊士运河

比例尺　1：90万

地　中　海

杜姆亚特

曼宰莱河

拉斯海利赛

迈泰里耶

库尔迪

迪基尔尼斯

塞得港

福阿德港

拉斯乌什

提纳

苏伊士运河

提纳湾

北桑哈杰尔

旧宰费尔

卡卜

吉勒巴奈

鲁马奈

蒲提耶井

席哈塔

坎塔拉

杰齐拉

希尔泰井

朱费尔井

桑杰哈

萨利希耶

拜拉赫

阿布敏管格井

西奈半岛

阿布凯比尔

顶哈达特井

哈吉尔

盖塔维耶

伊斯梅利亚

迪姆萨赫湖

迈赫塞迈

伊斯梅利亚运河

塞拉比尤姆

胡拜泰井

埃　及

北纬

德维斯瓦

大苦湖

法伊德

费纳拉

萨巴

小苦湖

朱奈费

苏伊士运河

阿季鲁德

第九站

鲁拜吉

苏伊士

苦特

陶菲克

欧云穆萨

阿代比耶

苏伊士湾

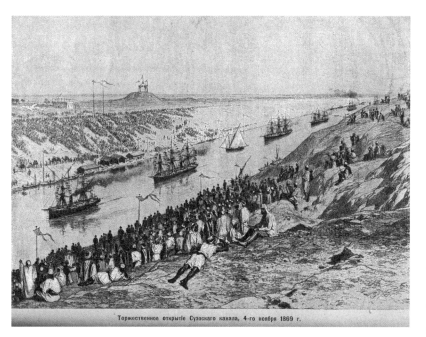

Торжественное открытіе Сузскаго канала, 4-го ноября 1869 г.

苏伊士运河的开通

极力反对开凿运河，主张修建铁路连接地中海和红海。1858年，自亚历山大经开罗及苏伊士的铁路全线贯通。法国加紧兜售运河计划，先后组织人员对地中海和红海水位进行反复测量，终于在1847年，得出了地中海和红海海面水位差不多的结论。这为苏伊士运河开凿找到了关键性依据。1858年12月，在取得了当时埃及统治者赛义德的支持后，国际苏伊士运河公司正式成立。1859年4月25日，在没有等到奥斯曼帝国批准的情况下，在英国政府的反对之声中，苏伊士运河正式在塞得港破土动工。

至1869年11月17日，运河正式通航。运河长162.5千米，河面宽52米，河底宽22米，河深7.5米。10年期间，苏伊士运河工程共开挖7.2亿立方土，一共花费了1860万英镑，牺牲了12万埃及民工。后来埃及总统在回顾运河历史时说："这条运河是用我们的生命、我们的血汗、我们的尸骨换来的。"

修通后的苏伊士运河处于地峡的最低部位，穿过小苦湖、大苦湖、提姆萨赫湖和曼宰莱湖等湖沼。西岸为尼罗河三角洲低地，东岸是崎岖不平的西奈半岛。运河呈南北走向，南起红海苏伊士湾北端的陶菲克港，北至地中海沿岸的塞得港，长约162.5千米，连同南、北端伸向苏伊士湾和地中海的引航道全长193.5千米。河面宽

190～365 米，航道水深 23.5 米。运河在德维斯瓦、提姆萨赫湖和塞得港处修建了
3 条支线，并在一些主要港口先后设置了交船站（待避区），使沿线开辟了 67 千米
长的双线航道。整个运河为无船闸运河，可通航 26 万吨级满载货船和 70 万吨级空
载油船，通过一次需 11～16 小时。运河处于气候干热地区，降水稀少，年平均降
水量 82 毫米，常年盛行西北风。

　　2015 年，埃及政府完成了对苏伊士运河的拓展，开通了新苏伊士运河。新运河
长度共计 72 千米，包括新开凿的 35 千米河道，拓宽和加深的 37 千米西支线旧河道。

狭窄的运河却是世界海运交通的咽喉

　　苏伊士运河虽然很窄，但自开通以来就成为世界海运的咽喉，是北大西洋、印
度洋和西太平洋之间海上航行的捷径。经运河从北大西洋沿岸各国到印度洋，比绕

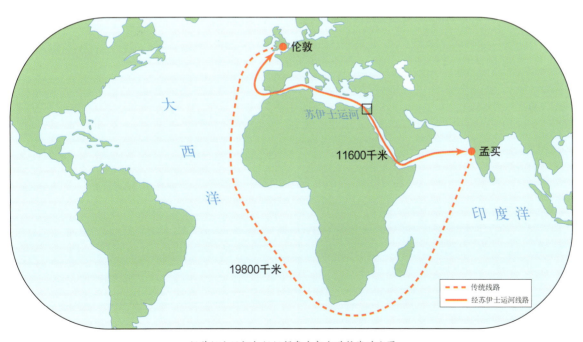

经苏伊士运河与经好望角南部水道航线对比图

行非洲好望角的航程缩短 3000 ~ 4300 海里；经运河从中国到黑海沿岸国家，比从非洲绕好望角的航程缩短约 6700 海里。

苏伊士运河航线航运安全，每年有 100 多个国家的船舶航行于此。通过苏伊士运河完成的海运贸易占全世界海运贸易的 14%，占欧、亚两洲间海上贸易的 1 / 8。苏伊士运河也是世界上航运量最大的运河。窄窄的苏伊士运河还是承载大量能源商品的航线，对全球能源安全至关重要。2017 年通过苏伊士运河石油总量约占全球海运石油贸易量的 9%。这其中一半以上的石油是运往欧洲和北美的。2021 年，运河的年通行船只量为 2.07 万艘，税收达 63 亿美元。从军事角度看，运河是大西洋和印度洋、亚洲、欧洲、非洲军事行动的捷径，是地中海、黑海沿岸国海军进入印度洋的最便捷航道。1991 年海湾战争和 2003 年伊拉克战争期间，美国部队及其盟军数十万人云集运河附近，每日消耗的逾万吨补给也是通过运河运输的。

到底是谁的苏伊士运河？

苏伊士运河到底属于谁？在不同时期，答案是不一样的。

法国驻埃及领事斐迪南·德·雷赛布子爵于 1854 年和 1856 年获得了奥斯曼帝国埃及总督帕夏赛义德特许，开始在埃及建设运河。帕夏授权雷赛布成立公司，建造向所有国家船只开放的海运运河，通过对运河所在地区土地的租赁，从运河通航起，公司拥有运河 99 年的运营权。运河开通后，英法两国开始争夺运河的控制权。原本法国在运河公司占有 52% 的股份，埃及占有 44% 的股份。1875 年，英国趁埃

苏伊士运河被封锁

英法联军攻击塞得港

及财政拮据，用不到 400 万英镑廉价买进埃及持有的全部运河公司的股票。1882 年，英军侵入埃及，在运河区建立军事基地，取代了法国的统治。

1888 年，法、德等国就运河通航问题签订《君士坦丁堡公约》。《公约》规定，无论平时还是战时，各国舰船均可在运河自由通航。入口港、河及其附近水域 5.5 千米以内禁止一切战争行动。1904 年，英国也加入公约。但是，英国仍在运河驻扎了大量的军队，继续控制运河。第二次世界大战期间，苏伊士运河一带一度成为英国最大的海外军事基地。英国在此驻扎了 28 个步兵师、13 个装甲师、65 个空军中队和海军部队。英国对运河的控制一直持续到第二次世界大战后。

埃及独立后，一直试图收复运河的控制权。从 1924 年起，英埃双方针对运河问题进行了长期谈判，但是英国始终拒绝交出运河控制权。1956 年 7 月 26 日，埃及政府将运河收归国有，并成立苏伊士运河管理局，结束了英、法占领运河达 87 年之久的历史。这引发英国不满。为争夺运河控制权，同年 10 月，英、法、以三国发动入侵埃及的战争，运河被破坏并停航。1967 年 6 月，以色列再次发动战争，侵占埃及领土西奈半岛，运河因此成为埃、以两军对峙的前线再次关闭。1973 年 10 月，埃及对以色列发动自卫反击战，摧毁了以色列在运河东岸建立的“巴列夫防线”，收复了运河区。1975 年 6 月，运河再度复航。1979 年，埃及和以色列签署了和平条约。同年，第一艘以色列船通过运河。

巨型油轮绕不过的危险航道
好望角南部水道

2016 年初，由于油价暴跌，部分从美国东海岸到亚洲的船舶，选择通过好望角航行，直到苏伊士运河通行费大幅打折，这一现象才有所改变。2020 年，受沙特和俄罗斯价格战影响，国际油价一路走低，同时苏伊士运河通行费较高，船舶公司从节省成本的角度考虑，改变航线绕道好望角。2021 年 3 月 23 日，近 400 米长的重型集装箱船"长赐"号货轮在苏伊士运河搁浅 151 小时才脱困，造成河道堵塞近一周，大批船舶不得不绕道好望角。绕道动作最快的是"长赐"号的"自家人"——其姐妹船"长贺"号。3 月 25 日，"长贺"号已经调头向南，往好望角的方向开去，成了第一艘改道的船只。相较于传统的经过苏伊士运河的亚欧航线，好望角航线要经过东非索马里及西非几内亚湾等海盗猖獗地区，船只通行风险较大。不仅如此，

好望角南部水道	
位　　置	非洲大陆南端，好望角以南
沟通海域	大西洋与印度洋
峡岸国	南非
水　　文	平均每年有 110 天出现 6 米以上的狂浪
气　　候	地处"咆哮的西带风"附近，全年都有风暴，风向稳定
交　　通	为大西洋至印度洋，欧洲至亚洲航线的必经之地。不能通过苏伊士运河的大型油轮，须经过好望角南部水道航行

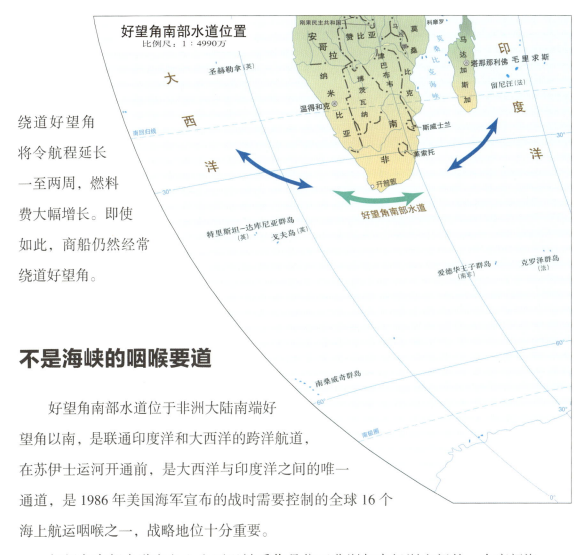

绕道好望角将令航程延长一至两周，燃料费大幅增长。即使如此，商船仍然经常绕道好望角。

不是海峡的咽喉要道

好望角南部水道位于非洲大陆南端好望角以南，是联通印度洋和大西洋的跨洋航道，在苏伊士运河开通前，是大西洋与印度洋之间的唯一通道，是 1986 年美国海军宣布的战时需要控制的全球 16 个海上航运咽喉之一，战略地位十分重要。

好望角南部水道广义上也可以被看作是位于非洲与南极洲之间的一个宽阔海峡，不过因为它实在太宽了，所以无人称其为海峡。在非洲大陆南端和南极洲之间分布着宽约 3900 千米的海域。但是由于南纬 45° 以南的海域上漂浮着大量的浮冰，仅有好望角至南纬 45° 宽约 1000 千米的海域可供航行。由于水道地处"咆哮的西风带"附近，全年均有风暴，大风吹起巨浪，平均每年有 110 天会出现 6 米以上的狂浪。为了避开海况恶劣的海域，也为缩短航程，过往船只通常都是在贴近好望角的水域内航行。

从"风暴角"到"好望角"

好望角是非洲大陆西南端岬角，位于南非共和国西南部，大西洋和福尔斯湾之间的开普半岛顶端。东南距非洲大陆最南端的厄加勒斯角160千米。好望角向北19千米为南非的大型海军基地西蒙斯敦，向北52千米是南非第一大城市和重要海空军基地开普敦，也是南非立法机关所在地。当代航海者称开普半岛为广义的好望角。

提起好望角名称的由来，还有一段有趣的历史故事。1488年，葡萄牙航海家巴托洛梅乌·迪亚士为寻找通往印度洋的航路，第一个绕过非洲南端，抵达今南非印度洋沿岸的莫塞尔湾。在返航时，在此角遭遇强烈风暴，于是将其命名为"风暴角"。1497年，葡萄牙另一位航海家达·伽马绕过"风暴角"驶入印度洋，于次年到达印度的卡利卡特，之后满载黄金、丝绸回到葡萄牙。葡萄牙国王约翰二世认为，通过"风

好望角南部水道
比例尺：1：200万

暴角"即可通往富饶的印度和东南亚,进而获得珍稀宝物,因此将"风暴角"更名为"好望角",寓意此角带来美好的希望。

风暴肆虐的海上"生命线"

好望角南部水道位于南半球西风带,常有强劲的偏西风,风力常达 11 级,一般浪高在 2 米以上。每年约 110 天有巨浪,浪高达 6 米以上。7 月～9 月多暴风雨。除了因西风引起的冷流外,还有阿古拉斯海流。阿古拉斯海流流向西南方,东北季风时节,流速可达 4 ～ 5 节。

随着东西方航海探险、贸易运输的不断发展,好望角南部水道逐渐成为南半球最繁忙的航道。在 1869 年苏伊士运河通航前,它是大西洋至印度洋、欧洲至亚洲航线的必经之地。苏伊士运河通航后,通过此航线的船只大大减少。但由于苏伊士运河的水深和宽度有限,一些超级油轮仍需绕道好望角南部水道航行。1967

1498 年葡萄牙人达·伽马抵达印度进行香料贸易

年至 1975 年中东战争期间,苏伊士运河关闭,好望角南部水道又成了西方的"海上生命线"。即使在苏伊士运河开放期间,每年通过好望角南部水道的巨型货轮和油轮仍有 2.5 万艘。西方进口石油的 2/3、战略物资的 70%、粮食的 1/4 均经此水道运输。可以说,好望角南部水道仍然是世界上繁忙的航线之一。

好望角沃尔克湾巨浪

亚　洲

北极圈

40°

60°

鄂霍次克海

宗谷海峡

津轻海峡

渤海海峡

日本海

20°

北回归线

黄海

朝鲜海峡

东海

大隅海峡

台湾海峡

宫古海峡

琼州海峡

巴士海峡

南海

泰国湾

赤道 0°

苏拉威西海

爪哇海

望加锡海峡

班达海

珊瑚海

20°

南回归线

大　洋　洲

塔斯曼海

40°

100°

120°

140°

东经160°

180°

西经140°

北美

白

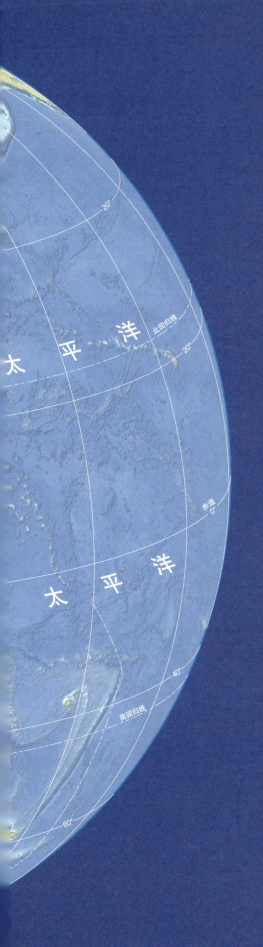

第 4 章

难以太平的太平洋
海上通道

1520 年 11 月 28 日，历经艰辛的麦哲伦船队来到一片风平浪静、浩瀚而陌生的大洋，他们把这个大洋命名为"太平洋"。可是太平洋远非他们所看到的那样"风平浪静"。葡萄牙人于 1511 年攻占马六甲海峡，控制了印度洋通往南海的海上通道。此后，西方列强纷至沓来，对亚洲国家进行血腥殖民。如今，美军宣称战时要控制的 16 条海上战略通道中，在太平洋地区就有 4 条。还有 2 条是连接太平洋的跨洋通道。第二次世界大战结束后，美国为在西太平洋地区岛屿上建设大量军事基地，形成"第一岛链""第二岛链"，通过封锁和控制周边海峡来围堵和遏制亚洲大陆的中国、朝鲜、俄罗斯等国家。太平洋海上通道俨然成为大国博弈的重要海域。

"渤海咽喉" "京津门户"
渤海海峡

渤海海峡	
位　　置	中国辽东半岛与山东半岛之间
峡岸国	中国
沟通海域	渤海与黄海
峡　　宽	106 千米
水　　深	15~86 米
气　　候	温带湿润气候
港　　口	大连、旅顺、烟台、蓬莱、长山港

2023 年 7 月 27 日，国家海事局官网发布《关于划定渤海海峡跨海通道工程勘察作业临时安全作业区的航行通告》，再次让渤海海峡跨海通道工程成为社会热议的话题。渤海海峡跨海通道于 1992 首次提出，其基本设想是利用有利的地理条件，以跨海桥梁、海底隧道或桥梁隧道结合的方式，从山东蓬莱经庙岛群岛至辽宁旅顺，建设跨越渤海海峡的直达快捷通道，直接连接辽东半岛与山东半岛。将有缺口的"C"形交通变成四通八达的"Φ"形交通。

辽东半岛与山东半岛直线距离仅 106 千米，但因为渤海海峡的阻隔，如果从烟台至大连，高速公路需要绕道 1400 千米，约耗时 15 个小时；而乘坐动车，需经天津中转，约耗时 10 个小时；如果乘船，则需 6 ~ 8 个小时，而且因风浪等影响，每年大概有 1 个多月不能通航。根据初步方案，将以跨海桥梁、海底隧道或桥梁隧道结合的方式，建设从山东蓬莱经庙岛群岛至辽宁旅顺，跨越渤海海峡的通道，

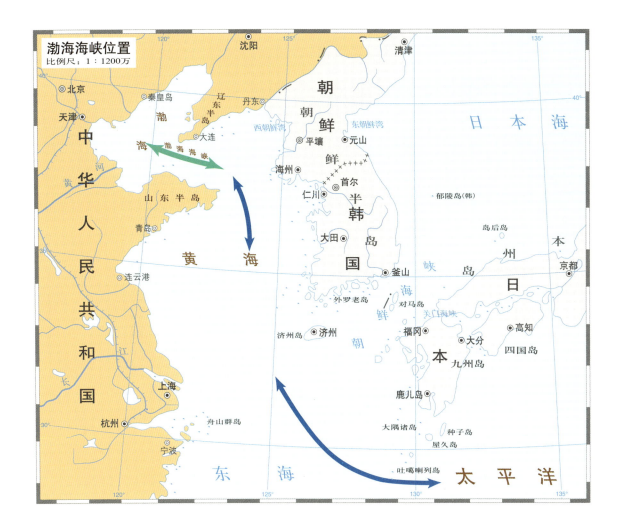

长约 125 千米，预估总投资或超 3000 亿，将创造多项世界第一（现有最长海底隧道为日本的青函海底隧道，长约 54 千米），是目前人类历史上从未建造过的超长距离跨海工程。一旦建成，从烟台至大连，全程可缩短至 1 小时左右，将辽宁沿海经济带与山东、江苏、浙江的沿海城市联起来，使东北和全国经济最强大的长三角连接。

　　渤海海峡位于中国辽东半岛和山东半岛之间，旧名直隶海峡，属中国内海海峡。海峡连通黄海和渤海，是渤海唯一的出海口。南北宽约 106 千米，水深 15 ~ 86 米。渤海海峡是从海上进入渤海，扼控京津地区的重要通道，素有"渤海咽喉""京津门户"之称，历来是中国北方海防的战略要地。

水道众多的海上航运要道

渤海海峡连通黄海与渤海，是渤海的唯一出口，由于所有进出渤海的船只均需通过渤海海峡，因此，海峡也成为中国北方海防的战略要地。海峡内，南北纵列着庙岛群岛，把海峡分割成老铁山、隍城、小钦、大钦、北砣矶、南砣矶、高山、猴矶、长山、西大门、螳螂、珍珠门、宝塔门、登州等十几处航门水道。各水道宽度不一，最宽的老铁山水道42千米，最窄的珍珠门仅0.3千米；海峡水深在18米以上，最深处达86米，在老铁山水道南侧。各水道底部平缓，碍航物少，适宜航行。助航设施完善，主要有老铁山灯塔、猴矶灯塔、大竹灯塔等。

老铁山水道、长山水道、登州水道（又称庙岛海峡）最为重要，是渤海海峡中允许商船、渔轮通行的3条水道，其他水道为禁航区。老铁山水道位于海峡北部，介于老铁山角和北隍城岛之间，宽度约占整个海峡的2/5，大部水深40～60米，为海峡最宽最深的水道，是黄海海水进入渤海的主要通道。长山水道位于海峡中部，介于猴矶岛和北长山岛之间，宽7千米，水深17～30米。登州水道位于海峡南部，介于南长山岛和山东半岛北岸之间，宽约6.4千米，水深10～24米，是渤海海水外流的主要通道。岛岸附近坡度较陡，其余海底坡度较缓，起伏不大。因海流冲刷作用，老铁山水道海底形成U形深槽。海峡南部沿岸泥沙沉积形成登州浅滩。海底底质多数为泥沙，间有砾石、贝壳等。

海峡属暖温带亚湿润气候，入春晚，进冬迟，不结冰，年平均气温为11.9℃，月平均气温8月最高，为23.9℃，1月最低，为-2.2℃。6～9月为雨季，年平均降水量565毫米。海区多大风，年平均大风日数67.8天，主要在冬、春季，冬季多偏北风，寒潮活动频繁，风力常达6～7级，涌浪较大，春季多偏西风。雾季在4～8月，以6～7月最盛，年雾日15～37天。冬季多晴，夏季多阴。年平均表层水温11.5℃，2月最低，为2～3℃，8月最高，为23～25℃。盐度年变化不大，一般在29.0～31.5之间。南部透明度小，为1～8米；北、中部透明度大，为2～10米，

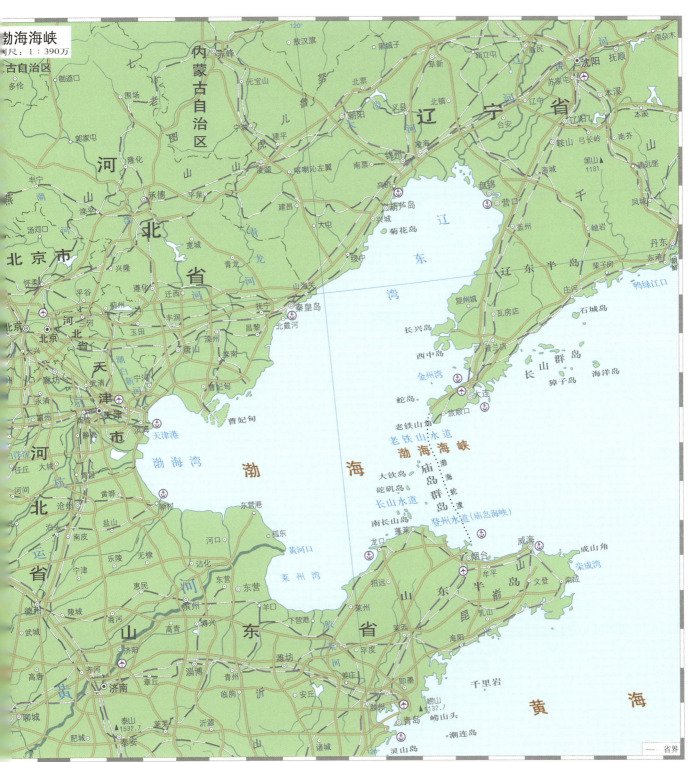

勃海海峡

刂尺：1：390万

内蒙古自治区

河北省

北京市

辽宁省

山东省

渤海海峡

老铁山水道

庙岛群岛

长山水道

登州水道(庙岛海峡)

渤海湾

莱州湾

辽东湾

辽东半岛

长山群岛

山东半岛

黄海

鸭绿江口

—— 省界

最大 12 米。

潮汐属正规半日潮，潮差在 1.2 米左右，最大潮差 2 ~ 3 米。潮时无规律。潮流因岛屿、礁石的影响，分布较复杂，海峡附近东西两侧多为回转性潮流，各水道为往复流，流向大致与水道平行。北部一般涨潮流向西，落潮流向东；中、南部一般涨潮流向东，落潮流向西。流速具有季节性变化，一般 3、9 月最小，6、7 月最大；北部较大，南部较小；表层较大，底层较小。老铁山水道潮流流速高达 4 ~ 6 节，长山水道 2 节左右，登州水道 3 ~ 3.25 节。有两股海流，一股从老铁山水道进入渤海，另一股环渤海沿岸经登州水道流出，对渤海的水交换有重要作用。

海峡内港湾锚地众多，南长山岛西侧的长山港，为最大的军、商、渔混合港。海峡南北有烟台、蓬莱、旅顺、大连等港口，与庙岛群岛中的港口基地一起成为扼控海峡的重要据点，其中旅顺港是中国北方重要的军港。渤海海峡不仅是渤海唯一的通外要道，也是联系东北、华北的海上捷径，军事地位重要。百余年来，外国军队多次通过海峡入侵中国。两次鸦片战争，英、法军进攻天津大沽口，1900 年八国联军进犯京津，1937 年日军侵华战争等，侵略军舰队均通过海峡西侵。

历来是外敌入侵的重要方向

近代以来，英法联军、八国联军、日军等侵略者曾先后多次通过渤海海峡入侵渤海沿岸的华北及京津地区。

第二次鸦片战争期间，公元 1858 年（咸丰八年）至公元 1860 年（咸丰十年），英、法联军先后 3 次经渤海海峡入侵天津、北京。最终于 1860 年攻入北京城，闯入圆明园烧杀抢掠。清政府被迫与列强签订中俄《瑷珲条约》、中英《天津条约》和中法《北京条约》等丧权辱国的不平等条约。

公元 1898 年（光绪二十四年），沙皇俄国强迫清政府签订《中俄旅大租地条约》

及《旅大租地续约》，将旅大（旅顺、大连）地区租借给沙俄。出于控制渤海海峡的需要，沙俄派军舰"第米特里顿斯基"号侵占海峡中的长岛，强迫清政府把长岛划入旅大租界范围。1899年5月10日，沙俄政府勒令在旅大设置临时关东州厅。下设4

1858年英法联军侵入天津海河

个市、5个行政区，长山列岛（庙岛群岛）是其中的一个行政区，即"岛屿区"，使渤海海峡中的长山列岛陷于沙俄统治之下。直到1904年，日俄战争爆发，沙俄战败被迫撤出长山列岛。

1904年，日俄战争爆发，日本海军联合舰队司令东乡平八郎指挥日军占领了整个长山列岛。日军曾依托南、北城隍岛开辟锚地，作为从海上进攻驻旅顺俄军的主要基地。在随

攻陷大沽口炮台

后的第一次世界大战中，日本和德国围绕中国山东半岛的争夺发生了激烈战争，认识到渤海海峡及海峡内庙岛群岛的重要地位的日本抢先占领庙岛群岛，控制渤海海峡。1914年8月，日军侵占南长山岛、大黑山岛和庙岛，将大长山岛的南海坨子设置成海军舰队驻扎中心，并将庙岛群岛的大长山岛、小长山岛、广鹿岛、塞里岛等岛屿间的水道封闭，将这些岛屿包围起来的海域改造为能容纳数百艘舰艇的人工港湾，作为海军舰艇的隐蔽海域。日德战争期间，湾内常停泊日军上百艘各式舰艇。日本海军陆战队还在大长山岛的南海坨子、三盘碾子、莲花泡等海岸构筑营地，屯

兵练兵，将庙岛群岛作为临时海军基地，保障日军主力兵力经登州水道在山东龙口附近登陆，向南进攻侵占青岛的德军。

侵华战争期间，日军于1939年侵占长山列岛。日军投降后，为了保证山东主力部队能够从海上挺进东北，1945年8月底，许世友将军指挥胶东军区部队消灭了长山岛上的伪军，控制了渤海海峡，并在岛上设立兵站，屯集粮草，作为进军东北的跳板，保证了渤海海上运输的安全和进军东北部队粮草的供应。

凭一己之力，使渤海成为中国内水

什么是内水？内水是指国家领陆内及领海基线向陆一侧的水域，包括河流及其河口、湖泊、港口、内海和历史性海湾等。在性质上，内水和领陆一样，都是一国领土的重要组成部分，沿岸国家对内水享有与领土同样的主权，非经许可，他国的船只不得驶入，有关内水的法律制度由各国国内法律规定。外国商船被获准进入内水时，需遵照该国法律和规章行驶，遇难船舶进入内水时，也必须遵照沿岸国的规章制度。沿岸国对于进入其内水的外国船舶有属地管辖权。

在我国周边的四大海域之中，只有渤海是我国的内海，也是属于我国的内水。渤海是我国大陆东部唯一的内陆海，周围濒临辽宁、河北、山东三省和天津海岸，仅东部以渤海海峡与黄海相连通，是近乎封闭的浅海。东北至西南纵长约480千米，东西向最宽约300千米，面积约7.7万平方千米，平均深度18米，为中国面积最小、水深最浅的海区。

海域要被划定为一国的内水，条件是非常苛刻的。首先这一海域必须被一国领土包围，而且是只被一国领土包围，而不能是多国领土包围。如地中海、黑海等，都属于内陆海，或叫做陆间海，但这些海域沿岸分布着多个国家，不可能成为某一沿岸国的内水。其次，内海的出入口，宽度必须小于24海里，也就是说沿岸国的陆地或领海必须能把该海域完全包围住。这是因为，根据《联合国海洋法公约》规定，一国领海一般不超过12海里，只要内海的出入口也就是海峡宽度小于24海里，就可以将整个内海像口袋口一样"扎"起来。只要出入口属于一国领海，这个内海就可以被划为一国内水。这两个

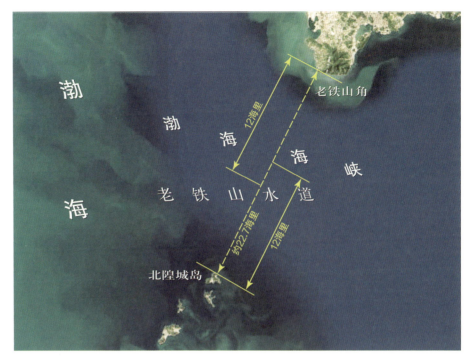

渤海成为中国内水的原因示意图

条件都必须具备，才能被确定为内水。但我国渤海海峡的宽度约106千米，大约相当于57海里，超过了24海里，那么为何渤海是我国内水呢？主要是因为渤海海峡上还分布着由32座大小岛屿组成的庙岛群岛，这些岛屿都是我国的领土，都可以拥有领海。以庙岛群岛的岛屿享有的领海与海峡两岸山东半岛和辽东半岛享有的领海连在一起，在渤海海峡处完全将渤海封闭起来，使渤海顺理成章地成为中国的内海。

庙岛群岛—控制海峡的"海峡锁钥"

如果说渤海海峡是"渤海咽喉""京津门户"，那海峡内的庙岛群岛则可以称为控制海峡的"海峡锁钥"。

庙岛群岛，又叫内长山列岛、长山列岛。得名庙岛群岛是由于群岛的主岛——长岛上的古庙。长岛有始建于北宋宣和四年（公元1122年）的显应宫（妈祖庙）。

长岛上的妈祖庙是中国北方修建最早、规模最大、影响最广的妈祖庙，也是世界重要的妈祖官庙之一，享"天妃北庭""北海神乡"之誉，与福建湄州岛妈祖庙并称妈祖"南北祖庭"。该庙还有目前存世的唯一一尊宋代铜身妈祖。

庙岛群岛位于渤海海峡中，山东半岛、辽东半岛之间，黄海、渤海连接处。北与辽东半岛的老铁山对峙，南与山东半岛的蓬莱角相望。群岛由 32 个岛屿组成，纵向排列，延伸 56.8 千米，分布在渤海海峡偏南约 2/3 的海面上。最南端南长山岛距蓬莱角 7 千米，最北端北隍城岛距老铁山角 42 千米。东西最大纵深为东端的大竹山岛至西端的大黑山岛段，共 30.8 千米。整个群岛分布在面积约 900 平方千米的海域内，其中有常驻居民的岛屿 10 个，属山东省长岛县管辖，县政府驻南长山岛。

群岛按地理位置分为北、中、南 3 群，北群主要有北隍城岛、南隍城岛和大钦岛、小钦岛等；中群主要有砣矶岛、高山岛、车由岛和大竹山岛、小竹山岛等；南群包括大黑山岛、小黑山岛、庙岛和南长山岛、北长山岛等。各相邻岛屿间距离 1.4 ~ 10.7 千米不等。岛屿间水道纵横，将渤海海峡分割成老铁山、小钦、大钦、北砣矶、南砣矶、高山、猴矶、长山、黑山、螳螂、登州等 11 条水道。

岛上地形均为丘陵地，海拔 100 ~ 200 米，森林植被茂密。群岛岸线曲折，海湾众多，较大海湾有南长山岛的长岛湾、赵王湾，北长山岛的北城湾，庙岛的塘里湾，砣矶岛的砣子湾，大钦岛的庙下东口，南隍城岛的东菜园湾等。这些港湾历来是过往海峡的船舶的天然锚地。

长岛在历史上还有一个令人闻之色变的名字——沙门岛，宋朝是流放犯了重罪的犯人的地方。宋代将通州岛（今上海市崇明岛）、琼州（海南岛）和沙门岛（庙岛群岛长山岛）作为发配犯了重罪的犯人的三大流放地。据史料记载，自宋太祖建隆三年起，开始将犯人刺配沙门岛。由于

庙岛群岛

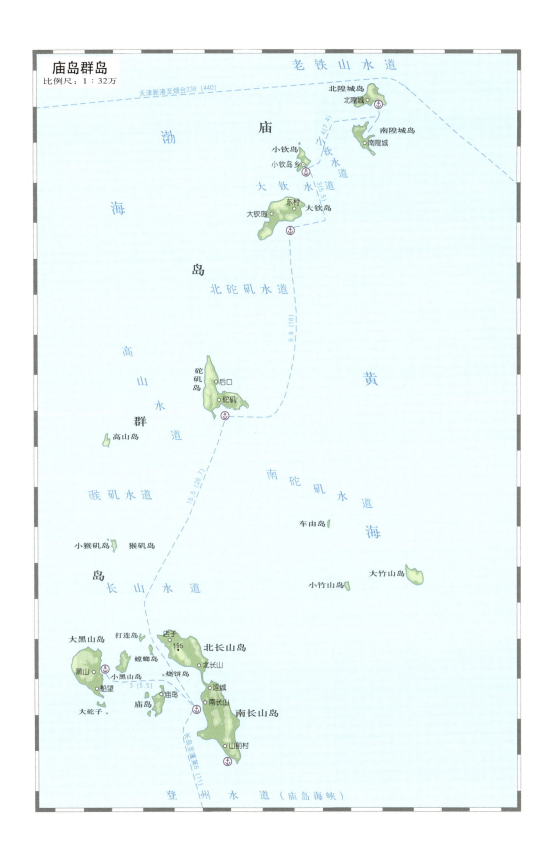

庙岛群岛
比例尺：1：32万

老 铁 山 水 道

天津新港至烟台238〔440〕

渤

海

庙

北隍城岛
北隍城

南隍城岛
南隍城

小钦岛
小钦岛乡

小钦水道

大钦水道

大钦岛
东村 大钦岛

岛

北砣矶水道

黄

砣矶岛
后口
砣矶

高

山

水

群

道

高山岛

南 砣 矶 水 道 海

猴矶水道

15.5〔28.7〕

小猴矶岛 猴矶岛

车由岛

岛

长 山 水 道

大竹山岛
小竹山岛

大黑山岛

打连岛
店子
195

螳螂岛

北长山岛
北长山

黑山
黑山

小黑山岛
船望

烧饼岛

连城

3〔5.5〕 庙岛

大砣子

庙岛

南长山
南长山岛

山前村

登 州 水 道 （ 庙 岛 海 峡 ）

长岛九丈崖

岛上地形以丘陵地和山地为主，耕地少，生产粮食不足，能养活的人口数量有限，生存条件恶劣，四周环海，无处可逃，据记载，发配到此的犯人基本是九死一生。因此，一旦被判决"刺配沙门岛"，基本可以宣告这个犯人的死亡了。所以犯人一听到沙门岛就会被吓得浑身发抖。

群岛风景秀丽、山水相依、如诗如画，独特的海蚀地貌形成各种奇礁异石。庙岛群岛还是中国海市蜃楼出现最频繁的地域。每年的七八月间的雨后，经常会出现虚无缥缈、美如仙境的海市蜃楼奇观，使庙岛群岛又有了"海上仙山"的美誉。

庙岛群岛纵列于渤海海峡之中，是控制渤海海上交通的咽喉和屏护京、津地区的海上门户，也是联结辽东半岛和山东半岛的桥梁，战略地位重要，历来为兵家必争之地。自唐朝开始，中国就在庙岛群岛上设防。唐代，由蓬莱、庙岛群岛、辽东半岛老铁山共同构成海上航道"登州道"，成为唐朝通往朝鲜、日本等的主要通道。据研究统计，在整个唐代，日本任命出使中国的遣唐使团共 19 批，其中实际到达了中国的有 15 批。这其中早期的 5 批和第 12 批是由"登州道"从登州登陆的，第 18 批则是从登州沿"登州道"返回日本的。另外，朝鲜半岛的高丽、百济、新罗各国经"登州道"中转的朝贡使团更是多达 79 批。到后唐时期，由于陆路被辽国阻断，登州道成为高丽人前往中原的唯一通道。明代有倭寇入侵长岛，清代日军曾侵占群岛中的隍城岛、大黑山岛等岛屿。近代以来，列强海军舰队曾先后 7 次途经庙岛群岛，闯入渤海，进犯京津。1858 年至 1860 年第二次鸦片战争期间，英法联军在塘沽口地区 3 次登陆作战、1900 年八国联军进攻京津之战、1904 年日俄争夺辽东地区之战、1914 年日军从旅大出发攻占青岛之战、1937 年日军大沽北塘登陆作战等均无一例外是通过庙岛群岛侵入渤海。

连接中国南北海域的"海上走廊"

台湾海峡

台湾海峡

位 置	中国福建省和台湾省之间
峡岸国	中国
沟通海域	东海与南海
峡 长	370 千米
峡 宽	200~410 千米，最窄处 130 千米
水 深	平均 60 米
气 候	南亚热带季风气候
重要港口	福州、泉州、厦门、高雄、基隆、左营、马公

2022 年 8 月 4 日，我解放军东部战区陆军在台湾海峡实施了远程火力实弹射击训练，对台湾海峡东部特定区域进行了精确打击，取得预期效果。近年来，美国等国家的军舰军机，经常"远渡重洋"，来到台湾海峡，频繁过航，并公开炒作。仅 2023 年就发生多次过航事件，如 2 月 27 日美国一架 P-8A 反潜巡逻机、4 月 16 日美国"米利厄斯"号导弹驱逐舰、6 月 3 日美国"钟云"号驱逐舰和加拿大"蒙特利尔"号护卫舰、6 月 21 日美国海岸警卫队"斯特拉顿"号炮舰、7 月 13 日美国一架 P-8A 反潜巡逻机、11 月 1 日美国"佩拉尔塔"号驱逐舰和加拿大"渥太华"号护卫舰、11 月 24 日一艘澳大利亚军舰过航台湾海峡。这些国家打着"航行自由"的旗号，派出军舰在中国家门口耀武扬威，蓄意在台海地区挑起事端，向"台独"势力发出错误信号。我解放军时刻保持高度戒备，依法依规处置，坚决捍卫国家主权安全和地区和平稳定。

台湾海峡位置
比例尺：1:1356万

台湾海峡位于中国大陆东部，在台湾岛与福建海岸之间。属东海海区，南通南海，北连东海和黄渤海。南以台湾岛南端猫鼻头与福建、广东两省海岸交界处（一说为鹅銮鼻与南澳岛南端）连线为界；北以台湾岛北端富贵角与海坛岛北端痒角连线为界。呈东北—西南走向，长约 370 千米，北窄南宽，北口宽约 200 千米；南口宽约 410 千米；最窄处在台湾岛白沙岬与福建海坛岛之间，约 130 千米，海域面积约 8 万平方千米。

连接中国南北海域的"海上走廊"

台湾海峡北连东海，南通南海，地理上一般将其划归东海海域，也有学者认为应该单列为一个海域。台湾海峡既是连接我国浙江、福建等东南沿海地区与台湾省的东西航运纽带，又是连接渤海、黄海、东海与南海的南北交通要道。海峡以北的东海、黄海及渤海沿岸港口的船只均需经过海峡进入南海，再从南海经印度洋或南太平洋到达世界各地的港口。

台湾海峡还是中国海军南北海上机动的走廊。中国的四大近海——渤海、黄海、东海、南海，沿中国大陆南北纵向分布，北部战区、东部战区、南部战区三大战区海军舰队分散部署。台湾海峡处于中国近海南北方向的中间位置，是我国海军南北机动的关键海域。位于南海的南部战区海军舰队北上支援北部战区海军舰队或东部战区海军舰队，或者东部战区海军舰队、北部战区海军舰队南下支援南部战区海军舰队最便捷的通道就是台湾海峡。1974 年，西沙群岛自卫反击战爆发后，我国紧急调动东海舰队 3 艘导弹护卫舰南下，通过台湾海峡进入南海西沙海域，支援南海舰队。

对海军而言，拥有联通的海域，保持海军舰船的海上机动性，十分重要。典型的例子是俄罗斯。俄罗斯虽然拥有广阔的领海，但是由于海域被欧亚大陆分割，且俄罗斯北部的北冰洋海面冰封导致大部分时间里普通舰船无法航行，严重影响了俄罗斯海军的海上机动性，分散部署的四大舰队——北方舰队、太平洋舰队、黑海舰

队、波罗的海舰队难以相互支援，影响了海军的作战能力。在日俄战争中，俄罗斯海军惨败的重要原因就是由于俄罗斯海军海域分散、机动受限，舰队之间无法及时支援，导致由欧洲组建的第二太平洋舰队从波罗的海

俄"奥斯利雅维亚"号战列舰，1905年在对马海峡海战中被击沉

经大西洋、印度洋进入太平洋，被日本联合舰队伏击，几乎全军覆没。

以大陆架为主的浅海海域

台湾海峡属东海大陆架浅海。在古生代和中生代，海峡还是华夏古陆的一部分，距今约6000年前，才开始形成当今的海峡地形。海域以浅海为主，大部水深小于80米，平均水深约60米。这样的水深条件使得潜艇等水下平台要想在海峡内安全、隐蔽地活动比较困难。海峡西北部海底地形较平坦，东南部坡度较大，中间有岛屿和浅滩构成弧形隆起带。海峡南口分布的台湾浅滩，由淹没于水下的900余个沙丘组成，分布在东西长约140千米，南北宽约75千米的椭圆形海域内，水深10～20米，最浅处水深仅8.6米，滩内海洋水文情况复杂。在台中以西海域有台中浅滩，东西长100千米，南北宽15～18千米，水深最浅处9.6米。这两个浅滩，水深浅、分布面积大，历来是海峡中舰船航行的禁区。由于水深太浅，水下沙丘密布，舰船一旦误入，很难安全驶出。两浅滩之间为澎湖列岛岩礁区，在南北长约70千米，东西宽46千米的海域内，密布岛屿、礁石和水下岩礁，以望安水道为界，分为南北两个部分。

其中北部岛礁分布较集中，水道狭窄；南部岛礁分散，水道宽阔。

"狭管效应"显著的海峡

"狭管效应"也叫"峡谷效应"，是一种形象的比喻说法，是指当气流或水流由开阔地流入地形构成的峡谷时，由于不能大量堆积，于是加速流过峡谷，使得流速增大，当流出峡谷时，流速又会减缓的现象。这也是为什么峡谷或山口的风要比平原里的风猛烈的原因。台湾海峡就如同处在由两岸的东南沿海大陆和台湾岛形成

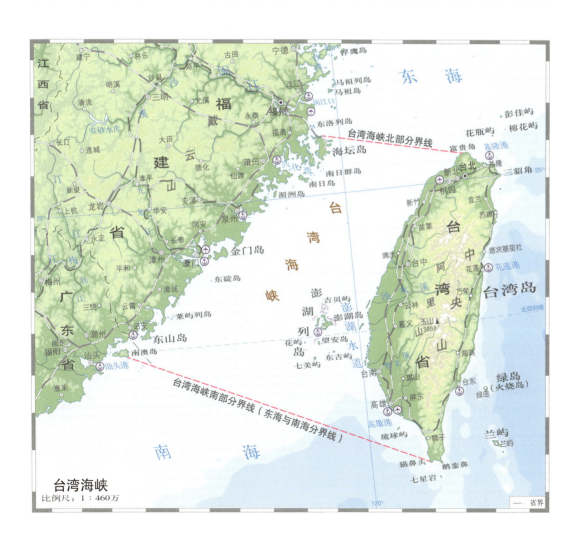

台湾海峡
比例尺：1：460万

的巨大峡谷之中，气象水文环境的"狭管效应"明显。

台湾海峡属南亚热带季风气候。10月至翌年3月多东北季风，风力达4~5级，有时6级以上；5~9月多西南季风，风力3级左右；7~9月多热带气旋，每年受热带风暴和台风影响平均5~6次，中心通过平均2次。阴雨天较多，但降水量较两岸陆地少，年降水量800~1500毫米；东北季风期、西南季风期降水多，秋季降水较少。海峡中雾日较少，澎湖列岛年平均3~4天；两侧近岸雾日较多，东山岛、马祖列岛和高雄一带，每年超过30天，其余在20天以下。

海峡内常年风浪较大，以4级浪最多，东北季风季节以东北—北向浪为主，西南季风季节以西南—南向浪为主。在冬季寒潮和夏季热带气旋影响下，可形成8~9级浪。风浪对海

台风袭击台湾岛

峡内的船舶航行和军事活动等行动会造成重要影响，清朝收复台湾的过程中，多次渡海攻台计划均受大风浪影响被迫放弃。海流为北上的黑潮西分支和南海流及南下的浙闽沿岸流所控制，并受季风影响。夏季沿岸流停止南下。整个海峡为西南季风流和黑潮西分支结合的东北流，流速一般0.6节，澎湖水道达2.3节。冬季受东北季风影响的沿岸流南下，西部和中部为西南流，流速约0.5节；东部的东北流减弱，当东北风强劲时，表层甚至改变为西南流。

港湾岛屿密布的海峡

台湾海峡西岸为福建省中南部海岸，自海峡北口西端（长乐县南）至闽粤海岸交界处，大陆海岸线长约 1900 千米，岸线十分曲折。濒海陆地为闽东山地向东南延伸的山丘分支，山地直逼海岸，形成较多半岛、海湾、岩岸和近岸岛屿。天然形成的优良港湾有兴化湾、湄州湾、泉州港、厦门港、东山湾等。近岸岛屿密布，有大小岛屿 500 多个，是我国近海岛屿分布最密集的海域之一，重要岛屿有海坛、南日、湄州、金门和东山等。海峡东岸为台湾岛西海岸。从富贵角至猫鼻头海岸线长 560 余千米，岸线平直，向西凸出成弧形，在布袋泊地以北略呈东北走向，以南呈东南走向。台湾西海岸虽然缺少天然形成的良港，但由于地势平坦，经济发达，多利用沙洲、潟湖人工挖掘疏导建成港口，港口密度仍然很高，如高雄、左营、安平、台中等港。台湾岛西海岸近岸岛屿很少，仅在高雄以南等海域有琉球屿等个别岛屿。澎湖列岛位于海峡南部，由 64 个岛屿和许多礁石组成，岛屿总面积约 127 平方千米。

高雄港（台湾岛第一大港）

以澎湖、白沙、渔翁 3 岛面积最大。以上 3 个大岛围成的澎湖湾和马公港，是舰船的良好驻泊地。澎湖列岛位于台湾岛与福建南部航程的中途，扼控海峡南口，形势险要，历来为军事要地。

历来是我国反抗海上侵略的重要海域

台湾海峡历来是外敌自海上入侵台湾岛和我国大陆东南沿海的门户，也必然是我国人民反抗海上入侵的重要海域。16 世纪中叶，倭寇窜犯澎湖、台湾并以澎湖为据点不断向浙闽沿海侵掠，曾遭到抗倭名将戚继光、俞大猷等部的打击。嘉靖三十四年（1555 年）五月，由汉、壮、苗、瑶等族人民组成的抗倭军队，在明爱国将领张经领导下，于王江泾（今浙江嘉兴北）大破倭寇，斩敌 2000 余人。次年，倭寇劫掠福建福安等地，遭到当地畲族人民的奋起抗击。嘉靖四十二年（1563 年），败走福建的倭寇窜犯台湾鸡笼（基隆）一带，被台湾人民赶走。明万历二十九年（1601 年），福建都司沈有容率战船打击侵犯闽、粤、台沿海的倭船，并于年底追击至台湾西南海岸，全歼倭船 6 艘，救回被掳男女 370 余人。明朝末年，葡萄牙、荷兰等殖民国家纷纷涌入台湾海峡，入侵台湾。1622 年荷兰人侵占澎湖，1624年进而侵占台湾南部。1626 年，西班牙人攻占北部的淡水、鸡笼城，并与荷兰人开始争夺台湾。直到 1661 年，民族

戚继光（1528 年 11 月 12 日——1588 年 1 月 17 日）

英雄郑成功率战船从金门岛料罗湾出发，渡过海峡至澎湖待机，开启了收复台湾之战，避开强劲大风后，横渡澎湖水道，然后乘满潮通过鹿耳门，进入大员湾实施登陆作战。

在 1840—1842 年的鸦片战争期间，英舰队不断侵犯海峡两岸的厦门、基隆等地，

遭到当地军民的强烈抵抗。1884 年法国舰队在马尾袭击中国舰艇，继而进攻台湾北部，当侵犯受阻后于 10 月至翌年 4 月对台湾实施封锁。两岸军民进行了沿岸防御作战和反封锁斗争，打击了法军的入侵。1895 年中日甲午战争后期，日本为侵占台湾，预先派舰队攻占澎湖列岛，在攻占台湾北部得手后，从陆路向中、南部推进的同时，以舰队从海路在安平、布袋、高雄、枋寮等地实施登陆，台湾军民为反抗日军侵占进行了殊死的抵抗。

郑成功（1624 年 8 月 27 日—1662 年 6 月 23 日）

世界妈祖文化的发源地

妈祖文化是中国海洋文化的代表，近千年来一直与我国诸多和平外交活动、海上交通贸易有着密切关联。随着 2009 年"妈祖信俗"被联合国教科文组织列入《人类非物质文化遗产代表作名录》，妈祖文化更是成为了全人类尤其是 21 世纪海上丝绸之路沿线国家共属的精神财富。妈祖文化不仅是中国的，也是世界的。据不完全统计，全世界妈祖宫庙遍布 5 大洲近 50 个国家和地区，妈祖信众有 2 亿多人，其中以海上丝绸之路沿线国家为甚。妈祖文化的孕育离不开台湾海峡。正是因为台湾海峡常年风大浪急、海况复杂，海峡中航行的船舶海难多发，催生了人们对海上守护神的信仰。

妈祖原名林默，出生于台湾海峡西岸的福建湄洲岛，从小就聪慧，长大后发愿终生不嫁，以行善为终身事业。林默熟知天文地理，经常帮助渔民预测出海天气，解救遇难的渔船、商船。人们崇拜林默，逐渐形成了流传于中国沿海地区的传统民间信仰——妈祖文化。妈祖文化肇于宋、成于元、兴于明、盛于清、繁荣于近现代。民间在海上航行要在船舶启航前祭妈祖，祈求保佑顺风和安全，并在船舶上立妈祖神位供奉。这就是"有海水处有华人，华人到处有妈祖"的真实写照。

根据历史记载，宋、元、明、清等几个朝代都对妈祖的贡献做出了封赏，先后封妈祖为"天后""圣母"等。当地人为铭记妈祖的恩德，在湄洲岛修建妈祖庙，供后人瞻仰。

妈祖庙于公元1023—1032年（天圣年间）扩建，日臻雄伟。1403—1424年（明永乐年间），航海家郑和曾两次奉旨来湄洲岛主持御祭仪式并扩建庙宇。至清康熙时，已形成了具有五组建筑群的"海上龙宫"。新中国成立后，政府又对妈祖庙进行大规模的复修复建，使得湄洲岛妈祖庙气势恢宏壮丽，有"海上布达拉宫"之称。

湄洲妈祖庙是全世界妈祖庙的祖庙，经过千百年的流传，妈祖文化从湄洲逐渐走向世界。妈祖信仰已成为海峡两岸最具社会共识的民间信仰。妈祖文化作为中华传统文化的重要组成部分，是连结两岸同胞的重要精神纽带，在促进两岸交流合作中发挥着重要作用。

台南大天后宫

分割华南大陆和海南岛的内海海峡

琼州海峡

2021年10月10日上午9时，海南海口新海港码头，随着一声长长的汽笛响起，一艘渡轮缓缓驶离泊位，跨越琼州海峡，向着广东湛江徐闻港驶去。这是自10月6日琼州海峡受台风"狮子山"影响停航以来，从海口开出的第一艘渡轮。恰逢国庆长假，琼州海峡停航的将近4天时间内，数千辆各类车辆和近万名旅客滞留海南岛。

琼州海峡位于南海西北部，中国广东雷州半岛与海南岛之间，属于中国内海海峡，曾称海南海峡。海峡略呈东西走向，东连南海广东沿海，西接南海北部湾，东西长100余千米，南北宽19～40千米，平均宽度29.5千米。因明朝初年海南岛属琼州府而得名，是大陆与海南岛海上交通要道，也是北部湾沿岸诸港来往湛江、广州、香港的水路捷径。

琼州海峡

位　　置	中国雷州半岛与海南岛之间
峡 岸 国	中国
沟通海域	北部湾与南海东北部
峡　　长	100余千米
峡　　宽	平均29.5千米
水　　深	平均44米，最深120米
气　　候	热带季风气候
交　　通	北部湾沿岸各港来往于粤、闽、台等地的主要通道
重要港口	海口、海安等

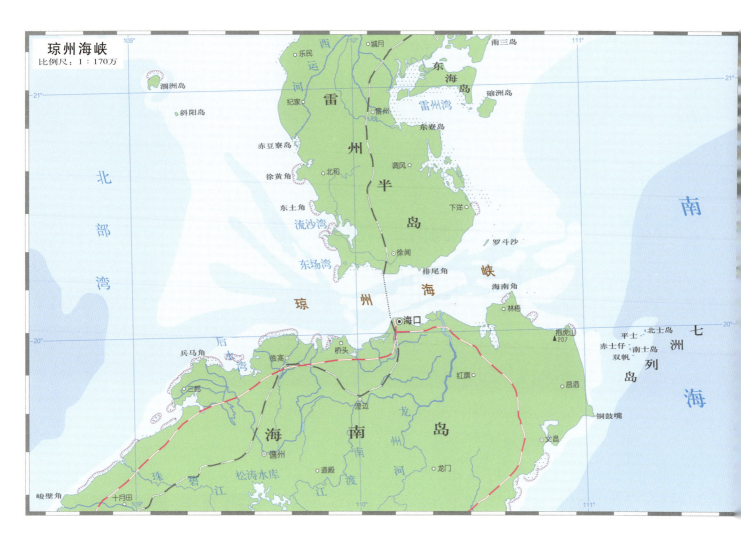

琼州海峡
比例尺：1∶170万

中国大陆架海底地形最复杂的区域之一

  大陆架是大陆向海洋的自然延伸，通常水深较浅，海底地形平坦，坡度很小。虽然琼州海峡海底处在中国大陆架上，但地形却并不平坦。该海峡是中国大陆架海底地形最复杂的区域之一。从地质构造上看，琼州海峡位于雷琼断陷区南部，基底呈现凸凹相间的特征。在第四纪早期，琼雷台地发生地堑式断陷，使海南岛与大陆分离，形成海峡。海峡平均水深44米，但最深处水深达120米。海底是大致呈东西向的狭长矩形盆地，从海峡两岸向中央逐渐加深。海峡中部水深最深，有80～100米的深槽。海峡东西两端地形略高，深度逐渐变小。海峡西口向地形平坦的北部湾过渡。由于海面变宽，海流流速降低，泥沙容易沉积，形成了数条手指状水下沙脊，自海峡口向西、西北呈辐射状延伸，形成海底三角洲，海域水深较浅，水深约 20 米。海峡东口由一片地形复杂的浅滩过渡到南海北部大陆架，水深约 30 米。这样的海底地形特点，使得在海峡中航行的舰船要特别注意航行安全，避免搁浅。

航运价值突出的海上走廊

琼州海峡是连接海南岛与大陆地区的重要交通枢纽，承担着海南省全省 90% 以上的生产、生活物资，30% 以上的乘客以及全部进出海南岛的车辆的运输任务，是海南省生产、生活和贸易发展的关键航道。2021 年，琼州海峡水路运输旅客量达 1262 万人次，运送车辆 377 万台次，显示出其作为全国最繁忙的水上运输通道之一的重要地位。海峡还是广东海区与北部湾海上交通的重要通道，沟通北部湾和南海中、东部的海上走廊，也是广东至海南、广西以及越南的海上交通捷径。海峡东口多浅滩，6 处主要浅滩将海峡东口分割成 4 条水道，即外罗门水道、北水道、中水道、南水道。以中水道为主航道。中水道位于海峡北侧与南侧两个浅滩之间，水道较宽且直，宽约 3665 米，导航设备完善，是万吨级轮船进出的主要航道。外罗门水道靠近海峡北岸的东南端，最窄处仅 100 余米，外侧多礁石、浅滩，设有灯浮标，通行中、小型船只。

位于海口的粤海铁路轮渡南港码头，列车驶入粤海铁路 1 号轮渡

北水道位于琼州海峡北部与西北部浅滩之间，距海岸较远。南水道位于琼州海峡南岸东北端的木栏头附近，水流急，多浅滩，且有沉船和障碍物。南、北水道船只航行均较困难。海峡西口水深，航道宽阔，在南岸的临高角和北岸的溶尾角均建有灯塔，船只进出方便。海峡南北航运便利，北侧的海安港和南侧的海口港为水陆联运重要口岸，海安与海口间有著名的粤海铁路火车轮渡，实现了两岸铁路连接，交通方便。

2020 年 11 月 13 日拍摄，右下角是即将过境的台风"万科"

显著的北热带季风气候

琼州海峡所在区域纬度低，常年气候温暖，雨量充沛，年平均气温 23.6℃；最冷月（1 月）平均气温为 17℃，最热月（7 月）为 28.4℃，极端高温为 38 ～ 40℃。年平均降水量 1400 ～ 1700 毫米。具有显著的季风性气候特点，风向和降水随季节性转变明显。夏季盛行偏南风，频率达 60% 以上；冬季盛行东北风，频率超过 65%。5 ～ 10 月为雨季，降雨频繁，多雷暴骤雨，常出现 8 级以上阵风。

11 月至翌年 4 月为旱季，降水少。海峡受热带风暴和台风侵袭多，以 7 ～ 9 月最多。西行路径的强热带风暴或台风常贯穿海峡而进入北部湾。大风对海峡的航行安全产生重要不利影响，每年因为大风、台风等造成海峡封闭的时间达到 30 天左右。冬季多雾，能见度较低，影响船舶航行安全。琼州海峡水域受粤西沿岸水系和南海外海海水影响，有文澜河、大水桥河、黄定河、南渡江等河流流入，带来了大量营养盐，饵料生物丰富，形成中国南部重要的渔场和盐场。

历为攻占海南岛的必经之地

琼州海峡作为南海北部海上航行要道，军事地位较为重要，历来是自大陆攻占海南岛的必经之地。历史上，元朝至元十四年至十六年（1277—1279 年），蒙古将领阿里海涯率军追击南宋军至雷州半岛，与南宋曾渊子、张应科部大战于海安，结果宋军战败。随后元军追杀流散于雷州半岛的宋军，而后渡过琼州海峡，攻占海南岛。日本侵华战争期间，日军也是由琼州海峡登陆，攻占海南。1939 年 2 月 10 日凌晨，日本侵略军第五舰队司令长官近藤信竹中将和陆军第 21 军司令官安藤利吉少将指挥的"台湾混成旅团"数千人，在 30 余艘舰船的护送和 50 余架飞机的配合下，自徐闻出发，经琼州海峡，在海口市西北方向的天尾港登陆。国民党守军保安部队 1 个连抵抗后撤退，海南岛很快失守。1950 年 4 月 16 日 19 时，解放军第十二兵团分乘 381 只帆船，分别从徐闻县的灯楼角一线海岸和东场港起航，抢渡琼州海峡，登陆海南岛。在渡海过程中，解放军以木帆船和国民党军现代化装备的舰队展开激烈的海战，创造了以木船打败兵舰的海战奇迹，解放了海南岛。

1950 年，海南战役中，解放军正从琼州海峡进行登陆作战

俄太平洋舰队出入太平洋的主要通道

宗谷海峡

2023 年 7 月 29 日，日本防卫省统合幕僚监部发布消息称，7 月 28 日至 29 日期间，中俄两国 10 艘军舰组成的海上编队通过宗谷海峡，从日本海驶向鄂霍次克海。日本海上自卫队派出舰机对中俄舰艇进行了情报搜集与监视。中俄海军编队穿航宗谷海峡引发日本国内热议，日本海上自卫队高度紧张，原因在于宗谷海峡特殊重要的位置。

宗谷海峡，又名拉彼鲁兹海峡，是 1787 年法国航海家 J.F. 拉彼鲁兹发现并以自己的名字命名的海峡。位于日本北海道岛与俄罗斯萨哈林岛（库页岛）之间，是连接日本海与鄂霍次克海的天然水道。宗谷海峡是扼日本海和鄂霍次克海的要冲，是日本海通向太平洋的北方出口，也是俄罗斯太平洋舰队出入太平洋的重要通道。

宗谷海峡

位　　置	俄罗斯萨哈林岛（库页岛）和日本北海道岛之间
峡 岸 国	俄罗斯和日本
沟通海域	日本海和鄂霍次克海
峡　　宽	约 43 千米
水　　深	一般为 30~60 米
气　　候	冬寒夏凉，冬季时间长
港　　口	日本的稚内港，俄罗斯的科尔萨科夫港
军事基地	科尔萨科夫港

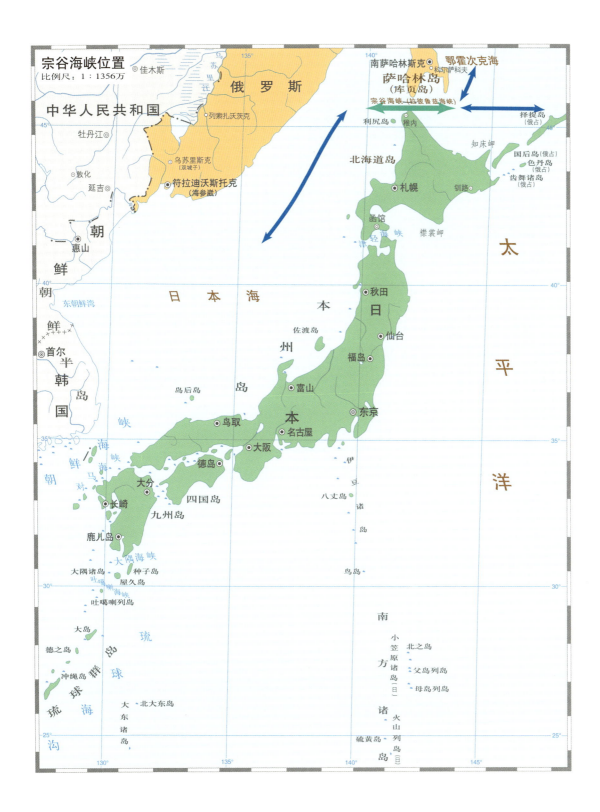

宗谷海峡位置
比例尺：1：1356万

佳木斯

俄 罗 斯

苏 里 江

南萨哈林斯克
科尔萨科夫
鄂霍次克海

萨哈林岛
（库页岛）

中华人民共和国

列索扎沃茨克

宗谷海峡（拉彼鲁兹海峡）

择捉岛
（俄占）

牡丹江

利尻岛 雅内

知床岬

国后岛（俄占）
色丹岛
齿舞诸岛
（俄占）

敦化

乌苏里斯克
（双城子）

北海道岛

延吉

符拉迪沃斯托克
（海参崴）

札幌

钏路

朝

惠山

函馆

襟裳岬

鲜

津轻海峡

太

日 本 海

秋田

朝

东朝鲜湾

本

鲜

首尔

州

日

平

半

佐渡岛

仙台

岛

岛后岛

福岛

韩

本

富山

国

海

鸟取

东京

峡

大阪

名古屋

洋

朝

对

海

马

长崎

德岛

四国岛

伊豆诸岛

八丈岛

大分

鹿儿岛

九州岛

大隅海峡

鸟岛

大隅诸岛
种子岛
屋久岛

吐噶喇海峡

吐噶喇列岛

南

大岛

琉

方

小笠原诸岛（日）

北之岛

德之岛

球

父岛列岛

冲绳岛

群

岛

诸

母岛列岛

琉球海沟

大东诸岛

北大东岛

火山列岛（日）

硫黄岛

太 平 洋

布满岩石的海峡

宗谷海峡名称来源于日本当地的阿伊努语，意为多岩石的海峡。实际情况也确实如此。海峡是在第四纪初由岛架沉降形成的。总体呈东西走向，西以北海道岛的野寒布岬（稚内市西北部）到萨哈林岛（库页岛）的库兹涅佐沃角连线与日本海为界。最窄处位于北海道岛最北端的宗谷岬与萨哈林岛（库页岛）最南端的克里利翁角之间，宽约43千米。一般水深30～60米，最深处118米。海峡两岸布满岩石，南岸宗谷岬至宗谷附近及东浦以北部分地段为岩石陡岸，沿岸阶地发育，5米等深线以内多岩礁。北岸内陆以山地为主，有针阔混交林，沿岸地势崎岖、陡峻，10米等深线以内多岩礁。此外，海峡东北口外有著名岩礁二丈岩，二丈岩周围分布有很多暗礁。二丈岩南侧宽度约33千米的可通航航道为海峡的主航道；北侧可通航宽度约15千米，海峡中部有水深仅27米的浅滩，影响航行安全。海峡两岸的山头、岬角等突出的自然地物也成为辅助航行定向的明显助航标志。

海峡属于东亚季风气候，气候冬寒夏凉，冬季时间较长。冬季盛行西北风，夏季多东南风。1月平均气温-4℃以下，8月18～20℃，年降水量1000～1200毫米。海峡的自然环境比较恶劣，航行条件较差，6～8月多雾，海峡北侧雾较浓；10月中旬至翌年5月中旬有雪，有时有特大暴风雪；冬季北海道岛北岸附近冰情严重，4～5月海峡内有浮冰；鄂霍次克海的浮冰随东北风漂动，常封住海峡东口，浮冰带常经宗谷海峡漂入日本海，严重影响航行安全。

可自由通行的国际海峡

宗谷海峡是重要的海上国际通道。日本《领海法》规定，将包括宗谷海峡

总体呈东西走向，西以北海道岛的野寒布岬（稚内市西北部）到萨哈林岛（库页岛）的库兹涅佐沃角连线与日本海为界。最窄处位于北海道岛最北端的宗谷岬与萨哈林岛（库页岛）最南端的克里利翁角之间，宽约 43 千米。

宗谷海峡
比例尺：1：470万

在内的 5 个重要海峡（其它还包括津轻海峡、对马海峡东水道、对马海峡西水道和大隅海峡）及其附近水域设为"特定海域"，领海宽度为 3 海里（5.6 千米），即除两岸 3 海里（5.6 千米）宽度海域为日本领海外，海峡中间为国际航道，任何国家的任何舰船均可自由通行。那么，日本为什么会如此"大方"地将这些重要咽喉海域变成国际海峡呢？日本的最初考虑是为了绕过"无核三原则"，可以让美国核潜艇或运载核武器的舰艇方便地出入日本海。但同时，各国船只也因此可自由无害通过这些海峡。这使得宗谷海峡等海上通道成为大国博弈的重要"阵地"。宗谷海峡也是俄罗斯符拉迪沃斯托克（海参崴）的舰船北出鄂霍次克海的重要通道。

日俄长期对峙的海峡

无论是对于日本还是对于俄罗斯而言，宗谷海峡都具有重要的作用。日本的工业和经济区集中在靠近北太平洋一侧。作为日本通向太平洋的北方出口，宗谷海峡牵动着日本敏感的神经，成为扼守日本经济"命脉"的日本海的"北大门"。对俄罗斯而言，海峡是俄罗斯太平洋舰队符拉迪沃斯托克（海参崴）的舰船北出鄂霍次克海的重要通道。此外，关于海峡附近"北方四岛"的主权争端，俄罗斯和日本之间一直存在冲突。因此，宗谷海峡作为日俄之间重要运输航道，不仅以其通航价值让人所知晓，更因美日两国和俄罗斯的频繁军演引人关注。冷战期间，美国提出了"第一岛链"战略思想。其核心是利用日本列岛构建起封锁苏联、中国、朝鲜等社会主义国家的军事基地群。宗谷海峡位于"第一岛链"最北端。为了防止苏联太平洋舰队突破宗谷、津轻等海峡，日本把 70% 以上军力部署在北海道、本州北部地区。冷战结束以来，美国和日本继续强化同盟伙伴关系，并不断加强和完善日本北部地区的军事部署。至今，日本北部地区仍是美日严密防范的区域。美日在该地区部署大量兵力，日本空中自卫队最好的装备也部署在北部一线。俄罗斯多次出动先进的军舰和战机到日本海附近进行大规模军事演习，日俄两国在该海域经常发生对峙。近年来，一方面俄罗斯联合其他国家在该海域不断开展规模更大、演练范围更广的军事演习活动；另一方面以美国主导的美日、美日澳联合军演也在此地轮番展开。宗谷海峡俨然成为美日等同盟与俄罗斯海上力量的"竞技场"。

日本东西海岸交通的"咽喉"
津轻海峡

2021 年 10 月 18 日，日本海上自卫队的飞机和舰艇确认，由 10 艘军舰组成的中俄海军编队，当天下午穿过津轻海峡，驶向太平洋，这是首次确认中俄海军舰队穿过津轻海峡。报道引发日本国内舆论哗然，主要原因是津轻海峡在日本民众心中的地位太重要了。

津轻海峡位于日本两个最大的岛——本州岛与北海道岛之间，因本州一侧的津轻半岛而得名。海峡东连太平洋，西连日本海，北上直通鄂霍次克海及阿留申群岛，是俄罗斯海军太平洋舰队东出太平洋的通道，也是日本重要防卫海域。

津轻海峡

位　　置	日本本州岛与北海道岛之间
峡 岸 国	日本
沟通海域	日本海和太平洋
峡　　长	100 千米
峡　　宽	18.52~55 千米
水　　深	20~200 米
气　　候	温带海洋性气候，春、夏东南风，冬季多西风
港　　口	青森港、大凑港、函馆港等
军事基地	大凑、三泽

津轻海峡位置

比例尺：1：1356万

俄罗斯

哈尔滨

牡丹江

佳木斯

列索扎沃茨克

中华人民共和国

长春

敦化

延吉

乌苏里斯克
（双城子）

梅河口

符拉迪沃斯托克
（海参崴）

朝

鲜

惠山

新义州

朝

鲜

平壤

东朝鲜湾

首尔

半

韩

岛

国

黄

海

济州海峡

珍岛

济州岛

朝
鲜
海
峡

对
马
海
峡

岛后岛

鸟取

德岛

大分

长崎

九州岛

四国岛

鹿儿岛

大隅海峡

大隅诸岛

种子岛

屋久岛

吐噶喇海峡

吐噶喇列岛

东

海

大岛

德之岛

伊平屋岛

冲绳岛

北大东岛

大
东
诸
岛

琉

球

群

岛

海

宫古海峡

宫
古
海

琉
球
海
沟

俄罗斯

南萨哈林斯克

鄂霍次克海

萨哈林岛
（库页岛）

宗谷海峡（拉彼鲁兹海峡）

利尻岛

稚内

知床岬

北海道岛

札幌

钏路

函馆

襟裳岬

津轻海峡

太

秋田

日

日

本

本

佐渡岛

仙台

海

福岛

州

富山

岛

东京

名古屋

本

大阪

平

伊

豆

诸

岛

八丈岛

鸟岛

洋

南

方

诸

岛

小笠原诸岛[日]

北之岛

父岛列岛

母岛列岛

火山列岛[日]

硫黄岛

日本通往太平洋的"中大门"

作为沟通日本东西部的重要水道，津轻海峡和宗谷海峡、对马海峡一起，被称为日本海通往太平洋的三道大门，津轻海峡是其中至关重要的"中大门"。从地图上看，日本列岛就像是南北蜿蜒的长蛇，津轻海峡正位于其"七寸"之上，将北海道岛和本州岛两个日本最大的岛屿分割开来，其战略意义与交通价值一目了然。津轻海峡成为日本西海岸进入太平洋最便捷的海峡，也是日本东西海岸间交通最便捷的航道。

津轻海峡略呈东北—西南走向，东以本州岛的下北半岛尻屋崎到北海道岛的龟田半岛惠山岬连线与太平洋为界，西以本州岛的津轻半岛龙飞崎到北海道岛的松前半岛白神岬连线与日本海为界。东西长约 100 千米，最宽处达 55 千米，最窄处位于本州岛的大间崎与北海道岛的汐首岬之间，宽 18.52 千米。中央大部水深约 200 米，最深处位于大间崎以东，深 449 米。海底地形复杂，本州岛的下北半岛沿岸水深 40～70 米。西界处有两个南北延伸的凸起部，其东侧水深约 130 米，西侧水深约 170 米。两个凸起部之间有 3 个海盆，自东向西最大水深分别约为 251 米、344 米和 398 米。自海峡东部到中部有水深逾 200 米的海底峡谷。海峡两岸岬角及西口附近的小岛等助航标志明显，视线良好时舰船可昼夜通航。沿岸大部为丘陵地，平均海拔 500 米。岸线曲折，多岬角和港湾。

津轻海峡属温带海洋性气候，年平均气温约 9℃，是日本海北部唯一的全年不封冻的海峡。春、夏季多东南风，冬季多西风和风暴，强风风向以西至西北风最多。由东北方进入日本海的偏东风常突然发生，风力强劲并伴有雨雪，影响在海峡内的舰船航行。春末至夏季常有雾，以 6、7 月最多，雾常发生在东北至西南风时，以偏南风时发生最多。

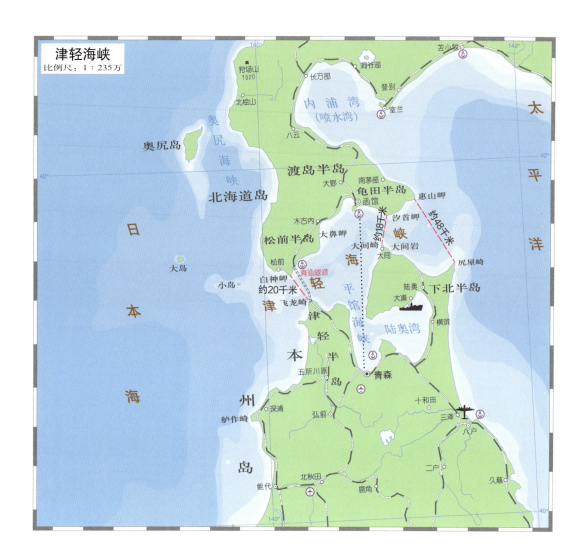

津轻海峡
比例尺：1：235万

世界上最长的海底隧道

　　津轻海峡横亘于北海道岛和本州岛两大岛之间，水深流急、海况复杂，成为日本南北交通的"天堑"。以往往返本州和北海道两地的旅客和货物，除飞机外，只能依靠海上轮渡。从青森到海峡对岸的函馆，海上航行需要4.5小时。到台风季节，海运至少每年要中断80余天。复杂的海况也使这里海难频发，人们迫切希望海峡两岸能有更经济、更方便的交通运输方式，青函隧道工程的设想应运而生。

1964 年 5 月，青函隧道用于调查地质环境的坑道开始动工挖掘。经过 7 年的海底科学考察，专家们最终选定了安全的隧道位置。1971 年 4 月，主坑道正式动工开挖。经过 12 年的施工，1983 年 1 月 27 日，南起青森县（今别町滨名），北至北海道知内町汤里的世界

从青森渡轮码头出发的津轻海峡渡轮"蓝海豚"号

上最长的海底隧道——青函隧道的先导坑道终于打通。1988 年 3 月 13 日，青函隧道正式通车。电气化列车从海底通过津轻海峡只需约 30 分钟。隧道主体位于海床下 100 米，全长 53.85 千米，高 9 米，宽 11 米，海底部分长 23.3 千米，最深处顶部至水面距离 240 米。隧道的建成使东京—青森高速铁路延至北海道，将本州岛与北海道岛连为一体，成为贯穿日本南北的战略交通大动脉。

美日重兵把守的海峡

作为一个群岛国家，日本早就意识到海洋对国家的重要性。自明治维新后，日本就开始执行"以岛控海"的战略。包括津轻海峡在内的多个海峡成为日本控制的重点。日本在津轻海峡两岸建立了许多军事要塞，如大凑海军基地、三泽空军基地等。到冷战时期，美国在太平洋方向依托日本列岛构建起东北亚基地群。津轻海峡更是成为美日两国布防的重点海域。冷战结束后，美日两国仍不断强化在日本北部地区的军事部署，在津轻海峡两岸布设了严密的侦察监视网和大量进攻性的军事力量。未来，作为美国在太平洋地区的军事行动的重要依托，津轻海峡的战略价值将愈发重要。

东北亚地缘政治的"命门"
朝鲜海峡

2014年5月16日，以"瓦良格"号导弹巡洋舰为首的俄罗斯太平洋舰队编队在朝鲜海峡纪念俄日对马海战中丧生的俄罗斯海军。1904年至1905年在朝鲜海峡爆发的俄日对马海战中，日本舰队击溃了俄罗斯舰队，5000余名俄罗斯海军在战斗中失去了生命。

朝鲜海峡位于朝鲜半岛东南部与日本九州岛、本州岛之间，是北太平洋西缘连接日本海和东海、黄海的水道。海峡向东北通过日本海经津轻海峡、宗谷海峡（拉彼鲁兹海峡）、鞑靼海峡等达鄂霍次克海和太平洋，向东出九州岛和本州岛间的关门海峡及濑户内海至太平洋，向西经济州海峡与黄海相通，向西南直抵东海，是日本海的"南大门"。

朝鲜海峡	
位　　置	朝鲜半岛与日本本州、九州岛之间
峡岸国	韩国和日本
沟通海域	日本海与黄海、东海
峡　　长	约300千米
峡　　宽	约180千米
水　　深	50~100米
气　　候	亚热带季风气候
港　　口	釜山、关门港、福冈、佐世保
军事基地	釜山、镇海、木浦、济州

日本海"南大门"的地理形势

　　日本海是西北太平洋最大的边缘海，连接日本海和东海、黄海的朝鲜海峡是名
副其实的日本海的"南大门"。海峡呈东北—西南走向。长约 300 千米，宽约 180 千米。
一般水深 50 ~ 150 米。

　　朝鲜海峡海底属平缓的大陆架地貌，起伏较小，进出口附近及朝鲜半岛一侧较
平坦。五岛列岛南部为深海盆，边缘陡深，水深达 800 米。海峡西南口地势平缓，
济州岛附近海底起伏较大；海峡东北口坡度较大，向日本海方向深度增加较快。海

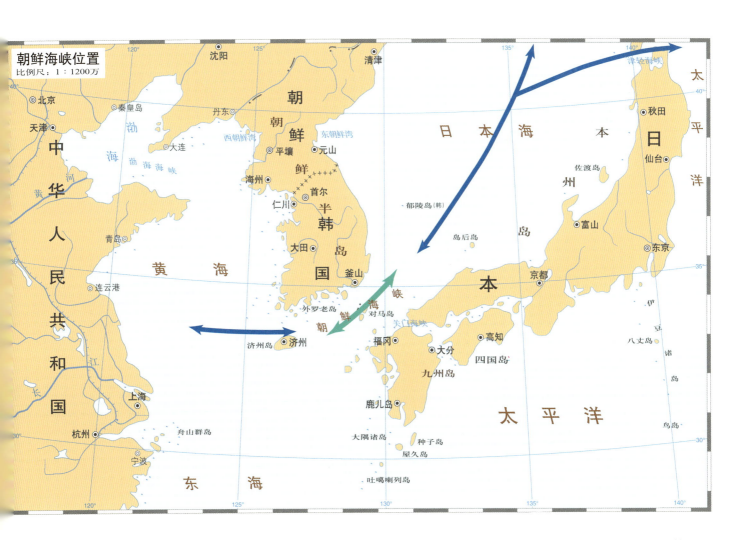

朝鲜海峡位置
比例尺：1：1200万

海峡呈东北—西南走向，两端开阔，航路畅通。日本的对马岛位于海峡中部，将海峡分为两条水道：朝鲜半岛与对马岛之间的水域称西水道或釜山海峡，宽约46～67千米，平均水深约90米，最深处位于对马岛西北方舟状海盆内，水深228米；对马岛与九州、本州岛之间的水域称东水道，宽约98千米，平均水深约50米，最深131米。东水道内的日本壹岐岛又将东水道分成两部分：对马岛与壹岐之间的水域称对马海峡，长约222千米，宽46.3千米，最深处约120米；壹岐岛与九州岛之间的水域称壹岐水道。

峡两侧沿岸海底起伏，地形复杂，多岩礁、浅滩及洼槽。海峡中岛屿密布，主要岛屿有韩国的巨济岛、南海岛、突山岛、巨文岛、鸿岛、济州岛等，日本的对马岛、壹岐岛、五岛列岛、冲岛和平户岛等。对马岛由上、下岛组成，多山地，地形复杂，岸线曲折多湾，有多处避风泊地，是控制海峡的重要岛屿。

复杂的海洋水文环境

朝鲜海峡地处亚洲东部季风区，属亚热带季风气候。季风显著，四季分明。对马暖流通过海峡，对海峡气候影响大，常年温暖多雨。冬季盛行北风和西北风，风力较强，常有寒潮入侵，寒潮期常有大风和阴雨天气。1 月海面常突然出现强风，风速可达 30 米 / 秒。春季风较弱，天气变化较大，多雾，能见度差。夏季多南风和西南风，风力较小，6 ~ 7 月多雾，能见度差。6 ~ 9 月为台风季节，风速可达 45 米 / 秒。秋季多北风和东北风，能见度好。海峡内潮汐多为半日潮。自东北向西南潮差逐渐增大。海峡西南口潮差最大约 3.1 米。涨潮流向西南，落潮流向东北，平均大潮流速 1 ~ 1.5 节，月赤纬最大时大潮东北流流速逾 2.5 节。沿岸狭窄水道中潮流流速很强，韩国西南端珍岛和右水营半岛之间，流速达 9 ~ 11 节。海峡西南部复杂的海洋水文环境，对舰船活动影响很大。不熟悉海峡水文环境的船只很容易受潮汐影响搁浅。历史上著名的万历朝鲜战争中，在鸣梁海战和露梁海战两次至关重要的海战中，中朝联军正是有效利用朝鲜海峡西

鸣梁海战中，中朝联军有效利用朝鲜海峡西南部狭窄水道的复杂海洋环境，取得了最终胜利

南部狭窄水道的复杂海洋环境，取得了最终胜利。

海峡内有对马暖流和日本海流流经，以对马暖流为主。

东北亚海上交通要冲

朝鲜海峡地处东北亚海上交通要冲，既是朝鲜半岛东、西两岸海上联系的必经之路，又是日本列岛与亚洲大陆联系的海上便捷通道。朝鲜半岛多山，半岛东西海岸陆上联系多需要跨过半岛上的诸多山脉，海上交通则必须经过朝鲜海峡。朝鲜海峡还是由中国东海、黄海进出日本海直达北太平洋和北冰洋的重要海上

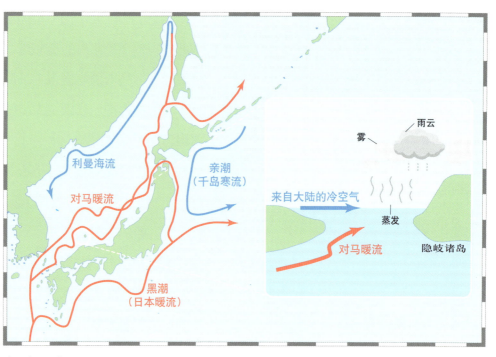

对马暖流示意图

对马暖流

对马暖流又被称为"黑潮"，是影响西北太平洋海域最重要的暖流。由于海水温度高、盐度高造成海水的颜色深，从远处或空中看上去就像是一条黑色的飘带，因此得名"黑潮"。日本海流为寒流，自东北流向西南，主要一支距韩国海岸 37 ~ 65 千米，宽 18.5 ~ 37 千米，表面平均流速 0.6 节。对马暖流与日本海流在海峡中流向相反，受潮汐影响，海流复杂，形成许多旋涡式环流和不同水体的分界面。黑潮自西南流向东北，经朝鲜海峡进入日本海，在朝鲜海峡由济州岛东南方流向对马岛，在对马岛南端分别进入釜山海峡和对马海峡，最大流速超过 2 节。强大的黑潮对海峡内航行的潜艇有重要影响，潜艇利用黑潮，顺黑潮流向潜航，可降低噪声、增加潜艇的隐蔽性并增大水下航行速度，有效突破敌人封锁。在第二次世界大战期间，美国海军成功利用这一特点，发动了"巴尼行动"，派遣潜艇编队，有效利用黑潮的掩护，从对马海峡潜入日本海，击沉了 28 艘日本船只，包括 1 艘潜艇和 1 艘驱逐舰，总吨位共计 57508 吨，自己仅损失了 1 艘潜艇，从宗谷海峡成功驶出日本海，进入太平洋，全身而退。

航运线。从中国沿海各港口出发，经朝鲜海峡穿过日本海后，或经津轻海峡进入太平洋，将货物运往北美西海岸各港口；或经宗谷海峡，穿过鄂霍次克海进入北太平洋，经北冰洋航线将货物运往俄罗斯或北美北欧各国。

东北亚地缘政治的"命门"

朝鲜海峡重要的战略地位，使得海峡在东北亚地区乃至全球地缘政治中都具有重要的作用，堪称影响东北亚地区地缘政治的"命门"，历来是军事上的必争之地。

16 世纪末发生的万历朝鲜战争，又称万历朝鲜之役、万历援朝战争，朝鲜和韩国称壬辰卫国战争或壬辰倭乱。侵朝日军于 1592 年和 1597 年两次通过朝鲜海峡，经对马岛在釜山登陆，入侵朝鲜半岛。1592 年，日本太政大臣丰臣秀吉统一日本后，以朝鲜拒绝攻明为由渡过朝鲜海峡入侵朝鲜。明朝派著名将领李如松统领大军赴朝

龟船

抗日，中朝联军击败日军。1597 年正月，日军 14 万大军再次渡过朝鲜海峡入侵。明朝调 7 万大军赴朝救援。中朝联军在陈璘、邓子龙、李舜臣等将领指挥下，大获全胜，日军几乎全军覆没。在朝鲜海峡进行的鸣梁海战和露梁海战两次著名海战中，中朝联军有效利用了朝鲜半岛西南部海峡地形复杂、岛屿星罗棋布，水道纵横交错，潮差大、潮流复杂，涨潮时水势汹涌，退潮时水位猛降，大片浅滩迅速露出水面，舰船容易搁浅等特点，充分发挥了明朝水军舰船火力强大以及朝鲜水军新制造的性能先进的"龟船"的优势，彻底击垮了日军。万历朝鲜战争对当时东亚的政治军事格局有着深远影响。此役是明朝对外战争最后的辉煌，不仅保卫了朝鲜半岛，还进一步巩固了中朝友谊。朝鲜从亡国到复国。日本元气大伤，此役奠定了之后 300 年东亚的和平局面。

当历史来到 20 世纪初，朝鲜海峡又一次发生了决定东亚地缘政治局面的关键战争——对马海战。日本在甲午战争胜利之后，在侵占中国和朝鲜半岛上问题，与老牌殖民国家沙皇俄国形成了尖锐的矛盾，最终演化成了日俄战争。1905 年日俄两国海军在朝鲜海峡中的对马海峡展开了一场殊死较量，以日方大获全胜而告终。俄国第二太平洋舰队 2/3 的舰只被摧毁，几乎全军覆没，而日方仅损失三艘鱼雷艇，成为世界海战史上参战双方损失最为悬殊的海战之一。

对马海战的影响巨大，海战结果充分证明了阿尔弗雷德·赛耶·马汉的海权学说，并再次证明了战列舰在海战中无可替代的霸主地位，深刻影响了海军技术的发展，由此催生了无畏型战列舰和战列巡洋舰，将大炮巨舰主义推向巅峰。在世界地缘政治上，对马海战直接左右了俄国、日本两个国家的命运。从此，曾经处于世界前列的俄国海军一蹶不振，日本则从此进入了世界海军强国的行列，成为远东地区首屈一指的海上强国。此战也为日本此后走上侵略亚洲的帝国主义扩张道路奠定了基础。

中国东部进出太平洋的主要通道

大隅海峡

大隅海峡

位　　置	日本九州岛与大隅诸岛之间
峡 岸 国	日本
沟通海域	东海与太平洋
峡　　长	约24千米
峡　　宽	33千米，最窄处28千米
水　　深	一般80~150米
气　　候	亚热带海洋性气候
交　　通	黄海、渤海、东海沿岸各港东出北太平洋的重要通道
港　　口	鹿儿岛港、鹿屋港、西之表港

2023年3月25号到26号，在亚丁湾护航半年后，解放军第42批护航编队的淮南舰、日照舰以及可可西里湖舰，穿越大隅海峡，返回东海。此时美军尼米兹号核动力航空母舰及其打击群中的其他水面舰艇，也在大隅海峡与东海之间反复横跳，距离我国的护航编队很近。2023年4月，中国海军815型电子侦察船穿航大隅海峡，从太平洋进入东海，完成环日本航行；2023年6月29日至30日，中国海军052D型导弹驱逐舰包头舰与075型两栖攻击舰广西舰从大隅海峡向东航行进入太平洋。日方首次确认解放军两栖攻击舰通过该海域，突破"第一岛链"。

大隅海峡是日本九州岛的大隅半岛与大隅诸岛之间的水道，连接太平洋与东海。为东海、黄海沿岸港口与日本东岸港口间通行的海上要道，是所谓"第一岛链"的重要海峡，也是美国第7舰队的常用航道。

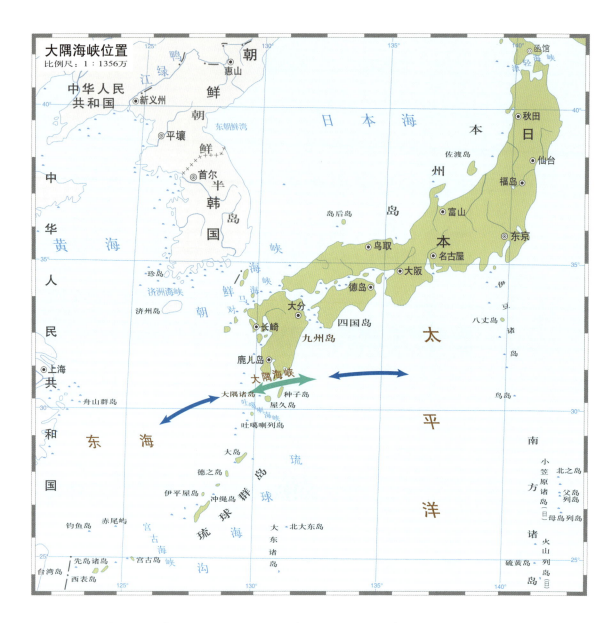

大隅海峡位置
比例尺：1∶1356万

海峡呈东北—西南走向，长约24千米，宽约33千米，最窄处位于竹岛（韩国称"独岛"）与大隅半岛的佐多岬之间，宽约28千米。一般水深80～150米，多泥、沙、贝、珊瑚底。除沿岸有礁石外，无碍航物，宜于各类舰船通航和潜艇水下航行。海峡北岸介于大隅半岛东南岸佐多岬至火崎之间，多300～600米高的丘陵，除部分沙质岸外，海岸峻峭，沿岸陡深；南岸为大隅诸岛，海岸险峻。大隅海峡属亚热带海洋性气候，11月至翌年3月多西北风，其他月份多东风，初秋常有风暴，7～10

月多台风，年平均降水量约 2000 毫米，一般自 6 月份开始进入雨季，阴雨天最多可连续 30 ～ 60 天。雨季结束后，常有较强的西南风。3 ～ 7 月有雾，能见度较差，对海上航行有较大影响。

佐多岬位于日本本土最南端

良港密布的重要海域

海峡南侧，自西向东分别有口永良部岛、屋久岛、马毛岛、种子岛等岛屿。沿岸多港湾，主要港口有喜入、鹿儿岛、鹿屋、大泊、宫崎、硫黄岛、西之表、岛间、一凑等，其中海峡北岸鹿儿岛湾内的鹿儿岛港扼海峡西南口，可靠泊万吨级舰船。第二次世界大战中，鹿儿岛港与鹿儿岛湾东岸的鹿屋港曾为日本著名军事基地，驻泊有大量海军舰船。海峡南岸的西之表港、一凑港可靠泊 5000 吨级以下舰船。大隅半岛至种子岛、奄美大岛之间有海底电缆通过海峡。海峡东口北侧的内之浦和南侧的种子岛，为日本著名的两个航天发射中心。其中，内之浦航天中心旧称日本鹿儿岛航天中心，是日本空间和宇航科学研究院所属的火箭发射中心，建有世界上罕见的山地发射台。航天中心的火箭发射设施、遥感勘测设施、火箭与卫星指挥所和光学观测站都是建造在几座被铲平的山顶上。种子岛宇宙中心是日本最大的宇航研究中心和航天发射中心，主要任务包括人造卫星的组装、测试、发射和测控等。

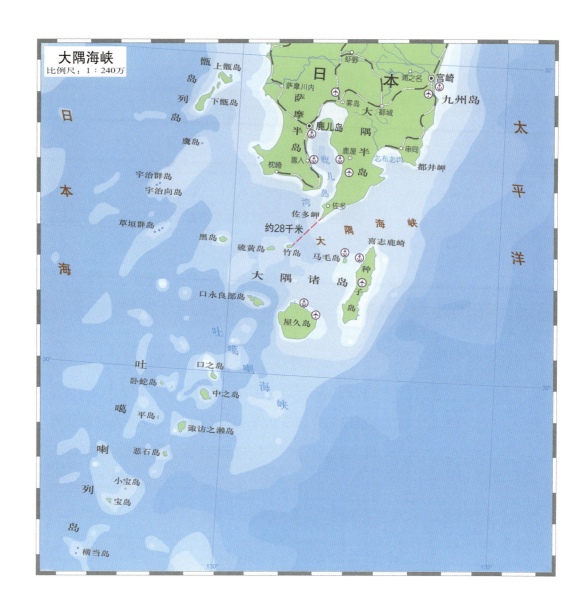

大隅海峡
比例尺：1：240万

甑岛列岛
上甑岛
下甑岛
鹰岛

日本海

宇治群岛
宇治向岛
草垣群岛

黑岛
硫黄岛
口永良部岛

吐噶喇海峡

口之岛
卧蛇岛
中之岛
平岛
诹访之濑岛
恶石岛

小宝岛
宝岛

横当岛

日本
虾野
浦之名
宫崎
萨摩川内
雾岛
大都城
九州岛
鹿儿岛
萨摩半岛
鹿屋半岛
串间
喜入
鹿儿岛
都井岬
枕崎
鹿儿岛湾
志布志湾
佐多
佐多岬
约28千米
大隅海峡
喜志鹿崎
竹岛
马毛岛
种子岛
大隅诸岛
屋久岛

太平洋

从东海进出西北太平洋的重要国际航道

　　大隅海峡属于非领海海峡，但完全处于日本的专属经济区内。虽然大隅海峡宽度小于24海里，按照国际上12海里领海宽度的惯例，日本政府完全可以将大隅海峡划为自己国家的领海，这样他国军用舰艇就不得擅自驶入了。但是日本政府为了在规避"无核三原则"（即不制造、不拥有、不运进核武器）的情况下，不影响美军的通行方便，将包括大隅海峡在内的五处本可以划为领海的海峡做了领海宽度为3海里的特殊规定，留下非领海的水道，可供携带核武器或者具备核动力的美军舰艇自由出入。这样一来，母港位于横须贺的美军第7舰队的舰船进出东海、黄海就不需要向南绕行到冲绳岛西南，而是可以直接由大隅海峡进入。日本人此举为美国军舰留下方便的同时，也方便了世界各国舰船航行。海峡中央为国际航道，根据《联合国海洋法公约》，外国舰艇和飞机可以自由通行。因此，大隅海峡既是美海军第7舰队的常用航道，又是中国舰船进出太平洋的主要通道。

美日倾力打造封锁海峡的"不沉航母"

海峡南侧的马毛岛长4千米、宽2千米，面积约8平方千米，地形较为平坦，是日本第二大无人岛，适合改造成军用机场。该岛处于大隅海峡中，对于控制大隅海峡具有重要意义，距离本州岛最南端的驻日美军岩国基地大约400千米，距离位于冲绳的驻日美军普天间基地大约500千米，与这些基地交相呼应，地位重要。

日本政府从2007年前后开始关注马毛岛。2011年6月在华盛顿举行的美日外长和防长的"2+2"会谈上，美日双方确认将把马毛岛作为美军航母舰载机陆上起降训练场的候选地。2020年8月，日本防卫省公布了马毛岛自卫队基地部署方案，岛上将新建两条交叉布局的跑道，一条全长2450米的主跑道和一条供在逆风时使用的长1830米的副跑道，还包括码头、弹药库等军事设施。根据开源信息显示，目前马毛岛基地主体工程已经基本完成。

马毛岛军事基地的建设不仅将进一步强化日美同盟，还可加强日本西南方向的战略部署。正如日本内阁官房长官菅义伟所说："购买马毛岛极为重要，有助于加强日美同盟的威慑力以及日本的防卫能力。"

马毛岛不仅将被用作美国海军航母舰载机的训练基地，还将供美军其他战机使用，如美军驻冲绳县普天间基地的"鱼鹰"倾转旋翼机。同时，凭借较大的面积，该基地将会驻扎更多美军兵力，并配备P-3C反潜巡逻机。美国"里根"号航母上的航空兵或将成为该岛的首位"主顾"。据外国媒体日前报道，马毛岛未来可能会成为美海军在亚洲的"不沉航母"。此外，日本海上自卫队也可充分利用马毛岛上的设施，训练自身的F-35B舰载机联队，进一步提高出云级准航母的战斗力。在必要的情况下，马毛岛的航空兵训练基地可随时转变为战机的作战出发基地，从而成为日本在西南方向的重要战略支柱。在美日两国"通力协作"下，马毛岛不但被打造成一座集舰载机训练、登陆演习、物资保障等功能于一体的封锁大隅海峡的"不沉航母"，也成为美军插入东亚地区的一个重要军事基地，不仅可以成为美军和日本自卫队的日常训练基地，还可以迅速转变为战时基地，用以加强西太平洋地区的海上控制权。

马毛岛

"第一岛链"中最宽的海峡

宫古海峡

　　2022 年 12 月 7 日，据日本防卫省通报，中国海军"辽宁"舰编队穿越冲绳本岛和宫古岛之间的宫古海峡，前往西太平洋地区。此次"辽宁"舰携 055 驱逐舰"鞍山"舰、"无锡"舰、052D 驱逐舰"成都"舰、054A 导弹护卫舰"枣庄"舰以及 901 型补给舰"呼伦湖"舰组成的海上编队，经宫古海峡进入太平洋，日本方面全程派舰机进行跟拍。2023 年 7 月 18 日，中国海军 052D 型导弹驱逐舰"厦门"舰和 054A 型导弹护卫"扬州"舰由东海穿越宫古海峡进入太平洋时，日本海上自卫队出动位于那霸基地第 5 航空群的一架 P-3C 反潜巡逻机对中国海军舰艇进行了警戒监视和情报搜集。中国军舰合法合理地航行穿越宫古海峡，为什么会引起日本的监视甚至干扰呢？这与宫古海峡的重要位置有关。

　　宫古海峡是位于日本西南部太平洋琉球群岛中的冲绳岛和宫古岛之间连接太平洋与东海的水道，又称宫古水道、宫古 - 冲绳公海水道，是东亚地区中国、朝鲜、韩国和日本西部各港口进入太平洋的海上要道。

宫古海峡位置
比例尺：1：1356万

构造运动形成"深沟"

　　宫古海峡不但宽阔，而且海域水深较深，一般水深在100～500米之间，最大水深超过1000米。海峡是构造运动形成的天然"深沟"。海峡东北侧海底为一巨大的东、西向断裂的构造带，断裂带的西南侧下沉成为庆良间峡谷，深度接近2000米。西北侧的冲绳海槽和东南侧的琉球海沟深度都在1800米以上。海峡中无岛屿，仅有

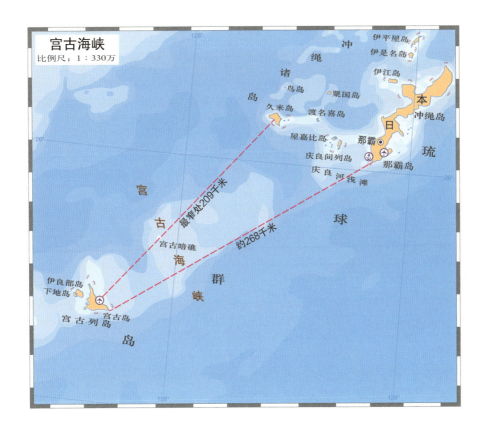

3 处面积较大、水深较浅的浅滩。最大的一处浅滩位于海峡中央略偏西南处，南北长约 76 千米，东西最宽约 53 千米，一般水深在 100 米以上，西侧最浅处水深仅 24 米。浅滩和宫古岛之间有宽约 26 千米、水深 350 米以上的深水航道，是宫古海峡的主航道。宫古海峡属亚热带海洋性气候，全年气温较高，平均气温 1 ~ 2 月 18℃，7 月 28 ~ 29℃。年平均降水量 2200 毫米。冬季以北风为主，夏季以南风为主。

"第一岛链"的天然缺口

"岛链"这一说法来源于二十世纪五十年代美国国务卿杜勒斯提出的岛链战略。其意图是凭借在东亚大陆外围的一系列岛弧上布设军事基地，将天然的岛弧变成"链条"，封锁大陆上的苏联、中国和朝鲜等社会主义国家。美国著名军事家道格拉斯·麦

克阿瑟将军甚至把"第一岛链"称为对付社会主义国家"不沉的航空母舰"。琉球群岛是围堵中国、俄罗斯和朝鲜等国家的"第一岛链"的重要部分。宫古海峡作为琉球群岛诸海峡中最宽的一个海峡，宽约268千米，平均宽度相当于台湾海峡的两倍，因此成为"第一岛链"上的天然缺口。

美日紧盯的国际海峡

宫古海峡水域宽阔，即使是位于宫古岛与久米岛之间的最狭窄处宽度也有113海里，这一距离远大于海峡两岸领海宽度之和，因此，海峡内除南北沿岸各12海里海域为日本领海外，其他海域均为专属经济区，各国舰艇均可自由航行，潜艇也可以水下潜航通过。

　　宫古海峡是日本至东南亚、东亚各国至美洲和大洋洲常用的海上通道，也是中国近海进出太平洋的经济便捷的海上通道。近年来，随着中国海空军远洋训练活动的增多，中国海空军正常经宫古海峡进出太平洋的航行活动也日渐增多。但日本一直将宫古海峡视为自己的"西南门户"，不愿意他国自由通行。为此，日本联合美国在海峡两岸的岛上均部署了海空军事基地，在海峡北侧的冲绳岛上建有琉球群岛中最大的军商港——那霸港，以及海军基地金武中城湾，在海峡南侧宫古列岛中的下地岛上建有机场。美日两国时刻"紧盯"海峡内的船只。

宫古海峡

位　　置	冲绳岛和宫古岛之间
峡 岸 国	日本
峡　　宽	209~268 米
水　　深	一般 100~500 米，最大水深超过 1000 米
气　　候	亚热带海洋气候
港　　口	那霸港
军事基地	那霸
	金武中城湾

那霸港

美海军进出南海的主要通道
巴士海峡

自 2023 年以来，美国和菲律宾不断传出消息，称要在巴坦群岛建设港口设施。2023 年 8 月 30 日，路透社援引多名菲律宾官员报道称，美国军方正与菲律宾就在巴坦群岛建设港口进行谈判。此前，美菲两国军队曾多次在巴坦群岛开展空降、突击等演练。虽然菲律宾称，在巴坦群岛开发新港口的目的是在"台海有事"时从台湾撤离菲律宾劳工，但在如此关键的岛屿上，由菲律宾和美国军方协调制定计划，由美国出资建设港口，其背后的军事意图不言而喻。

巴坦群岛是巴士海峡中最大的群岛，北临巴士海峡，南临巴林塘海峡，距离中国台湾岛不足 200 千米，是控制巴士海峡的"锁钥之地"。巴坦群岛的港口建成后，军舰只需要 3 个小时左右就可以抵达台湾岛南端，美军在台湾周边

巴士海峡

位　　置	中国台湾岛与菲律宾吕宋岛之间
峡 岸 国	中国、菲律宾
沟通海域	南海与太平洋
峡　　宽	平均 185 千米
水　　深	2000~5000 米
气　　候	热带海洋性气候
交　　通	主要航线：雅加达、新加坡、马尼拉 - 东北亚，香港、广州 - 夏威夷、美洲、大洋洲

地区的军事部署将得到显著增强，控制巴士海峡，提前布局台海的战略意图明显。美菲此举无疑将会导致地区局势紧张。

2023 年 10 月 26 日，巴士海峡成为世界焦点，中美两国海军航母编队在巴士海峡"擦肩而过"。卫星图片清晰显示，我山东舰航母编队从南海出巴士海峡，驶入西太平洋，与此同时，美国"里根"号航母打击群穿越巴士海峡，进入南海。这一事件引发了国际社会的广泛关注，也凸显了巴士海峡的地缘战略价值。

巴士海峡是中国台湾岛与菲律宾巴坦群岛之间沟通南海与西太平洋的水道，为台湾岛与吕宋岛之间诸海峡中最北端的海峡。海峡南隔巴坦群岛和巴布延群岛与巴林塘海峡、巴布延海峡并列，有时会被一起称为"三巴"海峡或吕宋海峡。巴士海峡是南海和太平洋的天然分界线，也是两者间的重要通道。

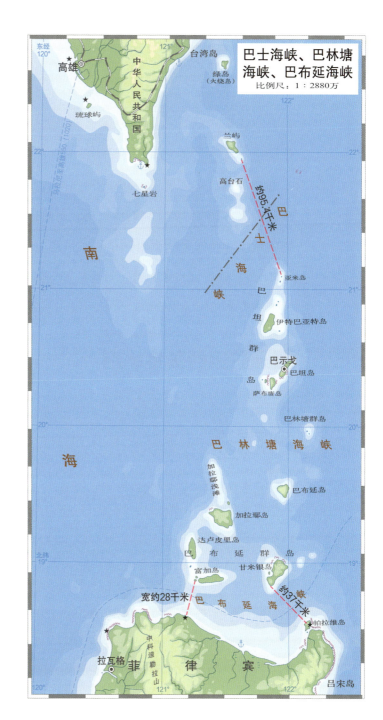

太平洋台风西进的主通道

巴士海峡呈东西走向，平均宽 185 千米，最窄处位于巴坦群岛北端亚米岛和台湾岛东南方兰屿之间，宽 95.4 千米。大部水深 2000 ~ 5000 米，最深 5126 米。海底地形起伏变化很大，主要是华南大陆坡向东延伸，附近兰屿海脊、台东海槽、华东海脊和北吕宋海槽平行分布，海脊水深在 2400 ~ 2600 米之间，海床沉积物以粉砂质为主。海峡地处北回归线以南，属热带海洋性气候，常年高温多雨、季风盛行、雷暴较多、台风影响频繁，是西太平洋生成的台风西进亚洲的主要通道。每年 7 月至 11 月，常有强台风经过，对海峡地区及中国东南沿海影响很大。

国际航运的黄金水道

巴士海峡的宽度和水流都十分适合航行，虽然每年的 7 月到 11 月是台风季，而且周围群岛时有地震发生，但由于特殊的地理位置，巴士海峡仍旧是多条国际航线必经的通道。从新加坡、雅加达、马尼拉等东南亚港口通往东北亚，从广州、香港到夏威夷、美洲的船只，大都经过巴士海峡，特别是日本从中东、非洲和东南亚地区进口的石油和其他战略物资均需经过巴士海峡运到日本。

国际海底电缆最密集的海域之一

随着现代信息技术的发展，海底电缆作为重要的信息基础设施，承担了全世界 95% 以上跨国通信传输任务。由于海底电缆一般不能通过台湾海峡，巴士海峡成为国际海底电缆最为密集的区域之一。2006 年 12 月，我国台湾恒春发生地震，导致途经巴士海峡的中美海缆、亚太 1 号、亚太 2 号、亚欧 3 号等多条国际海底通信电

海底电缆

缆发生不同程度的中断，造成东南亚、中国、美洲、欧洲的互联网访问受到很大影响，对电子商务和金融等领域也带来巨大影响，引发的经济损失难以估量。

潜艇行动的理想海域

巴士海峡独特的海洋环境条件使其成为潜艇行动的理想海域。一方面，巴士海峡深度大、海域宽阔，能够为潜艇机动和作战行动提供足够的空间。另一方面，巴士海峡大风浪天气多，波浪和海流会影响搜潜声纳的投放和回收，也会造成声纳较大的位移以及影响声纳信息的传送，复杂海况还会影响搜反潜飞机的起降和水面舰艇航行。最特别的是，由于巴士海峡海水表层温度终年较高，一般在 25 ～ 29℃，随着海水深度的增大与太阳光照射的减少，表层以下水温急剧降低，产生温度跃层，从而引发声速跃层。在该海域活动的潜艇只要潜到一定深度，在海面上执行搜潜、

潜艇行动

反潜等任务的船只就会很难探测到潜艇。总之，巴士海峡的这些海洋环境特征，为潜艇活动提供了有利条件。

海空兵力进出印太两洋的主要通道

巴士海峡是美国第七舰队和俄罗斯太平洋舰队途经南海进出印度洋和太平洋的重要航道。战时，更是舰艇调动的常用航道。1904 ~ 1905 年日俄战争期间，俄国的第二、第三太平洋分舰队就是从波罗的海经非洲西岸、印度洋、马六甲海峡，过巴士海峡到日本的。第二次世界大战期间，1941 年 12 月，日本以台湾岛为前进基地，经该海峡在巴坦岛、吕宋岛登陆，侵占菲律宾。日本还曾经过该海峡占领香港，进军泰国、马来西亚和印度尼西亚等地。据不完全统计，近五年来，美舰艇进入南海，80% 以上均经由巴士海峡。仅 2023 年一年，美国航母打击群 11 次进出南海，其中有 9 次使用了巴士海峡。巴士海峡成为美海军进出南海的主要通道。

连接西太平洋和东北印度洋的海上"咽喉"
望加锡海峡

望加锡海峡

位　　置	加里曼丹岛与苏拉威西岛之间
峡 岸 国	印度尼西亚
峡　　长	约 710 千米
峡　　宽	120~398 千米
水　　深	60~3392 米
气　　候	热带海洋性气候
港　　口	望加锡（乌戎潘当）、巴厘巴板和栋加拉
军事基地	望加锡海空军基地，巴厘巴板空军基地

2023 年 6 月 5 日到 6 月 8 日，望加锡海峡开展了为期 4 天的"科莫多—2023 多国海上联合演习"。此次演习为非战争军事训练，多国海军舰艇围绕海上拦截、海上搜救、损害管制等科目展开海上联合演习。演习规模盛大，多达 49 国参演，其中有 36 国派出了海军舰艇。我国对此次演习高度重视，派出的湛江舰、许昌舰，都是如今中国海军的当家主力战舰。其中，湛江舰在 5 月中旬还参加了马来西亚第十六届兰卡威国际海事航空展，向国际社会展现了中国在海洋安全和合作中扮演的积极角色。属于 054A 型护卫舰的许昌舰，是中国自主研制生产的新型导弹护卫舰，它曾先后执行过数十项演习演训等重大任务，是中国海军的主力舰。

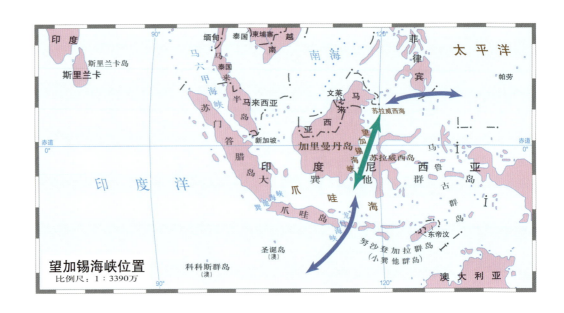

望加锡海峡位置
比例尺：1：3390万

　　望加锡海峡位于亚洲东南部大巽他群岛中的加里曼丹岛与苏拉威西岛之间，连接苏拉威西海与爪哇海，是连接西太平洋和东北印度洋的交通要冲，地理位置重要。该海峡位于印度尼西亚群岛海域内，是太平洋西部与印度洋东北部之间的重要海上通道，航道水深，便于大型船舶通航。大型军舰和商船常由此海峡通过，是马六甲海峡的理想替代航道。

自然形成的优良航道

　　望加锡海峡得名于海峡东岸苏拉威西岛西南部的著名城市望加锡城（乌戎潘当），该城是印度尼西亚南苏拉威西省首府，也是苏拉威西岛上最大的城市。

　　望加锡海峡基本呈南北走向。长710千米，宽120～398千米，水深60～3392米。底部多泥、沙及珊瑚。深水航道靠近苏拉威西岛一侧，宽40千米，水深930～3392米。

望加锡海峡

比例尺：1∶507万

加里曼丹岛

丹戎塞洛
伊布斯岛
瑟比嘎角
班让岛
马拉图阿岛
丹戎勒德布
潘太河口
卡卡班岛
果宋甘岛
苏拉威西海
伯鲁布角
桑比岛
比朗比朗岸岛
布阿亚布阿亚岛
达朗岸岛
大卡尼翁岸角
卡贝坦岛
芒卡利哈角
约140千米
阿鲁斯角
布鲁瑟特巴角
恩加耀河
大米昂岛
比腊比腊汉岛
图古安岛
丹佩拉斯角
巴索索岛
马宁巴亚角
帕路阿河
哈伦河
三马林达
达马隆角
托米尼湾
卡朗角
巴焦尔角
帕卢
伯马隆角
巴厘巴板
帕桑卡尤角
印度尼西亚
马鲁阿特角
芝诺卡角
达普兰角
拉勒雷角
苏拉威西群岛
阿帕尔湾
桑艾岛
阿鲁岛
巽巴拉巴朗岸群岛
瑟罗昂岛
帕索湖
萨马达哈岛
帕穆坎湾
卡兰普昂角
马穆朱
巴蒂卡拉角
卢木卢木岛
翁哥纳角
帕洛波
托武落湾
惹内角
拉里拉连岛
塞布库岛
散伯格拉普群岛
曼达尔湾
波尼湾
劳特岛
拉亚角
巴里巴里
桑巴加朗岛
嘎朗岸岛
瓦坦波尼
劳特克芝尔群岛
卡波波桑岛
帕蒂罗角
卡达蓬岸岛
桑卡朗群岛
利马群岛
马拉森德岛
望加锡
萨巴鲁岛
卡卢卡卢匡岛
（乌戎潘当）
2876
大多昂多昂岸岛
隆波巴唐山
爪哇海
莱康角
萨拉亚尔海峡
萨拉亚尔岛
弗洛勒斯海
帕西岛
班达海

群岛海道中心线

望加锡海峡

约407千米

海峡宽阔，水深很深，即使世界上最大的船只在此航行也不受任何影响，各类潜艇均可以安全潜航。1960年春，美国大型核动力潜艇"海神"号水下环球航行，即由该海峡通过。

望加锡海峡北段（南纬2°以北）海底地形相对较为简单。大部分海域水深大于1000米，最深达2953米。海峡北口外是苏拉威西海盆，水深迅速下降至5000米。海峡南段海底地形比较复杂。中部有巴拉巴朗岸群岛，南口附近还有利马群岛、劳特克芝尔群岛等，还有一条从加里曼丹岛东南部向海峡中部延伸约400千米宽的大浅滩。海峡属热带海洋性气候。常年高温多雨、湿度大，年平均气温27～29℃。年平均降水量2500毫米以上。

马六甲海峡的替代航道

从东南亚地图中看，望加锡海峡的位置似乎有些偏，不如黄金水道马六甲海峡的位置好。的确如此，从东亚至波斯湾、非洲、欧洲的航线，一般都要经过马六甲海峡。例如一艘商船从日本横滨港出发，运送货物至波斯湾，最经济的航线是南海—马六甲海峡—印度洋—波斯湾。如果取道菲律宾以东的西太平洋，经苏拉威西海和望加锡海峡，无论是经苏门答腊岛与爪哇岛之间的巽他海峡进入印度洋，还是经巴厘岛和龙目岛间的龙目海峡进入印度洋，航程都要绕远了很多。但由于马六甲海峡狭长，水深浅（平均水深是望加锡海峡的1/30），而且过往船只多，等候通行时间长，所以，吃水较深的巨型油轮、大型军舰以及水下潜艇都会选择望加锡海峡通行。

印太美军南北机动的重要通道

美国在西太平洋地区的军事基地主要集中在南北两大军事基地群，北部是以日

望加锡海峡—巽他海峡—好望角南部水道
与马六甲海峡—苏伊士运河航线对比

- - - 经过马六甲海峡-苏伊士云河的航线
- - - 经过望加锡海峡—巽他海峡的航线

北 冰 洋

太 平 洋

格 陵 兰 海

挪 威 海

英吉利海峡

地 中 海

黑 海

里 海

直布罗陀海峡

亚历山大
开罗 苏伊士运河

阿 拉 伯 海

孟加拉湾

日本岛
马尼拉
菲 律 宾 群 岛

广州
香港

苏禄

加里曼丹岛 巽 他 群 岛

望
加
锡
海
峡

亚丁

马六甲海峡
苏门答腊岛

马来群岛

大 巽 他 海
爪哇岛

爪 哇 海

群
岛

科伦坡

马尔代夫群岛

印 度 洋

巽他海峡

大 西 洋

莫
桑
比
克
海
峡

马
达
加
斯
加

留尼汪岛

开普敦

好望角南部水道

227

望加锡海战中，日本偷袭三艘美国战列舰

本、韩国为主要驻地的东北亚基地群，南部是以澳大利亚为主要驻地的南太平洋澳新基地群。由于日本和澳大利亚两国在美国的军事同盟体系中具有重要的地位，日本和澳大利亚又被称为美国在亚太地区的南北双"锚"。美国只要利用好日本和澳大利亚这两个"锚"及两个"锚"之间的军事基地，就能牢牢控制西太平洋地区。望加锡海峡处于日本和澳大利亚之间，在日本和澳大利亚之间南北航行的航线上，印太美军要实现海上和空中兵力的南北机动，望加锡海峡是最安全、最方便的选择。因此，望加锡海峡被美国海军列为公开宣称要控制的全世界16个海上战略通道之一。

1942年2月，美军"马布尔黑德"号驱逐舰在望加锡海战中遭受炸弹袭击损坏

望加锡海峡在军事上的重要性，不仅美国人认识到了，早在二战时期，发动对外侵略战争的日本也同样注意到了。二战期间，日军侵占东南亚后，为争夺望加锡海峡的控制权，日本联合舰队与盟军曾在此进行过闻名于世的望加锡大海战。1942年1月21日，日军舰队从加里曼丹岛东北部的打拉根南下通过望加锡海峡，企图运送陆军至加里曼丹岛东海岸（望加锡海峡西岸）的巴厘巴板登陆。在望加锡海峡，日军舰队遭到盟军的袭击，虽然损失了几艘运输船，但日军依然成功登陆了望加锡海峡西岸的重镇巴厘巴板，并以巴厘巴板为跳板，向望加锡海峡东岸发起进攻。1942年2月6日，日军进攻望加锡港。三天后，日军在望加锡港的南部登陆，并迅速占领望加锡港，控制了望加锡海峡，为日军进一步入侵澳大利亚奠定了基础。

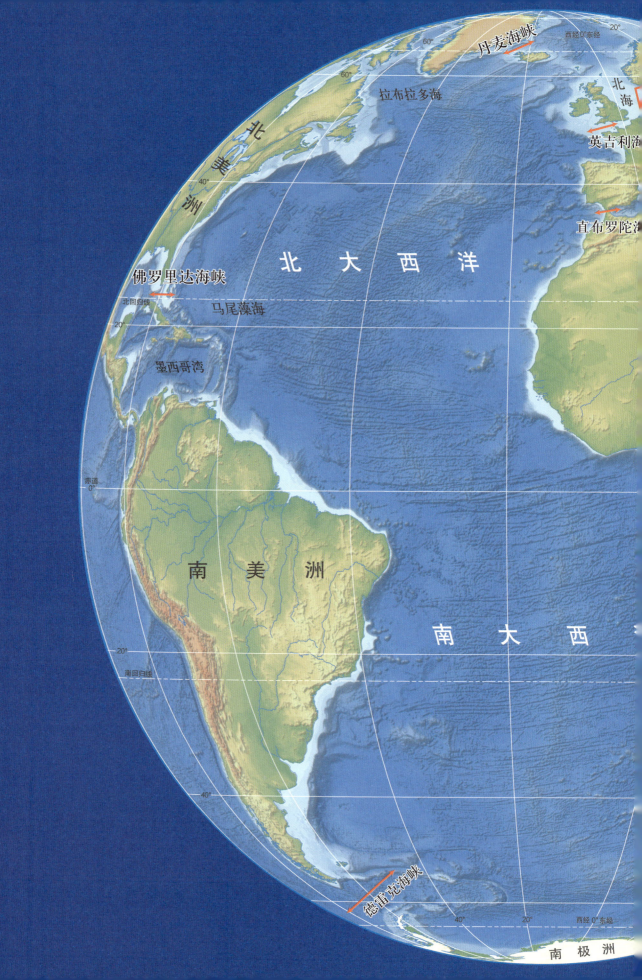

丹麦海峡

拉布拉多海

北

美

洲

英吉利

直布罗陀

北 大 西 洋

佛罗里达海峡

北回归线

马尾藻海

20°

墨西哥湾

赤道 0°

南 美 洲

南 大 西

20°

南回归线

40°

德雷克海峡

南 极 洲

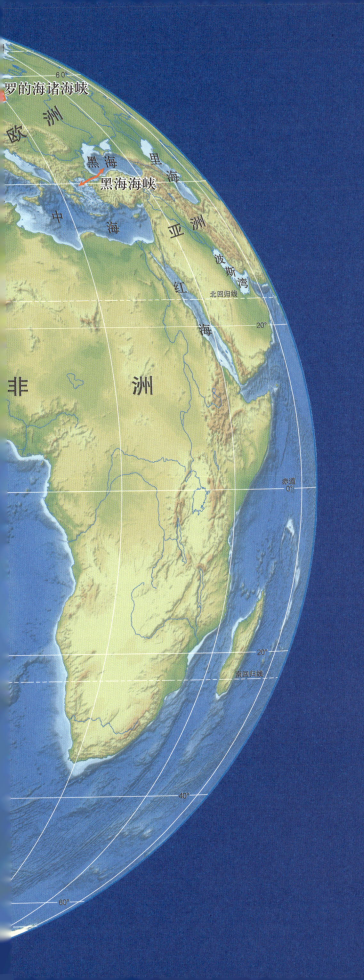

罗的海诸海峡

欧洲

黑海 里海

黑海海峡

中海

亚洲

波斯湾

红海

北回归线

20°

非洲

赤道 0°

20°

南回归线

40°

60°

第 5 章

大国争控的大西洋海上通道

北大西洋沿岸大国林立、强国环伺，是当今世界上经济最发达的地区，其海上通道争夺历来十分激烈。地中海被认为是欧洲航海活动的发源地，伴随着欧洲大航海和地理大发现而来的是对从地中海直至大西洋海上通道的殊死争夺。直布罗陀海峡作为地中海连接大西洋的唯一通道，一直是海上列强争夺的焦点。沙皇俄国为了夺取出海口，控制黑海进入地中海和大西洋的唯一出口——黑海海峡，与土耳其发生了持续两百年的俄土战争。冷战时期，以美国为首的北约为围堵苏联海军，防止其进入北大西洋，牢牢控制着波罗的海诸海峡以及格陵兰—冰岛—联合王国的广阔海峡。时至今日，处于欧美海洋强国包围中的大西洋海上通道仍是大国争夺的焦点。

黑海沿岸国家进入大洋的唯一海上出口
黑海海峡

　　2022年4月14日，"莫斯科"号巡洋舰在黑海被击沉后，俄太平洋舰队"瓦良格"号巡洋舰计划经黑海海峡进入黑海，参加对乌克兰的特别军事行动，以填补黑海舰队大型战舰短缺以及区域防空缺失的空白。但控制黑海海峡的土耳其却拒绝俄舰驶入。在几轮交涉无果后，"瓦良格"号巡洋舰编队不得不于11月返回太平洋母港。

　　被称为"天下咽喉"的黑海海峡，位于土耳其国土的亚洲和欧洲部分之间，是亚、欧两洲的分界线，也是连接黑海和爱琴海、地中海的唯一通道，战略地位重要。冷战时期，美苏均将黑海海峡列为全球最重要的海上咽喉之一。冷战后，北约仍视黑海海峡为封锁俄罗斯和控制东欧地区的关键海峡通道，不断加强对黑海海峡的控制。

太平洋舰队"瓦良格"号导弹巡洋舰

黑海海峡位置
比例尺：1：1020万

黑海沿岸国家进入大洋的唯一出口

黑海海峡是伊斯坦布尔海峡（博斯普鲁斯海峡）、马尔马拉海和恰纳卡莱海峡（达达尼尔海峡）的总称。黑海海峡总体呈东北—西南走向。东北端为伊斯坦布尔海峡，西南端为恰纳卡莱海峡，两海峡之间是土耳其内海马尔马拉海，海峡两岸陆地主权均属于土耳其。黑海海峡是黑海通往地中海的唯一海峡，黑海沿岸的罗马尼亚、保加利亚、乌克兰、格鲁吉亚等国进入大西洋的唯一的出海口。海峡全长375千米，平均水深40～100米，最大深度1355米，面积1.18万平方千米。从海峡形成的地质条件分析，海峡原为亚欧大陆间的地峡，因地层陷落、海水淹没而形成海峡。沿

伊斯坦布尔海峡（博斯普鲁斯海峡）

恰纳卡莱海峡（达达尼尔海峡）

海山地海拔高度在 500 米以上。原先的山顶在海中露出水面，形成许多小岛和海岬，其中最大的是马尔马拉岛。

海峡及两岸地区属于典型的地中海型气候，夏季炎热干燥，冬季温和多雨，大部分地区平均气温 1 月在 2℃以下，7 月在 25℃以上。海峡可全年通航，由于深处内陆之中，全年大部分时间风平浪静，滩礁也少，航运条件优越，海上航运十分繁忙，年通过船舶约 4 万艘，总吨位达 4 亿吨以上。但海峡内海水交流现象明显，时有逆流、旋流，影响航行。黑海有多条河流注入，水位较高，海水盐度较低（18 左右），比重小，使表层 10 ~ 20 米深的水流流向地中海，平均流量为 1.26 万立方米 / 秒；地中海蒸发强烈，水位较低，海水盐度较高（39.5），比重大，使底层水流流向黑海，平均流量为 6100 立方米 / 秒。海峡最窄处在伊斯坦布尔海峡中段的鲁梅利希萨勒附近。鲁梅利希萨勒、阿纳多卢希萨勒、恰纳卡莱和基利迪尔巴希尔历来为设防重地。沿岸还有格尔居克海军基地和班德尔马空军基地。伊斯坦布尔海峡南端的伊斯坦布尔市是地跨欧洲、亚洲的著名港口城市，哈利奇湾（金角湾）为天然良港，在其港内建有海军基地。

俄土百年战争争夺的焦点

黑海海峡向来为兵家必争之地，历史上曾多次发生战争。公元前 5 世纪，波斯国王大流士一世在伊斯坦布尔海峡上建造第一座浮桥，使军队得以长驱直入，从亚洲推进到欧洲。拜占庭帝国时代，十字军东征也由此直抵耶路撒冷。

历史上，沙俄为了争夺出海口，与土耳其进行了持续百年的战争。俄土两国争夺的焦点便是黑海海峡。可以说，沙皇俄国的发展史，就是一部不断寻找出海口的历史。俄罗斯国土广大，东南西北方向均有出海口。北边及东边的北冰洋、太平洋出海口处于高纬度地区，气候严寒，不是理想的贸易港口。波罗的海虽然气候比北冰洋更温暖，但海域较为狭窄，也不理想。黑海是俄罗斯最具战略价值的出海口。

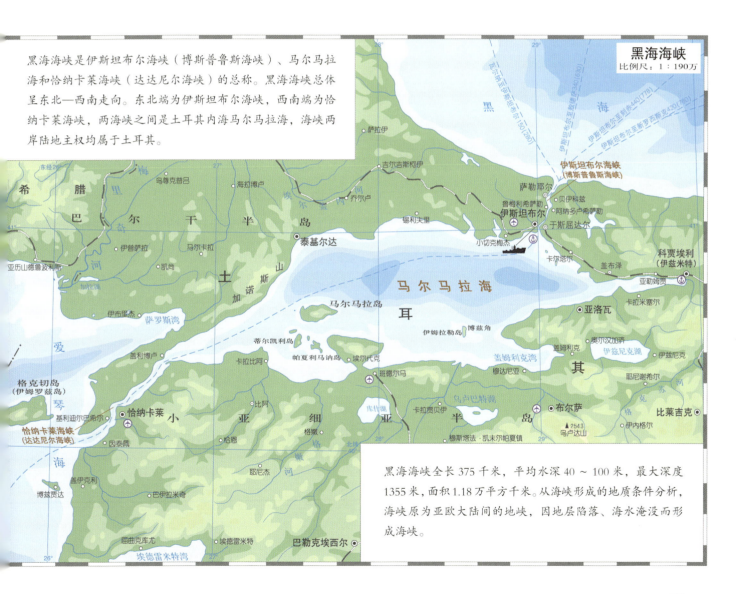

黑海海峡是伊斯坦布尔海峡（博斯普鲁斯海峡）、马尔马拉海和恰纳卡莱海峡（达达尼尔海峡）的总称。黑海海峡总体呈东北—西南走向。东北端为伊斯坦布尔海峡，西南端为恰纳卡莱海峡，两海峡之间是土耳其内海马尔马拉海，海峡两岸陆地主权均属于土耳其。

黑海海峡全长375千米，平均水深40～100米，最大深度1355米，面积1.18万平方千米。从海峡形成的地质条件分析，海峡原为亚欧大陆间的地峡，因地层陷落、海水淹没而形成海峡。

恰纳卡莱海峡（达达尼尔海峡）

位　　置	亚洲的小亚细亚半岛和欧洲的盖利博卢半岛之间
峡 岸 国	土耳其
沟通海域	地中海与马尔马拉海、黑海
峡　　长	60 千米
峡　　宽	一般 1.3~7.5 千米
水　　深	主航道 57~70 米，最深 106 米
气　　候	地中海型
港　　口	恰纳卡莱、盖利博卢

伊斯坦布尔海峡（博斯普鲁斯海峡）

位　　置	亚洲的小亚细亚半岛和欧洲的巴尔干半岛之间
峡 岸 国	土耳其
沟通海域	黑海和马尔马拉海、地中海
峡　　长	30 千米
峡　　宽	北口最宽 3.7 千米，中部最窄处 750 米
水　　深	一般 27~124 米
气　　候	地中海型
港　　口	伊斯坦布尔

第一，黑海气候温暖，终年不冻；第二，黑海腹地是土壤肥沃的俄罗斯南部地区，非常适宜小麦耕作；第三，顿河和第聂伯河这两条可以通航的大河在流经俄罗斯南部后分别注入亚速海和黑海，使得俄罗斯南部盛产的小麦等农产品运输非常便捷，而且价格低廉。俄国的小麦 80% 都由此出口，换回工业制成品和机械设备，以满足国内经济建设和日常生活的需要。因此，经由黑海（包括亚速海）的贸易航线已经成为俄国的经济命脉。但这条经济命脉却被黑海海峡紧紧控制：俄国出口的小麦必须首先经过黑海来到狭窄的伊斯坦布尔海峡，到达马尔马拉海，再穿过狭窄的恰纳卡莱海峡到达地中海，之后，经直布罗陀海峡进入大西洋。然而，黑海海峡地势险要，以至于掌握黑海海峡的土耳其在海峡两岸架起几百门大炮就可以封锁海峡，掐断俄国对外贸易的命脉。因此，占有黑海沿岸地区，争夺黑海海峡控制权成为历代沙皇的夙愿。沙皇甚至连夺取伊斯坦布尔后这座城市的新名字都取好了——"沙皇格勒"。

对于俄国来说，控制了黑海海峡，不但可以将对外贸易的命脉掌握在自己手中，也可以让黑海舰队由此自由进入地中海。为此，俄国就不可避免地要与当时地跨欧亚非三个大洲的帝国——奥斯曼土耳其帝国开战。在长达两百多年的时间里，俄国为扩张领土、夺取黑海出海口，先后对土耳其发动了 10 次战争，虽然战争结果各有胜负，但俄罗斯一直未能如愿，黑海海峡仍长期被土耳其牢牢控制。

卡住俄罗斯黑海舰队的咽喉

俄罗斯海军有四大舰队，分别是北方舰队、波罗的海舰队、太平洋舰队和黑海舰队。其中除了北方舰队直面冰雪覆盖的北冰洋以外，另外三支舰队都是"窝"在边缘海里，出入不便，尤其是黑海舰队，"窝"在大陆内的黑海里，要进入大洋，必须通过黑海海峡，经地中海进入大西洋。作为黑海沿岸国家出入地中海的唯一通道，黑海海峡一直是卡住俄罗斯由黑海进入地中海和大西洋的"咽喉"。

第一次世界大战后，奥斯曼土耳其作为战败国，被剥夺了对黑海海峡的主权。海峡由协约国占领。1923年的《洛桑条约》规定海峡地区的主权归土耳其，但海峡两岸纵深15千米以内划为非军事区，对各国舰只开放，任何国家的军舰和民船都可以自由出入，土耳其不得设防。随着苏联的崛起和二战的逼近，欧洲安全形势发生重大变化，英法对黑海海峡的态度发生了改变。1936年，土耳其提议修改《洛桑条约》，得到了英法等国的支持。1936年7月，《洛桑条约》的主要缔约国在瑞士蒙特勒签署了关于土耳其海峡地位的新条约，即《蒙特勒海峡制度公约》。该条约规定：无论和平时期还是战时，各国商船均可以自由通过海峡；和平时期，黑海沿岸国家的军舰可自由通过海峡，非沿岸国家的军舰通过海峡时要受到一定限制，包括同一时期通过的军舰总吨位不得超过1.5万吨，在黑海停留的船只总吨位不得超过3万吨，停留时间不得超

俄罗斯黑海出海口

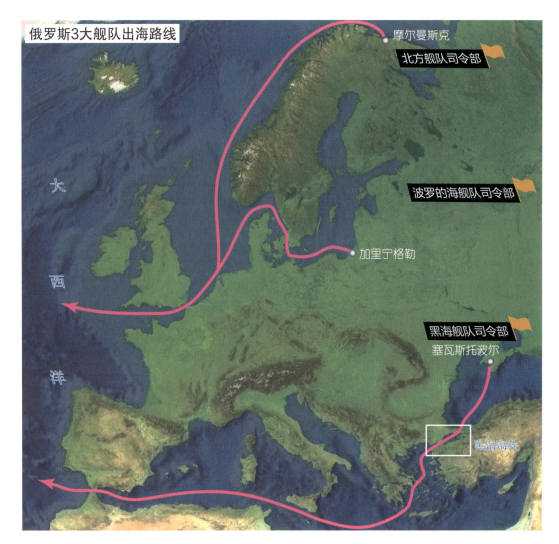

俄罗斯3大舰队出海路线

大
西
洋

摩尔曼斯克
北方舰队司令部

波罗的海舰队司令部

加里宁格勒

黑海舰队司令部
塞瓦斯托波尔

黑海海峡

过 21 天等；在战时，如果土耳其为中立国，各交战国不得通过海峡，如果土耳其为参战国，则由土耳其决定是否允许别国军舰通过。《蒙特勒海峡制度公约》的签署大大恢复了土耳其政府对海峡的控制权，同时对苏联造成了极大制约。二战后，苏联曾想以武力为要挟，要求修改《蒙特勒海峡制度公约》，但遭到英美的拒绝。随着土耳其加入北约，苏联对土耳其动武的念头彻底破灭，于是《蒙特勒海峡制度公约》一直执行至今。俄乌冲突爆发后，土耳其便依照《蒙特勒海峡制度公约》规定，在战时拒绝俄乌两国军舰出入黑海海峡。因此，才出现俄太平洋舰队"瓦良格"号巡洋舰无法进入黑海的情况。按此公约规定，目前，俄罗斯在黑海内所有战舰都不能通过黑海海峡，只能在黑海内徘徊，直到战争结束。

地中海的"生命线"
直布罗陀海峡

直布罗陀海峡

位　　置	欧洲西南端与非洲西北部之间
峡 岸 国	西班牙、摩洛哥
沟通海域	地中海与大西洋
峡　　长	约 65 千米
峡　　宽	西口最宽 43 千米，东口宽 23 千米，最窄 14 千米
水　　深	平均 375 米，最浅 50 米，最深 1181 米
气　　候	地中海型
交　　通	扼地中海和大西洋航道的咽喉

2022 年 11 月 1 日，美国海军俄亥俄级战略核潜艇"罗德岛"号对英国海外领地直布罗陀进行了一次非常罕见的公开访问。通常情况下，美国海军对其核潜艇的部署行动守口如瓶，战略核潜艇的行动更是如此。战略核潜艇代表着美国的二次核打击力量，通常在出港执行任务后会立刻"消失"，几乎不停靠任何港口，更不会被大张旗鼓地报道。此次"罗德岛"号公开高调到访，是在俄乌冲突爆发背景下，美国向俄罗斯等潜在对手和美国的盟友们发出的公开信息。

直布罗陀海峡位于欧洲伊比利亚半岛南端与非洲西北角之间，是沟通地中海与大西洋的唯一水道。是西欧、南欧、西非、北非之间的海上门户，也是西欧、北欧各国舰船经地中海、苏伊士运河南下印度洋的必经要道，地理位置重要。

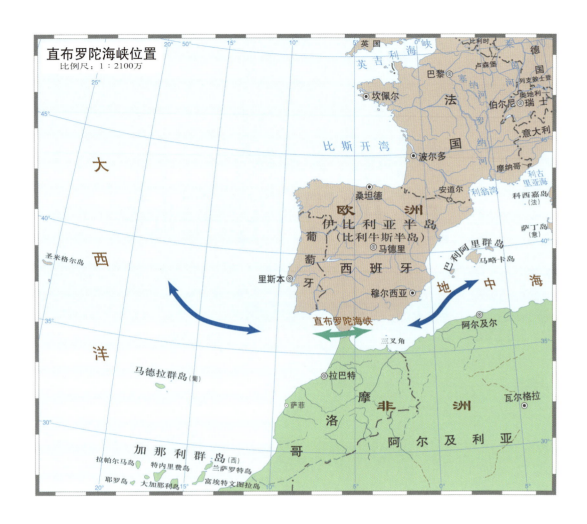

亚特兰蒂斯的消失与直布罗陀海峡的形成

　　亚特兰蒂斯，又译阿特兰蒂斯，被称为大西洲、大西国，是传说中拥有高度文明的古老大陆、国家或城邦。传说在公元前一万年被史前大洪水淹没。

　　关于亚特兰蒂斯的记载最早出现于古希腊哲学家柏拉图于公元前350年撰写的著名哲学著作《对话录》中。传说中，亚特兰蒂斯人以海洋之神的子民自居，对大海有着强烈的崇拜。亚特兰蒂斯文明十分发达，其社会已经有了明确的阶级划分，有了系统的文字。柏拉图描述亚特兰蒂斯为：地中海西方遥远的大西洋上，有一个

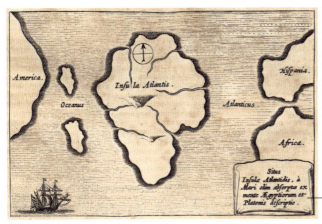

翻译：亚特兰蒂斯遗址位于大海中。来自埃及的资料和柏拉图的描述。

17世纪亚特兰蒂斯地图

令人惊奇的大陆。它被无数黄金与白银装饰着，出产一种闪闪发光的金属——山铜。它有设备完善的港埠及船只，还有能够载人飞翔的工具。它的势力远及非洲大陆。但在一次大地震后，它沉入海底，随之在人们的记忆中消失。

有些学者认为，亚特兰蒂斯只是一个神话，柏拉图只不过借它比喻雅典社会的价值观。但也有不少考古学家和历史学家认为亚特兰蒂斯真实存在过。其中，以法国普罗旺斯大学地理学教授科林那·吉亚德为首的学者认为，"亚特兰蒂斯"位于今天的直布罗陀海峡一带。科林那教授认为在亚特兰蒂斯大陆存在的时期，直布罗陀海峡还是高于海平面的陆地，而亚特兰蒂斯大陆就在现在的西班牙安达鲁西亚自治区与摩洛哥之间。这与地质历史上直布罗陀海峡的形成时间基本吻合。直布罗陀海峡正是第三纪末、第四纪初地壳断裂下陷，海水上升淹没陆地形成的。

沿岸国家的生命线，也是地中海的生命线

由于直布罗陀海峡是沟通地中海与大西洋的唯一水道，海峡自古以来为地中海沿岸国家的交通要道，被称为地中海沿岸国家的"生命线"。海峡东西长65千米，西宽东窄，西口靠近大西洋，最宽43千米，东口靠近地中海，宽23千米，最窄处

直布罗陀

仅14千米，位于摩洛哥的锡里斯角与西班牙马罗基角以东海岸之间。水深东深西浅，东部海底有海槽，最深达1181米，西口海底中央有特赫海岭，最浅水深仅50米。海峡内岛屿稀少，仅在北侧有塔里法岛，南侧有佩雷希尔岛。南北两岸均为海拔400米以上的山地。1869年11月苏伊士运河的通航，更使海峡成为印度洋通往北大西洋的捷径，素有"西方海上生命线"之称。西欧各国的进口原油、

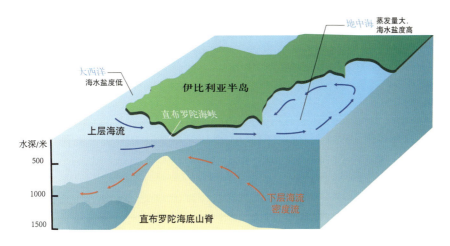

直布罗陀海峡两侧密度流图。1941 年 9 月，德军就是利用海水流向规律，潜艇下潜到海面下 70 ~ 80 米，关闭发动机，悄无声息地顺着上层海流由大西洋进入地中海，躲开了英法盟军的侦察

原料及出口工业品绝大部分经此过往。仅大型油船每天就有 200 多艘通过，每年约有 15 万艘舰船通过。还有横向航行的轮渡、渔船往来其间。为确保航运安全畅通，海峡实施分道通航制度：从大西洋进入地中海的船舶，沿摩洛哥一侧行驶，从地中海驶向大西洋的舰船，沿西班牙一侧行驶。

地中海顾名思义是处于陆地之中，四周被陆地包围的封闭海域。由于处于特殊地理位置，夏季、秋季处于副热带高压控制之下，因此日照强烈，干热少雨，气温高，有时气温可达 40℃，蒸发量大；四周除了埃及的尼罗河以外，没有水流量大的大河注入。长此以往，地中海将慢慢干涸消失。然而，地中海之所以没消失，就是因为有直布罗陀海峡这个"生命线"联通大西洋。

直布罗陀海峡上下分层、流向不同的特殊海流特征是维持了地中海的"生命力"。海峡海流以水深 125 ~ 160 米间的界面分上下两层，上层海流自西向东由大西洋流入地中海，流速一般 2 节；下层海流自东向西流向大西洋，流速平均约 2.8 节。上下两层海流使地中海的海水可以常年得到不断循环更新，保持了地中海稳定的海洋环境，使得地中海的生命得以延续。

历来为兵家必争之地

摩尔人将领塔里克·伊本·齐亚德

由于海峡所处地理位置重要，自古至今，人们对直布罗陀海峡的争夺从未停止过。公元711年，阿拉伯帝国倭马亚王朝（中国历史上称"白衣大食"）的埃及总督穆萨·伊本·努塞尔和属下的摩尔人将领塔里克·伊本·齐亚德率军穿越直布罗陀海峡，进入西班牙，击溃了10万守军，征服了日耳曼人建立的西哥特王国，占领直布罗陀地区，创造了以少胜多的典范。直布罗陀这一名称即源于阿拉伯语，意为"直布尔·塔里克海峡"，英文译名为"直布罗陀"。此后，直布罗陀海峡长期争夺不断。

直布罗陀海峡发生的最著名的战例是在第二次世界大战期间。英国"皇家方舟"号航空母舰是英国在第二次世界大战前最先进的航空母舰，也是英国二战中战功最卓越、最著名的航空母舰，二战期间参加了著名的围歼"俾斯麦"号战列舰的战役，为英国海军舰队最后击沉该舰发挥重要作用。就是这样一艘功勋卓著的航空母舰，却在1941年11月，被潜入直布罗陀海峡的德国U-81潜艇发射的鱼雷击中了，随后引发航母内部爆炸，沉没于直布罗陀海峡附近海底。此战中，德军能够取胜的关键是有效利用了直布罗陀海峡的海流特征，潜艇下潜到水下70～80米，关闭发动机，依靠自西向东由大西洋流入地中海的稳定海流，悄无声息地顺着上层海流由大西洋进入地中海，躲开了英法盟军的侦察，实现了突然性的攻击。

英国"皇家方舟"号

欧洲最繁忙的海峡
英吉利海峡

英吉利海峡	
位　　置	欧洲大陆与大不列颠岛之间
峡 岸 国	英国、法国
沟通海域	北海与大西洋
峡　　长	520 千米
峡　　宽	西部最宽约 240 千米，东部最窄处 96 千米
气　　候	温带海洋性气候
港　　口	英国的朴次茅斯、南安普敦、普利茅斯，法国的布洛涅、勒阿弗尔、瑟堡
军事基地	英国的朴次茅斯、波特兰、普利茅斯海军基地，西莫灵、奥迪厄姆空军基地，法国的瑟堡、布雷斯特、敦刻尔克、勒阿弗尔海军基地等

当地时间 2023 年 3 月 12 日上午，俄罗斯海军戈尔什科夫级导弹护卫舰"卡萨托诺夫海军上将"号和支援油轮"帕辛院士"号穿过英吉利海峡前往北海。部署于普利茅斯的英国皇家海军 23 型护卫舰"波特兰"号对此进行了紧盯尾随和严密监视。无独有偶，当地时间 2019 年 7 月 14 日，中国海军 052C 型导弹驱逐舰"西安"舰穿越英吉利海峡，英国皇家海军也紧急出动了 23 型护卫舰"圣奥尔本斯"号进行全程跟踪监视。

人们稍微留意一下就会发现，英国公众和媒体对于有关英吉利海峡及其附近外国舰艇的活动有着异乎寻常的关注和紧张。这主要因为，英吉利海峡横亘于英伦三岛和欧洲大陆之间。无论在历史上还是现实中，英吉利海峡对于英国、周边地区甚至世界安全形势都有着深刻的影响。一方面，它从地理上将英国独立于欧洲之外，是上天慷慨赐予英伦三岛的自然安全屏障。历史上，英国依靠英吉利海峡的庇护，数次化解了外敌入侵。另一方面，由于最窄处不足 100 千米，又为英国提供了从海上对欧洲施加军事、政治和经济等全方位影响的便利条件，使得英国具有了制衡欧洲、控制世界的先天地理优势。同时，它也是联通北海和大西洋以及和欧洲地区贸易交流的海上交通要道，是英国发展成为"日不落帝国"的重要地缘战略基础。

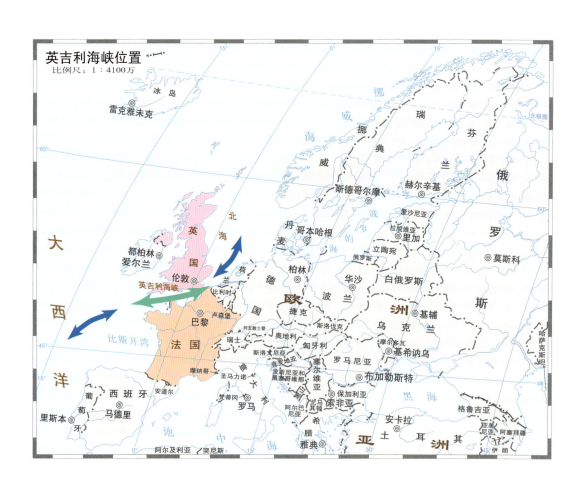

欧洲大陆架上最小的浅海

英吉利海峡的名字来源于英国对海峡的称呼。海峡对岸的法国人用法语称该海峡为拉芒什海峡，意思是"袖子海峡"，是说海峡的形状像一个宽大的袖子。广义上的英吉利海峡通常也包括其东北部的多佛尔海峡（加来海峡）。海峡像一个东西平放着的大喇叭，东窄西宽。海峡喇叭口朝向西南方的大西洋。

英吉利海峡上空的低云

喇叭口处最宽，宽约 240 千米，喇叭嘴处最窄，最窄处约 96 千米，"大喇叭"长约 520 千米。海域面积 8.99 万平方千米，不到英国本土国土面积的一半。海域整体位于西欧大陆架上，水深较浅，平均深度仅约 60 米，大部分不超过 100 米。因此，英吉利海峡也是欧洲大陆架上最小的浅海。在距今约 2 万年前的第四纪冰期，海平面比现在低 100 多米，那时大不列颠岛还与欧洲大陆是一个整体。后来，由于全球气候变暖，冰川消融致使海面上升，大不列颠岛与现在的欧洲大陆间逐渐被海水淹没，形成现在的英吉利海峡。海峡海底地势由东向西逐渐倾斜，一般水深 45 ~ 120 米，最深处深达 172 米。海峡主航道水深 25.5 ~ 172 米，海底地形复杂，多砂、砾和石块沉积物。东部沿法国一侧海底多浅滩、礁石，不利航行。英吉利海峡位于北纬 50 度左右，所处纬度与我国最北端的漠河差不多，但这里却比我国的漠河温暖湿润很多。既没有严寒，也没有酷暑，冬季气温达到 3.9 ~ 8.3℃，夏季只有 19.4 ~ 21.4℃。这是因为英吉利海峡地处西风带，受北大西洋暖流影响，整体气候温暖湿润，气温比同纬度地区的海域温暖。这里终年多雨、雪和雾，年平均降水量 635 ~ 1016 毫米，年降水日逾百天，也就是说一年中有 1/3 的日期都有降雨或降雪。海峡内的海流主要是北大西洋暖流。它自西进入，形成稳定的由西部的大西洋流向东北部的海流，当有强烈的西风时，海流流速会达到 1 节以上。海峡两岸的潮汐现象明显，以半日潮为主。法国沿岸潮差大于英国沿岸。法国圣马洛湾平均大潮差最大可达 11.9 米，是世界海洋潮汐动力资源最丰富的地区之一。正是有这种得天独厚的资源，法国早在 1966 年就在圣马洛湾内的朗斯河口处建成了当时世界上最大的潮汐发电站，年可发电 5.4 亿度。

西欧、北欧国家依赖的海上命脉

英吉利海峡和多佛尔海峡是欧洲到美洲、非洲航线的必经之地，也是俄罗斯北方舰队和波罗的海舰队南下大西洋，进入印度洋、太平洋的必经要道，战略位置重要。由于海峡连接了经济发达的西欧和北欧地区，海峡两岸的英国和法国也同属重要发达国家，经贸往来密切，这使得海峡成为世界上海运最繁忙的海域之一。每年通过海峡的船只达 20 万艘之多，平均每天有近 600 艘船只通过海峡。鉴于海峡的重要战略地位，英吉利海峡成为美欧各国极力控制的战略要域，也是美国及其北约盟国实施全球部署、全球到达的关键海上要道。为此，美、英、法等国在海峡两岸部署有大量海军、空军军事基地。如英国沿岸的朴次茅斯、波特兰、普利茅斯，法国的瑟堡、布雷斯特等。

历为百战之地，也是屏护大英帝国的"福地"

"自十七世纪把持海上霸权以来，我们长达三个世纪的荣耀遭到了最沉重的打击，战时没有一艘敌舰胆敢闯过这片以我们骄傲的名字命名的海峡，如今皇家海军这段传说就此终结。"这是《泰晤士报》针对1942年2月12日德国海军三艘军舰

全长50千米，水下长度38千米，为世界海底部分最长的海底隧道。

成功穿越英吉利海峡返回本土德国后的激烈反应。为什么当时英国最具影响力的报纸会发出"皇家海军这段传说就此终结"这样的灵魂拷问呢？让我们简要回顾一下发生在英吉利海峡的海战及其对大英帝国海上霸权确立的影响。

历史上，英吉利海峡到底发生过多少次战争，已经很难统计。但可以肯定的是，基本上与大英帝国国运相关的重要战争均发生在这里。历史上著名的英法战争（1337年、1339年）、英西战争（1588年、1602年）以及两次世界大战，在英吉利海峡都发生过重要的海战。

公元1340年6月发生的斯鲁伊斯海战，为英法百年战争揭开序幕。250余艘英国战船载着2.2万英军，冲入斯鲁伊斯港，杀向封锁港口的190艘法国战船上的2万多名法军。此战，法国海军舰队受到严重打击，英军完全取得了英吉利海峡的制海权，也让之后的战役远离英国本土。

英西战争中，1588年5月，当时欧洲霸主西班牙国王腓力二世在教皇西克斯图斯五世支持下，组建了一支大约由130艘舰船、8000名士兵和18000名水手组成的"无敌舰队"，企图跨越英吉利海峡入侵英国。在遭受海战失利和海峡中恶劣天气的双重打击后，几乎全军覆灭。海峡又一次屏护了大英帝国。

第一次世界大战时，为防止德国入侵，也为了封锁德国海军舰艇，英国在海峡大量布设水雷、防潜拦阻网等。第二次世界大战初期，德国制定了跨越海峡入侵英国的"海狮计划"。希特勒计划动用13个师、约25万人的德国精锐部队入侵英国，最终由于海峡天堑的影响，一直没能实施。英吉利海峡的存在使得英国在二战中成功免于德国的入侵。二战后期，1944年6月6日，盟军跨越英吉利海峡，抢滩登陆诺曼底，发起了代号"霸王行动"的诺曼底登陆计

1944年6月，诺曼底登陆补给时的场景

划，近 300 万战士渡过英吉利海峡在法国海岸登陆，这也是迄今为止世界上规模最大的一次海上登陆作战。诺曼底登陆作战的成功使第二次世界大战的战略态势发生了根本性的变化。

有趣的是，二战期间，德国海军还曾利用英吉利海峡的大雾天气，实施过一次胜利大逃亡。1942 年初，德国海军的两艘沙恩霍斯特级战巡舰——"沙恩霍斯特"号和"格奈森瑙"号，以及"欧根亲王"号重巡洋舰滞留在法国北部的布雷斯特港。这三艘船是德国海军仅存的主力舰。而英国人也天天盯着这三艘船，不时派飞机过来轰炸。于是，德国计划穿过英吉利海峡，将这三艘大舰撤回德国。但英国人在这里布置了成片的水雷，还在海峡最狭窄的海域布置了成排的岸防炮，更是派出驱逐舰、潜艇和鱼雷艇在英吉利海峡游荡，就等着德国海军出现的时候，一举将其击沉。然而，人算不如天算。与英伦三岛一样，冬季多雾是英吉利海峡的气候特点。德国人居然趁着大雾，溜过了英吉利海峡。当英国人反应过来时，德军舰艇已经快到荷兰海域了。

德国海军"欧根亲王"号重巡洋舰

一个被跨海隧道贯穿的海峡

早在 19 世纪初的拿破仑时期，就有人提出了穿过英吉利海峡，建立海底固定通道，连接英伦三岛和欧洲大陆的设想。这一大胆的设想一经提出，就引起了很多争议。制约这一设想变为现实的原因，固然有技术方面的限制，但更多是来自欧洲国家间复杂的地缘政治环境。长期以来，英国将海峡视为抵御来自欧洲大陆入侵的天然屏障。如果建设穿过这一"屏障"的通道会增加遭受入侵的风险。

随着欧洲一体化进程的发展，英国加入了欧洲共同体。英法等国向往一个统一的欧洲市场。在英国和欧洲大陆之间建立更为方便、快捷的通道成了一个迫切的需求。终于，在 1987 年 12 月，英吉利海峡隧道正式动工。最终建成的隧道贯穿英吉利海峡最窄处的多佛尔海峡的海底，西起英国的福克斯通，东到法国的加来，全长 50 千

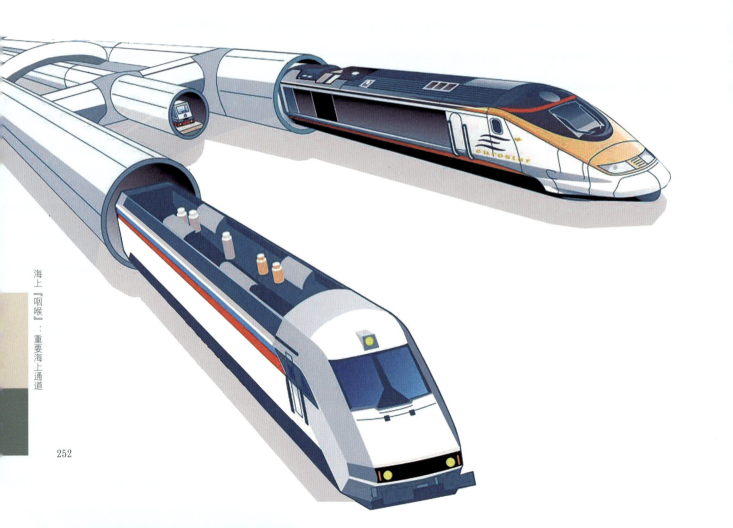

英法海底隧道

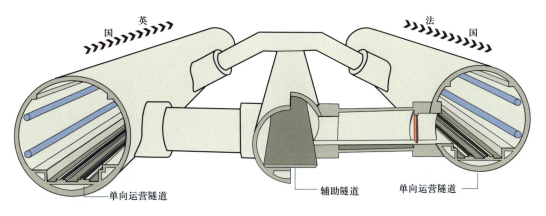

英国　　　　　　　　　　　　　　法国

单向运营隧道　　　　　辅助隧道　　单向运营隧道

米，水下长度 38 千米，为世界海底部分最长的海底隧道。

　　英吉利海峡隧道由三条隧道组成。三条隧道南北平行排列，从海底 40 米深处的岩石中，贯穿整个海峡。南北两条隧道相距 30 米，是直径为 7.6 米单线单向的铁路隧道，中间隧道为辅助隧道，用于维修和救援工作，直径 4.8 米。隧道启用后，把伦敦至巴黎的陆上旅行时间缩短了一半，3 小时即可到达。从伦敦飞到巴黎，航程一般需要 3 小时左右。如果把从市区到机场的时间算在内，乘飞机还不如乘穿过隧道的火车快。隧道的开通填补了欧洲铁路网中短缺的一环，大大方便了欧洲各大城市之间的来往，使英吉利海峡变为通途。

西北欧的海上战略走廊
波罗的海诸海峡

波罗的海诸海峡是位于斯堪的纳维亚半岛和日德兰半岛之间，连接波罗的海和北海的五个天然海峡的总称，包括厄勒海峡（松德海峡）、大贝尔特海峡、小贝尔特海峡、卡特加特海峡和斯卡格拉克海峡。这些海峡是波罗的海和北海沿岸各国相互来往和各国通往世界各大港口的主要通道，也是俄罗斯波罗的海舰队进入大西洋的唯一通道，战略地位重要。诸海峡重要的战略和军事意义使其始终成为各国企图控制的目标。美国将卡特加特海峡和斯卡格拉克海峡列入其在世界上必须控制的 16 条海上通道之一。

五个天然海峡组成西北欧战略走廊

厄勒海峡（松德海峡）

厄勒海峡位于波罗的海诸海峡东部，瑞典南岸和丹麦西兰岛之间，是连接波罗的海和北大西洋的主要通道。南接波罗的海，北经卡特加特海峡和斯卡格拉克海峡通北海。大致呈南北走向，长 110 千米，宽 3.4 ～ 24 千米。一般水深 8 ～ 23 米。表层流流向西北，流速 1.2 ～ 3.5 节。海峡中分布着瑞典的文岛、丹麦的阿迈厄岛和

波罗的海诸海峡位置
比例尺：1∶1000万

萨尔特岛等岛屿，其中萨尔特岛将海峡分成东、西水道。西水道为航行的主水道。海峡两岸，丹麦首都哥本哈根和瑞典第三大城市马尔默隔海相望。由于地理位置优越，厄勒海峡一向被欧洲国家视为战略要地，被称为"欧洲的颈动脉"。

大贝尔特海峡

大贝尔特海峡位于丹麦的菲英岛和西兰岛之间，处于波罗的海诸海峡中部，北连卡特加特海峡，南经朗厄兰海峡、费默海峡等入波罗的海。呈南北走向，长115千米，宽10.5 ～ 25千米。一般水深13 ～ 23米，最深处58米。海峡南口有洛兰岛和朗厄兰岛分布，航道复杂。大贝尔特桥横跨在海峡上。该桥始建于1989年，于1998年向公众开放，是

厄勒海峡

位　　置	瑞典西南岸与丹麦西兰岛之间
峡 岸 国	丹麦、瑞典
沟通海域	波罗的海与北海
峡　　长	110千米
峡　　宽	3.4~24千米
水　　深	一般为8~23米
交　　通	波罗的海沿岸西出大西洋的咽喉
港　　口	丹麦的哥本哈根、赫尔辛格，瑞典的马尔默、赫尔辛堡
军事基地	哥本哈根、马尔默

255

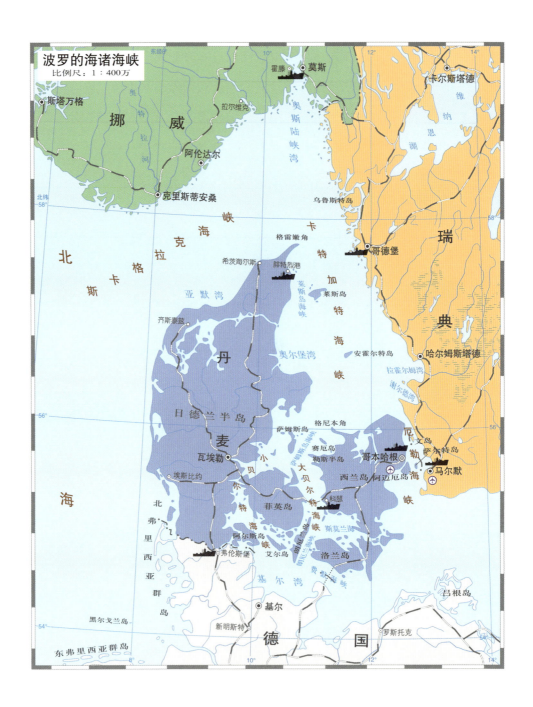

波罗的海诸海峡

比例尺：1∶400万

挪威
斯塔万格
拉尔维克
阿伦达尔
克里斯蒂安桑
北纬58°

北海

斯卡格拉克海峡

克里斯蒂安桑

希茨海尔斯
腓特烈港
齐斯泰兹
亚默湾

丹
日德兰半岛
麦
瓦埃勒
埃斯比约
北弗里西亚群岛
弗伦斯堡
艾尔岛
阿尔斯岛峡
黑尔戈兰岛
东弗里西亚群岛

小贝尔特海峡
大贝尔特海峡
菲英岛
斯莫兰海峡
朗厄兰岛
费马恩海峡

莫斯
霍滕
奥斯陆峡湾

乌鲁斯特岛
卡特加特海峡
格雷嫩角
莱斯岛海峡
莱斯岛
奥尔堡湾
安霍尔特岛
拉霍尔姆湾
谢尔德湾

萨姆斯岛
格尼本角
赛厄岛
斯普勒岛
新斯兰岛
西兰岛
哥本哈根
阿迈厄岛
科厄
洛兰岛

卡尔斯塔德
维纳恩湖
瑞
哥德堡
典
哈尔姆斯塔德

马尔默

吕根岛
罗斯托克
新明斯特
基尔湾
基尔
德
国

丹麦最高的桥梁，耗资约 48 亿美元，是欧洲当时预算最高的桥梁。其中的悬索桥长 1624 米，曾经是世界第一长悬索桥，后来被日本明石海峡大桥、中国西堠门大桥超越，成为世界第三长的主跨悬索桥。

小贝尔特海峡

位于丹麦日德兰半岛东部和菲英岛之间，处于诸海峡的西部，与大贝尔特海峡大致平行，北连接卡特加特海峡，南经基尔湾、费默海峡等入波罗的海。呈南北走向，长约 125 千米，宽 0.6 ~ 41 千米。一般水深 10 ~ 35 米，最深处 81 米。南部有阿尔斯岛、艾尔岛等分布，岩礁较多。由于海峡峡窄水浅，不利于大型舰船通行。1 ~ 6 月表层流从波罗的海向外流，7 ~ 12 月全部水流从外流向波罗的海。海峡上建有连接汉堡—哥本哈根—斯德哥尔摩的国际铁路大桥。

卡特加特海峡

卡特加特海峡位于波罗的海诸海峡西北部，日德兰半岛和瑞典之间。卡特加特海峡与斯卡格拉克海峡连接处也是北海与波罗的海的分界线。卡特加特海峡北经斯卡格拉克海峡通北海，南经厄勒海峡，大、小贝尔特海峡等通波

大贝尔特海峡

位　置	丹麦西兰岛与菲英岛之间
峡岸国	丹麦
沟通海域	波罗的海与北海
峡　长	115 千米
峡　宽	10.5~25 千米
水　深	13~58 米
交　通	波罗的海西出大西洋的重要航道，两岸陆地之间建有公路、铁路桥隧系统
港　口	尼堡、欧登塞、科瑟和凯隆堡
军事基地	科瑟

小贝尔特海峡

位　置	丹麦日德兰半岛与菲英岛之间
峡岸国	丹麦
沟通海域	波罗的海与北海
峡　长	125 千米
峡　宽	0.6~41 千米
水　深	10~81 米
交　通	航道狭窄，大船航行困难，北端狭窄处有铁路、公路桥相连
港　口	科灵和弗雷德里西亚

参加 2023 波罗的海作战演习的军舰

卡特加特海峡

位　　置	斯堪的纳维亚半岛与日德兰半岛东岸之间
峡 岸 国	丹麦、瑞典
沟通海域	波罗的海与北海
峡　　长	约 220 千米
峡　　宽	60~160 千米
水　　深	17~124 米
气　　候	温带海洋性气候
交　　通	波罗的海沿岸出大西洋的交通要道
港　　口	瑞典的哥德堡、法尔肯贝里、哈尔姆斯塔德，丹麦的霍森斯、奥尔堡、奥胡斯和菲特烈港
军事基地	丹麦的奥胡斯、菲特烈港、瑞典的哥德堡

罗的海。呈西北—东南走向，长 220 千米，宽 60～160 千米，水深 17～124 米，面积约 2.55 万平方千米。近岸水浅，冬季近岸结冰。海峡内横亘着丹麦的莱斯岛、安霍尔特岛和萨姆斯岛等岛屿，如同控制海峡的"门闩"。厄勒海峡、大贝尔特海峡、小贝尔特海峡均连接卡特加特海峡。海峡岸线曲折，多海湾，航道复杂，遇严冬时全部冰封，靠破冰船维持通航。该海峡为波罗的海诸国通向大西洋的贸易要道，也是俄罗斯波罗的海舰队进入大西洋的必经之地，具有重要的经济和军事意义。海峡沿岸有丹麦的菲特烈港和瑞典的哥德堡等海军基地。

斯卡格拉克海峡

斯卡格拉克海峡与其说是海峡，倒不如说是北海的一个长方形海湾，位于波罗的海诸海峡最西部，丹麦日德兰半岛和挪威南部之间，是波罗的海诸海峡中最宽、最深的海域。呈西南—东北走向，向西连通北海，东南经卡特加特海峡、厄勒海峡通波罗的海。长约240千米，宽110～145千米。海域南浅北深，平均水深200米，东部最深处达809米，便于航行，是世界上最繁忙的海上通道之一，也是波罗的海沿岸国家进出北大西洋的咽喉，战略地位十分重要。

斯卡格拉克海峡

位　置	斯堪的纳维亚半岛与日德兰半岛北岸之间
峡岸国	挪威、瑞典、丹麦
沟通海域	波罗的海与北海
峡　长	240千米
峡　宽	110~145千米
水　深	平均200米
气　候	温带海洋性气候
交　通	波罗的海沿岸进出大西洋的交通要道
港　口	挪威的奥斯陆、克里斯蒂安桑、阿伦达尔、拉尔维克，丹麦的希茨海尔斯

两大军事集团长期争夺和对峙的前沿

自古以来，波罗的海和北海地区以其重要的战略位置而成为沿岸国家的角逐之地。从十五世纪后期起，沙俄为夺取波罗的海出海口，曾多次向波罗的海沿岸的立陶宛、波兰和瑞典发动侵略战争。1700～1721年，沙俄发动"北方战争"，击败瑞典海军，从瑞典手中夺得了涅瓦河口，建立波罗的海舰队，并在芬兰湾东端建立了波罗的海沿岸的第一个俄国要塞——圣彼得堡。十九世纪末，德意志帝国为了控制波罗的海和北海，耗资巨大，凿通了基尔运河。在两次世界大战中，波罗的海和北海地区是参战方激烈争夺的重要战场。第一次世界大战中，1914年英国和德国海军在黑尔戈兰岛以西海面激战。作为中立国的丹麦为保护本国不受误伤，布雷封锁了斯卡格拉克海峡。1916年，英、德两国为争夺斯卡格拉克海峡再度交战，双方损失惨重。从1940年起，直至第二次世界大战在欧洲结束，波罗的海诸海峡一直在德

斯卡格拉克海峡战争

国控制之下。德国为封锁苏联海军，布雷封锁了波罗的海诸海峡通道。二战后，随着美苏两国争霸的开展，波罗的海地区成为以美国为首的北约和以苏联为首的华约两大军事集团争夺的重点地区。两大军事集团长期在波罗的海诸海峡对峙。由于作为北约成员国的丹麦控制着波罗的海的西部出口，联邦德国又控制着波罗的海进入大西洋的捷径——基尔运河，以苏联为首的华约国家的军舰想要通过波罗的海诸海峡进入大西洋变得非常困难。

所有船只均可通航的国际海峡

虽然按照海洋法公约的划分原则，波罗的海诸海峡分别属于丹麦、瑞典和挪威等沿岸国家的领海，但由于海峡国际地位重要，按照相关国际法规定，均为用于国际航行的海峡，所有国家的船只都可通航。历史上丹麦等国家曾对过往厄勒海峡的船舶征收过"海峡税"。1857 年的哥本哈根条约废除了"海峡税"，制定了厄勒海峡和大、小贝尔特海峡的航行制度，明确商船可不受任何限制昼夜航行。条约对卡特加特海峡和斯卡格拉克海峡没有作任何规定。根据丹麦国王 1951 年 7 月 15 日颁布的规定，军舰可自由通过厄勒海峡、大贝尔特海峡、卡特加特海峡和斯卡格拉克海峡，但若通过小贝尔特海峡，应事先通告丹麦当局。对于通过海峡的舰队规模数量和停留时间也进行了规定：舰队或超过 3 艘的军舰通过大贝尔特海峡和厄勒海峡，或军舰在海峡内停留时间超过 2 昼夜，须事先通告，潜艇只能浮在水面上通过这些海峡。由于丹麦是北约成员国，规定对北约的舰艇网开一面，可以不受上述规定限制。

分割欧洲和北美洲的海峡
丹麦海峡

丹麦海峡

位　置	格陵兰岛（丹麦）和冰岛之间
峡岸国	冰岛、丹麦（格陵兰岛）
沟通海域	格陵兰海（北冰洋）与大西洋
峡　长	483 千米
峡　宽	北部最小 290 千米
水　深	227~1600 米
气　候	寒温带海洋性气候
军事基地	凯夫拉维克

2023 年 11 月，英国《金融时报》发表了一篇颇具"爆炸性"的报道。报道称欧盟已经制定了计划，准备在丹麦海峡截断俄罗斯的海上石油出口大通道。该计划具体为：由丹麦海军负责出动舰艇，直接在丹麦海峡等海域拦截俄罗斯的石油运输船。对于这个计划，欧盟给出的理由是：俄罗斯的这些油轮有可能会对环境造成污染，但这些油轮没有购买西方保险公司的相关保险。俄罗斯海上石油出口量的 60% 都会经过丹麦海峡。欧盟的行动将极大影响俄罗斯石油海运，进而引发国际能源市场波动。可见，在俄乌冲突背景下，西方对俄罗斯石油出口的战略控制措施正在加码。而欧盟控制俄罗斯石油出口的有效举措就是在丹麦海峡拦截和封锁俄罗斯船舶。

丹麦海峡位于北大西洋格陵兰岛和冰岛之间，连接北冰洋格陵兰海和大西洋，也是欧洲和北美洲的分界线。海峡长约 483 千米，北部最小宽度 290 千米，水深 227 ~ 1600 米，是由北冰洋南下进入大西洋的重要捷径。

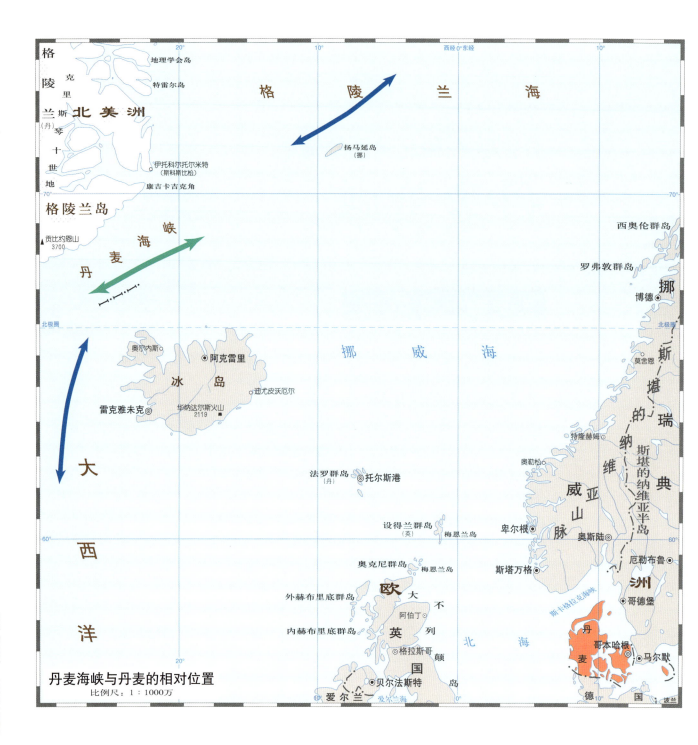

格陵兰海

格 陵 兰 海

扬马延岛
（挪）

地理学会岛

特雷尔岛

格
陵
兰
十
世
地

克
里
斯
琴
岛

（丹）

北 美 洲

伊托科尔托尔米特
（斯科斯比松）

康吉卡吉克角

格陵兰岛

贡比约恩山
3700

峡

丹 麦 海

丹 麦 海 峡

西奥伦群岛

罗弗敦群岛

博德

挪

斯
堪
的
纳
维
亚
半
岛

斯
堪
的
纳
维
亚
山
脉

瑞

典

奥尔内斯

挪 威 海

莫舍恩

阿克雷里

冰 岛

迪尤皮沃厄尔

雷克雅未克

华纳达尔斯火山
2119

特隆赫姆

奥勒松

威

卑尔根

奥斯陆

法罗群岛
（丹）

托尔斯港

设得兰群岛
（英）

梅恩兰岛

斯塔万格

斯卡格拉克海峡

厄勒布鲁

洲

哥德堡

大
西
洋

奥克尼群岛

梅恩兰岛

欧

大

不

列

颠

北

海

丹

麦

哥本哈根

马尔默

外赫布里底群岛

阿伯丁

英

内赫布里底群岛

格拉斯哥

国

爱尔兰

贝尔法斯特

爱尔兰海

岛

德

国

波兰

丹麦海峡与丹麦的相对位置
比例尺 1：1000万

远离丹麦国土的丹麦海峡

丹麦海峡距离丹麦本土 3000 多千米，海峡两岸也并非丹麦领土，为什么会被命名为丹麦海峡呢？原因在于海峡两岸的冰岛和格陵兰岛历史上都曾是丹麦的领土。虽然现在的丹麦是面积仅约 4.3 万平方千米的北欧小国，可历史上曾一度十分强大。

14 世纪，丹麦王国走向强盛。1397 年，成立了以丹麦女王玛格丽特一世为盟主的卡尔马联盟，疆土包括现丹麦、挪威、瑞典、冰岛、格陵兰、法罗群岛以及芬兰的一部分区域，疆域广阔。海峡两岸曾长期是丹麦的领土，海峡因此也被丹麦视为自己的内海，被命名为"丹麦海峡"。直到 1918 年冰岛独立，并于 1944 年成立冰岛共和国。又过了 35 年后，海峡另一侧的格陵兰也在 1979 年与丹麦达成协议，成为法律上丹麦的海外自治领土。此后，格陵兰在 2008 年的公投后决定逐渐走向独立，并于 2009 年正式改制成为一个内政独立但外交、国防与财政相关事务仍由丹麦代管的过渡政体。因此，丹麦海峡在政治上也离丹麦王国越来越远。

藏在水下的世界最大瀑布

丹麦海峡在冰岛附近水流缓慢，海面平静。但殊不知，在平静的海面以下，却隐藏着一个特大瀑布——丹麦海峡瀑布。它是目前世界上已发现的最大的瀑布，整体宽度大约有 160 千米，落差高达 3505 米，水量惊人。据估计，每秒钟的流量多达 500 万立方米，约等于世界上流量最大的河流亚马孙河的 25 倍。就算世界上落差最大的瀑布安赫尔大瀑布，在丹麦海峡海底瀑布的面前，也是"小巫见大巫"。由于落差大、流速快，当科学家们把水流计沉入海中后，水流计居然被强大的水流冲坏。由于瀑布是在水底，流量和落差过大，船只无法到达，人类还无法亲眼目睹这一海底奇观。

为什么会出现如此神奇的海底瀑布呢？原因在于海峡附近独特的海水性质和海底地形特征。海底瀑布的产生是海水对流运动的直接结果，而引起丹麦海峡附近海水大量对流的原因在于临近北极海域的格陵兰海海水寒冷、密度高，必然会向南流入较温暖的伊尔明格海，同时流动的过程中遇到海底断崖等垂直地形，引发了海水大规模持续下降流动，形成世界上最大的海底瀑布。

丹麦海峡海战——围歼德国最大的战舰"俾斯麦"战列舰的开始

丹麦海峡是由北冰洋南下进入大西洋的重要捷径，战略地位重要，历史上曾多次发生海战。最著名的是二战时期英国和纳粹德国在此发生的丹麦海峡海战。

1941 年 5 月，纳粹德国为扭转海上作战的不利局面，海军司令埃里希·雷德尔计划进行一次大型的破交行动——"莱茵演习"行动，企图使用海军编队，隐蔽进入大西洋，袭击盟军的商船运输，对盟军进行海上破交战。

1941 年 5 月 18 日，德国由卢金斯海军上将指挥，出动"俾斯麦"号战列舰和"欧根亲王"号重巡洋舰，从挪威出发，试图通过丹麦海峡进入大西洋。5 月 20 日，德国舰队被巡逻的瑞典飞机及军舰发现。瑞典迅速将该情报传给英国海军。由于丹麦海峡是自挪威海岸进入大西洋的必经海域，英国海军立即调遣军舰，前往丹麦海峡巡逻，防止德国军舰进入大西洋。5 月 23 日上午，德国舰队开始进入丹麦海峡。英德双方舰队在丹麦海峡开战，继而演变为一次英德两国主力舰的交战——丹麦海峡海战。

丹麦海峡一战，英国方面战列巡洋舰"胡德"号被击沉，战列舰"威尔士亲王"号遭重创，而德国则仅有一艘战列舰"俾斯麦"号受了轻伤。单从作战结果看，

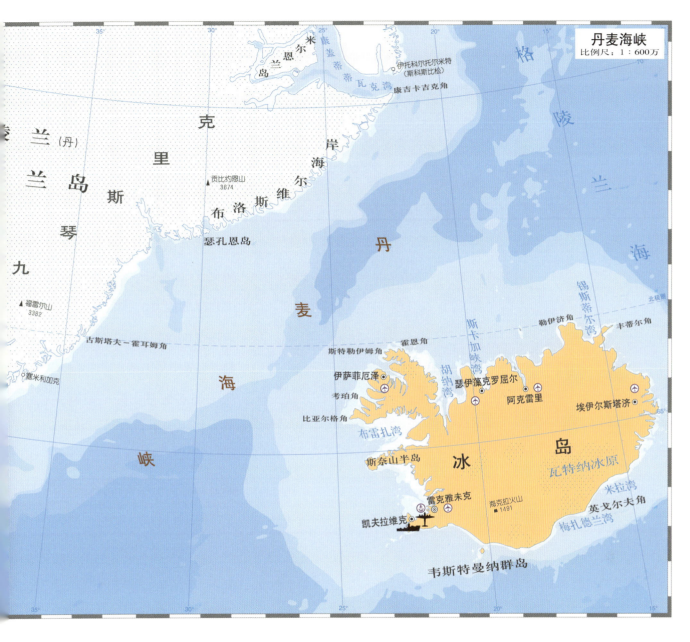

无论对于"俾斯麦"号战列舰而言，还是对于德国海军而言，丹麦海峡海战都称得上是其辉煌的极点，但同时此战也是德国海军走向毁灭的起点。虽然战役上取得了胜利，但是战略上却是失败了。尽管击沉了英国军舰"胡德"号，但就德军制定的

"莱茵演习"行动计划而言，德国人的计划其实已经失败了。德国海军拟定的作战计划最关键的成功因素是参加袭击盟军商船的军舰隐蔽行踪，对盟军船队发起突然袭击。然而，德军军队在丹麦海峡被英军舰发现并跟踪后，德舰袭击的突然性已经丧失了，"莱茵演习"成功的几率大幅下降。不仅如此，实际上在丹麦海峡海战之后，德国海军最先进的"俾斯麦"号因为在战斗中遭遇的损伤，实际上也失去了继续展开破交作战的能力，不得不选择入港接受维修和补给。更重要的是，此战中德国海军"俾斯麦"号的燃料舱被击破，使其无论航行到哪里都会留下油迹，如同是英国海军为德国的"俾斯麦"号装上了定位，让它很容易被掌握制空权的英国发现，并被持续跟踪"追杀"。这也成为盟军围歼德国最大战舰"俾斯麦"战列舰的开始。

英国飞行军官迈克尔·萨克林于 1941 年 5 月 21 日在挪威拍摄的空中侦察照片，右上角为德国"俾斯麦"号

"莱茵演习"行动 是俾斯麦号的首次也是最后一次航行

美国南部的主要海上通道
佛罗里达海峡

1963 年 2 月 4 日，载有大量熔硫的"硫磺女王"号运输船，在美国佛罗里达州南部海岸佛罗里达附近海域失踪。船上 39 名船员下落不明。"硫磺女王"号最初是一艘建造于 1944 年的油轮，在 1960 年被改装为一艘熔硫运输船。1963 年 2 月 2 日，"硫磺女王"号开始了从德克萨斯州博蒙特到诺福克的宿命之旅。船上载有 15000 吨熔硫和 39 名船员。该船在 2 月 4 日失联后，有关方面展开了大规模的搜救行动。经过 19 天的海上搜寻，救援队只发现了一些残骸和救生圈。没有找到船只，也没有任何船员的踪迹。这只船失事的原因成为未解之谜。美国海岸警卫队调查人员最终也没能给出确切事故原因。这也成为美国历史上著

佛罗里达海峡	
位　　置	佛罗里达半岛和古巴岛、巴哈马群岛之间
沟通海域	墨西哥湾与大西洋
峡岸国	美国、古巴、巴哈马
峡　　长	480 千米
峡　　宽	80~240 千米
水　　深	一般 500~800 米
气　　候	热带海洋性气候
交　　通	美国南岸和墨西哥东岸东出北大西洋的主要航线
港　　口	古巴的哈瓦那
军事基地	美国的基韦斯特海军基地，古巴的哈瓦那海空军基地

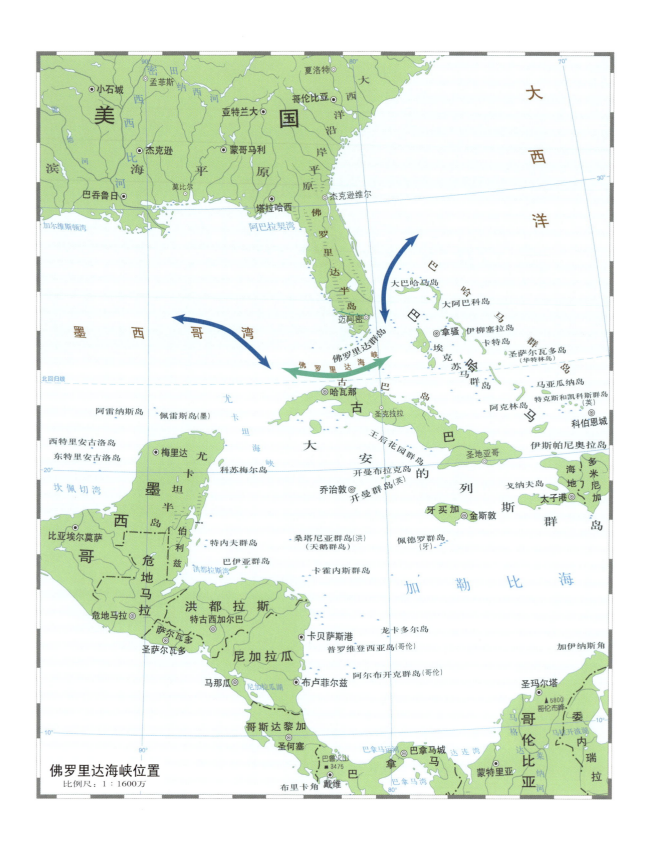

大西洋

美 国

小石城

孟菲斯

夏洛特

哥伦比亚

亚特兰大

大
西
洋
沿
岸
平
原

杰克逊

蒙哥马利

滨
海
平
原

杰克逊维尔

巴吞鲁日

莫比尔

塔拉哈西

佛
罗
里
达
半
岛

加尔维斯顿湾

阿巴拉契湾

迈阿密

墨 西 哥 湾

巴哈马岛

大巴哈马岛

大阿巴科岛

哈
马

拿骚

伊柳塞拉岛

卡特岛

马

群

圣萨尔瓦多岛
(华特林岛)

埃
克
苏
马
群
岛

岛

佛
罗
里
达
海
峡

佛罗里达群岛

马亚瓜纳岛

特克斯和凯科斯群岛
(英)

北回归线

尤
卡
坦
海
峡

哈瓦那

古

阿克林岛

科伯恩城

阿雷纳斯岛

佩雷斯岛(墨)

圣克拉拉

大

安

伊斯帕尼奥拉岛

西特里安古洛岛

东特里安古洛岛

梅里达

尤
卡
坦
半
岛

科苏梅尔岛

巴

王后花园群岛

圣地亚哥

的

戈纳夫岛

海
地

多
米
尼
加

太子港

岛

墨

西

哥

比亚埃尔莫萨

危
地
马
拉

伯
利
兹

特内夫群岛

乔治敦

开曼布拉克岛

开曼群岛(英)

列

牙买加

金斯敦

斯

群

坎佩切湾

巴伊亚群岛

洪都拉斯湾

桑塔尼亚群岛(洪)
(天鹅群岛)

佩德罗群岛
(牙)

加 勒 比 海

岛

危地马拉

洪 都 拉 斯

特古西加尔巴

卡霍内斯群岛

萨尔瓦多

圣萨尔瓦多

尼 加 拉 瓜

马那瓜

尼加拉瓜湖

卡贝萨斯港

布卢菲尔兹

龙卡多尔岛

普罗维登西亚岛(哥伦)

阿尔布开克群岛(哥伦)

加伊纳斯角

圣玛尔塔

哥伦布峰 ▲5800

哥
伦
比
亚

委

内
瑞
拉

马
拉
开
波
湖

哥斯达黎加

圣何塞

巴鲁火山
▲3475

巴拿马运河

巴拿马城

达
连
湾

拿

马

蒙特里亚

格
拉
斯

布里卡角

戴维

巴拿马湾

佛罗里达海峡位置

比例尺 1 : 1600万

名的海上失踪事件。

佛罗里达海峡位于北美洲佛罗里达半岛与古巴岛、巴哈马群岛之间。西连墨西哥湾，北通大西洋。由西南到东北呈弧形。长 480 千米，宽 80 ~ 240 千米。东北浅西南深，一般深度为 500 ~ 800 米，北口最深为 868 米，西口最深逾 2000 米。佛罗里达海峡是全球最具战略意义和航运价值的海峡之一。该海峡同巴拿马运河一起，被视为控制墨西哥湾的咽喉要道。

温暖欧洲"暖水管"的"水龙头"

由于北大西洋暖流的影响，欧洲尤其是临近北大西洋的西欧和北欧地区要比同纬度的其他地区温暖很多。可以说，北大西洋暖流就是持续温暖欧洲的"暖水管"。

北大西洋暖流的前身是墨西哥湾流。加勒比暖流进入墨西哥湾后，向东沿着佛罗里达海峡海岸的弧形方向流，最后从东北方向流出形成佛罗里达暖流。在海峡北口附近，佛罗里达暖流同安的列斯暖流汇合，成为世界上规模最强大的墨西哥湾暖流。佛罗里达暖流强大、高速、高温，峡内的海流流速约 2.7 节，距迈阿密海岸 30 千米的海域，海流流速夏季 3.8 节，冬季 2.4 节。流量为 2100 万 ~ 2300 万立方米 / 秒。表层水温夏季为 28 ~ 29℃，冬季为 24 ~ 25℃，盐度为 36.0 ~ 36.5。因此，佛罗里达暖流像一条巨大的、永不停息的"暖水管"，温暖了欧洲西北部，使其拥有温暖湿润的温带海洋性气候，1 月平均气温比同纬度的亚洲东岸和北美东岸气温要高出 15 ~ 20℃。同时，它也使位于北极圈以北的北冰洋沿岸港口摩尔曼斯克港成为不冻港。对整个欧洲都如此重要的北大西洋暖流在形成之初全部需要通过佛罗里达海峡流出，因此佛罗里达海峡恰恰就像是控制温暖欧洲暖流的"水龙头"。

令人闻之色变的美洲"黑水沟"

　　佛罗里达海峡海域珊瑚浅滩、岛礁密布。海峡大致可分为南北两段，北段北口东侧有大巴哈马岛和小巴哈马滩，珊瑚浅滩上，还有众多的小珊瑚岛，临海峡航道边则有大艾萨克岛、北比米尼岛、南比米尼岛、卡特群岛、布朗斯岛和奥兰治岛等珊瑚小岛；海峡南段东南方有萨尔岛浅滩，

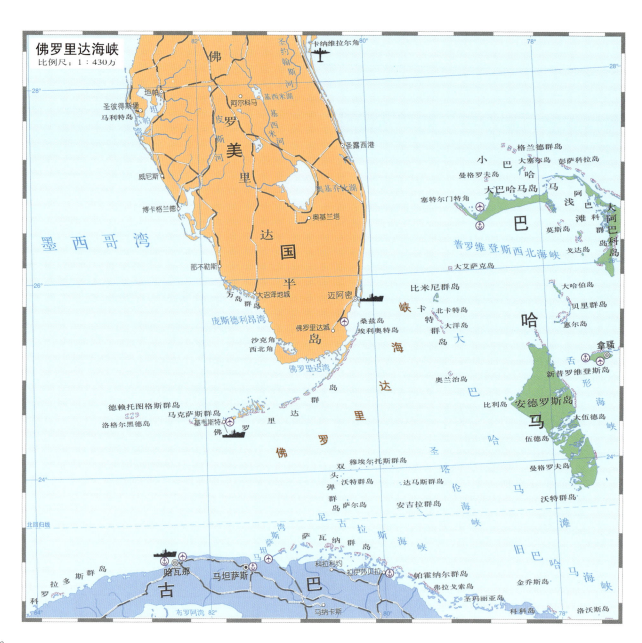

珊瑚岛礁众多。

由于岛礁众多，海峡内佛罗里达暖流流速快，且墨西哥湾海域夏季飓风频繁，在海峡内航行十分危险，海上事故多发。综合这些因素，佛罗里达海峡自古以来就是令人望而却步的美洲"黑水沟"。

1622年，一支由28艘西班牙船只组成的满载财宝的舰队，在经过佛罗里达海峡时遭遇了强烈飓风，

1992年8月24日佛罗里达州戴德县的鸟瞰图。图中显示安德鲁飓风对房屋造成了严重破坏。100万人被疏散，54人在这场飓风中死亡

至少有6艘船只沉没，成为历史上著名的沉船海难事件。1992年8月，通过海峡的安德鲁飓风时速达240千米。虽有准确预报，但佛罗里达海峡及沿岸仍有大量船只和房屋被毁，死伤数百人。

控制墨西哥湾的咽喉要道

佛罗里达海峡是沟通墨西哥湾和大西洋的海上咽喉，是墨西哥湾通往美国、加拿大等大西洋沿岸国家港口最短航线的通道，也是全球最具航运价值及战略价值的海峡之一。途经佛罗里达海峡的上百条航线连接着世界各地的诸多港口。海峡最早曾是欧洲殖民主义者掠夺美洲财富的重要海上通道之一。1519年，西班牙派舰队通过该海峡进入墨西哥湾进犯墨西哥。1762年，英国和西班牙为争夺海峡西南的哈瓦那海域展开激战。第二次世界大战期间，德国为封锁墨西哥湾，对美国进行海上破交战，长期派潜艇潜伏在佛罗里达海峡中，袭击过往的美国运输船。1943年7月18日，正在巡逻的美国K-74飞艇发现了利用夜色掩护在水面航行的德国U-314潜艇，

并对其发起攻击。战斗中，K-74飞艇被击毁坠海。U-314潜艇被击中受伤，在返回基地途中，又遭到两次攻击，被英国空军轰炸机击沉。此战也在战争史上留下了飞艇战潜艇的唯一记载。目前，巴拿马运河通航后，随着墨西哥湾石油产量的增加，海峡的航运日益繁忙。佛罗里达海峡同巴拿马运河一起，被美军视为控制太平洋、大西洋和墨西哥湾的咽喉要道。

美国重兵把守的海峡通道

海峡是墨西哥湾沿岸各港口的东方门户，也是出入大西洋的交通要冲。海峡出大西洋有三条航路：一是从北口直接出大西洋；二是从东部经普罗维登斯西北海峡和普罗维登斯东北海峡出大西洋；三是从东南部经圣塔伦海峡或尼古拉斯海峡沿古巴岛和巴哈马群岛之间的水道出大西洋，此航道东部还可从向风海峡或莫纳海峡等出口前往加勒比海。巴拿马运河通航后，佛罗里达海峡—墨西哥湾—尤卡坦海峡—加勒比海—巴拿马运河航线更成为北美最重要的航道之一。随着墨西哥湾石油的开发，佛罗里达海峡更加繁忙，成为北美重要的航运要冲和战略要地，是美国公开宣布要控制的全球16个海上航运咽喉之一，而且是距离美国最近的关键海上战略通道。

佛罗里达海峡

为了有效控制该海峡，美国在海峡附近部署众多军事基地。基韦斯特是美国重要的海军基地，扼海峡西口，南距古巴哈瓦那仅166千米。卡纳维拉尔角是美国重要的空军基地。迈阿密为美国重要的海港和海军基地，也是美国最大的客运港所在地，其国际机场有"美洲空中枢纽"之称。

世界上最宽、最深的海峡
德雷克海峡

2022 年 10 月份评比的"收获文学榜"，小说《德雷克海峡的 800 艘沉船》荣登短篇小说榜榜首。小说题目里提到的德雷克海峡一直以恶劣天气著称，气温极低且常有严重暴风雨。据不完全统计，目前已有 800 艘船只沉入德雷克海峡，造成 2 万人死亡。德雷克海峡频发的海难触目惊心，是世界航海史上一道沉重的伤疤。

德雷克海峡以英国航海家 F.D. 德雷克的名字命名。位于南美洲南端火地岛与南极洲南设得兰群岛之间，连接太平洋和大西洋。北侧为合恩角及麦哲伦海峡。南设得兰群岛南侧为南极半岛。是南大西洋和南太平洋之间最重要的海上通路。

海峡东西长约 300 千米，南北宽 970 千米，

德雷克海峡

位　置	南美洲南端与南极洲南设得兰群岛之间
峡岸国	智利 阿根廷
沟通海域	太平洋与大西洋
峡　长	300 千米
峡　宽	970 千米
水　深	平均 3400 米，最深 5248 米
气　候	寒冷
交　通	不能过巴拿马运河的大型油轮穿此海峡航行，赴南极考察的船只自南美穿海峡到南极洲

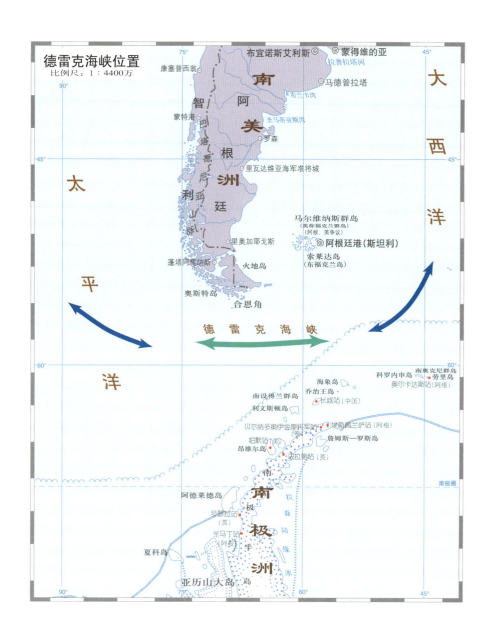

德雷克海峡位置
比例尺：1：4400万

布宜诺斯艾利斯　蒙得维的亚

南美洲

阿根廷

大西洋

太平洋

德雷克海峡

南极洲

是世界上最宽的海峡。德雷克海峡平均水深3400米，最深达5248米，也是世界上最深的海峡。德雷克海峡中部有萨尔斯海丘，水深470米，海底沉积物主要来自南极大陆的冰川碎屑、南美洲大陆侵蚀物质和海洋生物残骸，多红沙泥。年平均气温北部 5℃，南部 -3℃，7 月最低气温达 -20℃。太平洋形成的气旋在海峡南端穿过，每年有 3/5 的时间为云雾笼罩。表层水温自北向南递减，北部 6℃，南部 -1℃。海水盐度从南向北递增。南极绕极流从太平洋经海峡流向大西洋，海水流量每秒达 1.49 亿立方米。5 ～ 6 月的平均冰山分布界线位于海峡北部，8 ～ 9 月位于海峡中部。

骇人听闻的"死亡走廊"

德雷克海峡位于南纬 56°～ 62° 之间，盛行西风，北部风力强劲，风速一般为 6.4 ～ 10.3 米 / 秒，有时超过 20 米 / 秒。即便万吨巨轮，在波涛汹涌的海面上，也如一片树叶漂浮不定。无数船只在此倾覆。因此，德雷克海峡被人称为"杀人的西风带""暴风走廊""魔鬼海峡"。不仅如此，德雷克海峡中常漂浮着从南极滑落下来的冰山，阻碍航行。因此，德雷克海峡有"航海家坟墓"之称，是一条名副其实的"死亡走廊"。

德雷克海峡海冰的全球气候开关效应

德雷克海峡南部纬度高，气温低，海水容易结冰。非常神奇的是德雷克海峡的海冰变化居然与全世界的气候有着密切的关系。德雷克海峡的海冰变化能够调控厄尔尼诺事件的发生，影响拉尼娜现象和厄尔

德雷克海峡巨浪

德雷克海峡海冰

尼诺现象的交替，具有调控全球气候变化的功能，被称为海冰的气候开关效应。

厄尔尼诺和拉尼娜现象都是全球性的气候异常现象。厄尔尼诺和拉尼娜的形成与南大洋的大小循环密切相关。而南大洋的大小循环又受到德雷克海峡海冰的影响。当德雷克海峡海水变暖，海冰减少，南大洋的大循环增强，南半球西风漂流的冷水进入秘鲁寒流的流量减少，秘鲁寒流相对变暖，易于产生厄尔尼诺现象；当德雷克海峡海水变冷，海冰增加，南半球西风漂流的冷水进入秘鲁寒流的流量增加，秘鲁寒流相对变冷，易于产生拉尼娜现象。夏季海冰偏多，德雷克海峡水流通量变小，秘鲁寒流增强，导致向南极热量输送增多，使德雷克海峡逐渐变暖、冬季海冰偏少；夏季海冰偏少，德雷克海峡水流通量变大，秘鲁寒流减弱，导致向南极热量输送减少，使德雷克海峡逐渐变冷、冬季海冰偏多。这种一年周期的冷热循环证实了德雷克海峡的海冰进退是全球气候冷暖的调控器，并引起相应的陆海地壳均衡运动。这就是德雷克海峡的海冰变化调控厄尔尼诺现象的机制，被称为德雷克海峡海冰的气候开关效应。例如 2005 年 2 月德雷克海峡出现的最低温度记录，使海冰面积增加，减弱了南极环流，增强了秘鲁寒流，使赤道东太平洋海温降低。这被认为是 2004 年 9 月～2005 年 2 月弱厄尔尼诺事件突然中断的原因。正因如此，2005 年 5 月以后，赤道东太平洋海温不断降低，2005 年末就发生拉尼娜现象。这一预测已经得到验证。

不断变化的航运地位

　　19世纪末至20世纪初，德雷克海峡航运已相当发达。1914年巴拿马运河通航后，德雷克海峡航运地位下降。第二次世界大战中，德国舰艇时常出没于德雷克海峡，袭击商船和捕鲸船。20世纪60年代以来，随着过往巴拿马运河的船只越来越多，大型和超级油轮又难以通过运河，德雷克海峡的航运地位又变得日益重要。尤其是近年来，世界各国认识到南极大陆资源丰富，南极冰盖对全球气候影响很大，对南极大陆的探索和开发与人类未来的生存与发展关系越来越密切，不少国家派考察船到南极科学考察与探险。而德雷克海峡作为南美洲进入南极洲的最近海路，是南极大陆科考与开发的必经之路，德雷克海峡也因此被赋予新的战略意义。可以预见，德雷克海峡航运地位必将得到进一步提高。

穿过德雷克海峡进行南极考察

亚　洲

霍尔木兹海峡

波斯湾

阿曼湾

红海

阿拉伯海

孟加拉湾

保克海峡

曼德海峡

亚丁湾

非

北　印　度　洋

莫桑比克海峡

洲

南　印　度　洋

南　极　洲

世界海洋中心的
印度洋海上通道

印度洋处于太平洋和大西洋之间，是世界海上贸易通道最为密集的区域之一，被认为是世界海运的中心。从印度洋向西北经红海、苏伊士运河、地中海或向西南绕过好望角可进入大西洋，向东北经马六甲海峡、巽他海峡、龙目海峡或向东南经澳大利亚以南可进入太平洋。印度洋航线石油运输量约占全球石油运输总量的56.5%。世界上1/4的商品要经此运往世界各地。此外，印度洋通道还连接着东亚和欧洲两个当今世界最主要的经济区、非洲和中东等世界主要资源区，是亚非欧各国赖以生存和发展的能源通道和贸易通道。重要的战略地位使印度洋海上通道成为竞争的主要战场。

全球海上"生命线"
印度洋航道

2021年2月17日，伊朗与俄罗斯在印度洋北部举行联合海军演习，旨在"加强海上贸易安全"

沃尔特·罗利爵士有一句名言："谁控制海洋，谁就控制了世界贸易；谁控制了世界贸易，谁就可以控制世界财富，最后控制世界本身。"18世纪以来，随着全球海洋贸易的增加，海洋通道越来越关系到国家战略利益，不仅是大国维持经济繁荣和施加全球影响的途径，甚至关系到国家生存和发展。印度洋是世界第三大洋，在世界地缘政治体系中具有重要意义。印度洋东靠资源丰富的南海，北靠南亚次大陆，西北有波斯湾和中东，西有资源丰富的非洲大陆，是当今世界上最繁忙的三大战略运输水道之一。一位英国人曾将多佛尔海峡、直布罗陀海峡、苏伊士运河、马六甲海峡和好望角形象地比喻为"五把钥匙锁住世界"，其中印度洋就掌握着"五把钥匙"中的三把——苏伊士运河、马六甲海峡和好望角，加之世界第一和第二大能源通道——霍尔木兹海峡和马六甲海峡分别位于印度洋西、东两侧，因此，印度洋被地缘政治家称为"决定世界命运的最后区域"。海权论的鼻祖美国的马汉上校早就意识到了印度洋在世界中的重要地位，他早就预言："谁掌握了印度洋，谁就控制了亚洲。印度洋是'七个大洋'的关键，21世纪将在印度洋上决定世界的命运。"

印度洋地区是世界资源最丰富的地区之一，拥有世界八大主要油气储藏地区

海上『咽喉』：重要海上通道

中的三个，即波斯湾及其沿岸、印度尼西亚沿海及大陆架、澳大利亚西北大陆架，其油气总储量占世界的 70% 以上，海上油气每年产量约为世界海洋油气总产量的 40%。波斯湾是世界海上石油最大产区，有"世界石油宝库"之称。其石油蕴藏量占世界的 60%。印度洋地区还拥有全世界 70% 的锡、45% 的铬、30% 的锰矿石、20% 的铜、70% 的黄金、85% 以上的天然橡胶。印度洋西北通过苏伊士运河、西南过好望角、东北通过马六甲海峡的三条航线，是世界重要的石油运输线，也是重要的商品运输通道。印度洋的"石油航线"与"贸易通道"是包括中国在内的世界上许多国家赖以生存的"生命线"。

印度洋主要航线有：远东—东南亚—东非航线，远东—东南亚、地中海—西北欧航线，远东—东南亚—好望角—西非、南美航线，澳大利亚、新西兰—地中海—西北欧航线，印度洋北部地区—欧洲航线。此外，波斯湾—好望角—西欧、北美航线，波斯湾—东南亚—日本航线和波斯湾—苏伊士运河—地中海—西欧、北美运输线联系了世界上最大的产油地区中东，和世界上石油消费量最大的北美、西欧和东亚地区，是全球重要的油运线。

集装箱船进入印度洋港口

控制世界油库的"阀门"
霍尔木兹海峡

霍尔木兹海峡

位　　置	阿拉伯半岛东北端与伊朗之间
沟通海域	波斯湾与阿拉伯海
峡 岸 国	阿曼、阿拉伯联合酋长国、伊朗
峡　　长	约 150 千米
峡　　宽	55~95 千米
水　　深	平均 70 米
气　　候	热带沙漠气候
交　　通	著名的"国际石油通道"
军事基地	伊朗的阿巴斯港、伦格港，阿曼的盖奈姆岛海军基地，大通布岛、小通布岛和阿布穆萨岛上驻有伊朗的导弹部队

2022 年 12 月，美国和伊朗的舰艇在霍尔木兹海峡发生了一场激烈的"海上交锋"。伊朗巡逻艇对美国海军一艘远征基地舰和导弹驱逐舰进行了激光照射，引发了美国中央司令部和第五舰队的谴责。毫无疑问，这次事件再次凸显了霍尔木兹海峡的敏感性。

霍尔木兹海峡位于阿拉伯半岛东北部吉巴勒角与伊朗拉雷斯坦地区之间，是连接中东地区的重要石油产地波斯湾和阿曼湾的狭窄海峡，是波斯湾通往印度洋的唯一出口，也是波斯湾地区石油输往世界各地的唯一海上航线、世界三大石油航线的咽喉、著名的"国际石油通道"。

霍尔木兹海峡得名于海峡北岸历史上的著名古城——霍尔木兹城。该城在 14 ~ 16 世纪曾是波斯湾地区的贸易中心。公元 1405 ~ 1433 年，中国明代航海家郑和下西洋，曾经此海峡到达波斯湾。从印度尼西

波斯湾入口处的霍尔木兹城（1572 年）

亚的马鲁古群岛经爪哇海、马六甲海峡到霍尔木兹港的"香料之路"通航后，霍尔木兹海峡日益成为东西方贸易交往的重要通道。自 16 世纪初被欧洲殖民者占据以来，霍尔木兹海峡一直是世界大国争夺的焦点。葡萄牙、英国、荷兰等殖民者先后侵占过海峡。1991 年海湾战争期间，该海峡是以美国为首的多国部队舰船经海峡进入波斯湾的重要通道。2003 年伊拉克战争期间，美英联军也是经此进入波斯湾。

控制世界油库的"阀门"

中东地区的波斯湾是名副其实的全球油库。在波斯湾及附近 100 平方千米的地区范围内，有一条巨大的石油蕴藏带，蕴藏着占世界总储量一半以上的石油。仅沙特一国的石油储量就占世界总储量的 1/4。波斯湾地区不仅石油资源丰富，开采条件也十分优越，石油分布集中，平均每个油田储量达 3.5 亿吨以上，且多为超级大油田。由于石油多分布在海岸附近，输油管运输距离短，原油外运十分方便。此外，油田的地下压力高，自喷井占油井总数的 80% 以上，生产成本为世界最低。

波斯湾的石油出口量占世界的 60% 以上，是世界最大的石油输出地区。而所有从波斯湾地区驶出的油轮都必须经过霍尔木兹海峡进入印度洋才能驶向世界各地。因此，霍尔木兹海峡成为控制波斯湾这一世界油库的"阀门"。长期以来，波斯湾地区石油总出口量的 90% 至 95% 均需经过霍尔木兹海峡运往全球，峰值时每天通

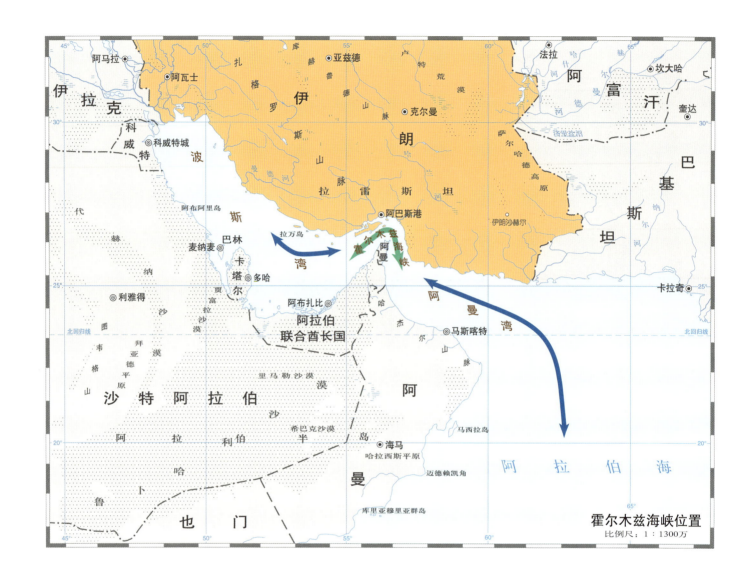

过海峡的油船和其他商船达 300 余艘。中国进口石油的 60% 来自波斯湾，而且基本上都要经过霍尔木兹海峡。

控制油库"阀门"的"门栓"

霍尔木兹海峡由地壳断裂、海水侵入而成，整个海峡长约 150 千米，宽

55 ~ 95 千米。一般水深 60 ~ 90 米，平均水深 70 米。北侧较浅，伊朗沿岸水深一般小于 10 米，多珊瑚礁和沙滩；南侧水深，弯曲部最深处达 219 米，最浅水深 50 米。在弯曲部通航船只实行分道航行，中央设有安全隔离带，宽 3.5 ~ 5.5 千米，可通航大型舰船。主航道靠近南侧，宽约 3.3 千米，航道水深 27.5 米。

海峡内岛屿较多，主要岛屿有格什姆岛、霍尔木兹岛、拉腊克岛、亨加姆岛、盖奈姆岛、穆桑达姆岛和大库因岛、小库因岛等。海峡内的重要岛屿成为控制霍尔木兹海峡这一世界油库"阀门"的"门栓"。其中盖奈姆岛和大库因岛紧临主航道，为海峡之要塞。西南口附近的大、小通布岛和阿布穆萨岛素有"海峡三闸"之称。格什姆岛位于海峡西部，长 112 千米，宽 11 ~ 32 千米，面积 1336 平方千米，西南部沿岸有大片浅水区，水深不足 10 米，岛上最高点海拔 406 米，扼控波斯湾出口，

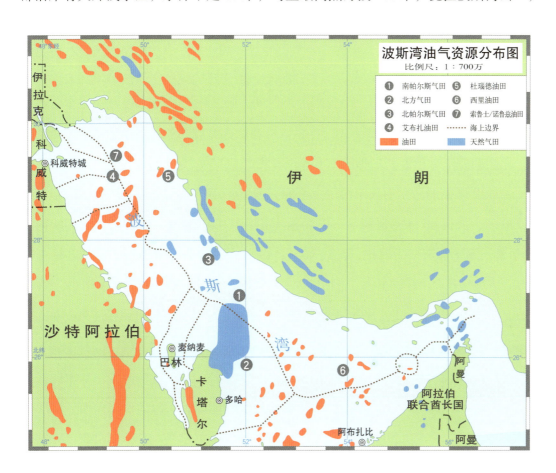

波斯湾油气资源分布图
比例尺 1：700万

① 南帕尔斯气田　⑤ 杜瑞德油田
② 北方气田　　　⑥ 西里油田
③ 北帕尔斯气田　⑦ 索鲁士/诺鲁兹油田
④ 艾布扎油田　　------ 海上边界
▮ 油田　　　　　▮ 天然气田

霍尔木兹海峡影像图

为伊朗阿巴斯港的天然屏障。格什姆岛与伊朗大陆之间有胡兰水道，一般水深不足
25 米，最深处 29 米，航道最浅处 5.5 米，可通航小型舰船。霍尔木兹岛位于海峡北
端，距伊朗海岸 8 千米，东西长 7 千米，南北宽 5 千米。

　　海峡北岸伊朗海岸为狭窄的沿海平原，南岸多小半岛和海湾。穆桑达姆半岛宽
约 250 米，海拔 80 米的地峡与吉巴勒角连接。其沿岸陡深，多峡湾，最大峡湾长
16 千米，海岸为石灰岩陡壁，海拔 900 ~ 1200 米，舰船不宜靠近。南岸陆地山峦
起伏，地势自北向南逐渐升高，沿岸陡深。舍阿姆东北沿岸部分地段坡度较小，水浅。
海峡地处亚热带沙漠地区，终年炎热干燥。穆桑达姆半岛周围峡湾幽深，岸壁陡峻，
不受海风影响，气候湿热。年平均表层水温 26.6℃，2 月水温 21.8℃，8 月 31.6℃。
盐度 37 ~ 38。海峡受波斯湾口地形影响，较少涨潮。海流夏季向东，冬季向西，
流速 0.5 ~ 1.6 节，最大达 4.3 节。海水交流现象较明显，一般表层流向西，底层流
向东。

伊朗敢于"叫板"美国的底牌

  自从 1979 年伊朗发生伊斯兰革命后，美伊两国关系持续交恶，甚至多次几乎引发战争。2018 年，时任伊朗伊斯兰革命卫队发言人拉麦丹·沙立夫就曾表示，伊朗革命卫队与美国舰只在波斯湾曾出现过多次对峙。在 2016 年，甚至还曾出现过伊朗逮捕美国海军陆战队员的事件。在此情况下，美军依然没有轻易对伊朗开战。一个重要原因是美国清楚伊朗在波斯湾和霍尔木兹海峡地区的实力。伊朗多次举行

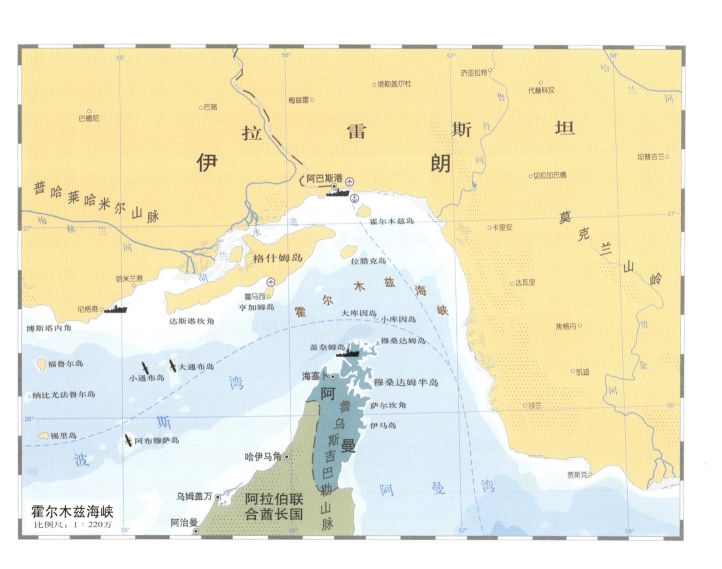

霍尔木兹海峡
比例尺：1：220万

在霍尔木兹海峡上航行的油轮

军演，并数度发出警告：若国家安全受到威胁，伊朗将封锁霍尔木兹海峡。美国及其盟国都明白，如果伊朗封锁霍尔木兹海峡将造成多大的影响。正是霍尔木兹海峡的存在，使得控制海峡的伊朗底气十足，美国等西方国家不得不忌惮三分。

事实上，伊朗具备封锁霍尔木兹海峡的一切有利条件。第一，海峡仅有几千米的安全航道，而且在海峡的门栓位置，有伊朗控制的大小通布岛和阿布穆萨岛等，岛上部署有大量军事设施。第二，伊朗在海峡北岸部署重兵，其中包括近百枚射程在 360 千米的反舰导弹，也就是说，伊朗有可以控制海峡的一切军事力量。第三，逼不得已的情况下，伊朗可以在海峡内大量布雷，封锁海峡。

祈祷螳螂行动：美军团灭伊朗海军的军事行动

1988 年是两伊战争的第八个年头。伊朗、伊拉克两国在波斯湾和霍尔木兹海峡分别袭击对方油轮。伊朗还在石油输出必经地霍尔木兹海峡布设水雷，对过往船只进行无差别袭击。

1988 年 4 月 14 日，美国 "塞谬·罗伯茨"号导弹护卫舰在霍尔木兹海峡护航时触雷。一声巨响之后，这艘 3650 吨的佩里级护卫舰的船身被炸开了一个近 4 米的大洞，龙骨断裂，海水涌入，舰体倾斜，轮机舱、居住舱等舱室起火，两台燃气轮机

1988 年 7 月 31 日，受损的美国 FFG-58 "塞谬·罗伯茨"号导弹护卫舰被运送至美国罗德岛州

严重损坏，并造成 10 名水兵受伤。"塞谬·罗伯茨"号不得不被拖往阿联酋的迪拜港进行大修。第二天，美国海军中东联合特遣舰队派出 4 艘 "复仇者"级扫雷舰，2 架 CH-53B "海龙"扫雷直升机，并联合英、法、荷、比利时等国的 7 艘扫雷艇对 "塞谬罗伯茨"号出事海域进行一场大规模扫雷作业，共打捞出 5 枚未爆水雷。根据水雷信息，美国海军分析确定，这是伊朗海军 1987 年从苏联购买的水雷。随即，这一情况被报告给时任美国总统的里根。为此，里根总统连夜召开会议，与国家安全委员会要员磋商，于 4 月 17 日晚亲自下达对伊朗实施报复的命令，行动代号为 "祈祷螳螂"。

4 月 18 日凌晨，美国海军 6 艘大中型水面舰艇从巴林海军基地鱼贯而出，全速驶向波斯湾及霍尔木兹海峡海域执行 "祈祷螳螂"行动。本次打击行动的目标为伊朗 "锡里"号和 "萨桑"号两座石油钻井平台。这两座平台位于波斯湾主航道伊朗一侧，但距伊朗海岸比较远。这两个平台产油量并不大，但它们的位置极好，扼守波斯湾主航道的交通要冲，既可以作为海上雷达的预警站，进行中远程海空警戒，又能作为指挥中心，引导指挥伊方军舰特别是布雷舰作业。鉴于此，这两座石油钻井平台成为了美国海军此次行动的眼中钉，必先除之而后快。

执行任务的美军 6 艘舰艇，分编为两个战斗群，在波斯湾主航道兵分两路。第一战斗群向伊朗"锡里"号石油钻井平台发动攻击，第二战斗群向"萨桑"号石油钻井平台发动攻击。"企业"号核动力航母舰队作为单独的战斗群，在后方进行支援。在两座石油钻井平台被炸毁后，伊朗在各海域的反击同时展开。多只伊朗"博哈默"巡逻艇袭击了 3 艘分别悬挂美国、巴拿马和英国国旗的油轮。随后，两架从"企业"号核动力航母起飞的"入侵者"攻击机加入作战，并对伊朗巡逻艇群投放了集束炸弹。此后，伊朗海军主力战舰纷纷加入作战。"祈祷螳螂"行动最终以美军一边倒的胜利结束。美国仅损失 1 架 AH-1 "眼镜蛇"武装直升机，而伊朗损失了两座石油钻井平台，1 艘导弹护卫舰、1 艘导弹快艇和 3 艘武装快艇沉没，1 艘导弹护卫舰及多艘导弹快艇遭到重创，多人阵亡。此战对伊朗海军打击很大，主力战舰几乎被团灭。此后，伊朗海军剩余的小艇都泊在港口不再出来。这也在很大程度上促使两伊战争走向结束。

伊朗护卫舰 F74 在遭到攻击后起火

地中海、红海通印度洋的咽喉
曼德海峡

2023 年 10 月 22 日，亚丁湾西部海域波光粼粼，晴空万里。由 10 艘中国籍远洋渔船组成的远渔 709 编队在中国海军第 45 批护航编队乌鲁木齐舰和东平湖舰的共同护送下，浩浩荡荡驶向曼德海峡海域。经过近 3 个昼夜、600 余海里的航行，编队安全抵达曼德海峡附近解护点。渔船挂出"感谢中国海军保驾护航""感谢祖国海军护航，你们辛苦了！"的横幅。这是中国海军护航舰队完成的众多护航任务中的一次。中国海军护航舰队的护卫使得在亚丁湾、曼德海峡附近海域猖獗多时的海盗对中国渔船望而生畏、主动避让。

在世界最大的半岛阿拉伯半岛和非洲大陆之间，有一条狭窄的海上通道，北连红海，南接亚丁湾，这就是著名的曼德海峡。是大西洋经地中海、苏伊士运河、红海

曼德海峡	
位　　置	阿拉伯半岛和非洲大陆之间
峡 岸 国	也门、吉布提和厄立特里亚
沟通海域	红海和亚丁湾
峡　　长	约 18 千米
峡　　宽	25~32 千米。东侧小峡 3.2 千米，西侧大峡 28.5 千米
水　　深	东侧小峡 10~30 米，西侧大峡 50~300 米以上
气　　候	热带沙漠气候
交　　通	是大西洋、地中海经苏伊士运河、红海到印度洋的交通要道
军事基地	也门的丕林岛海军基地，南口外有亚丁港海军基地和吉布提海军基地

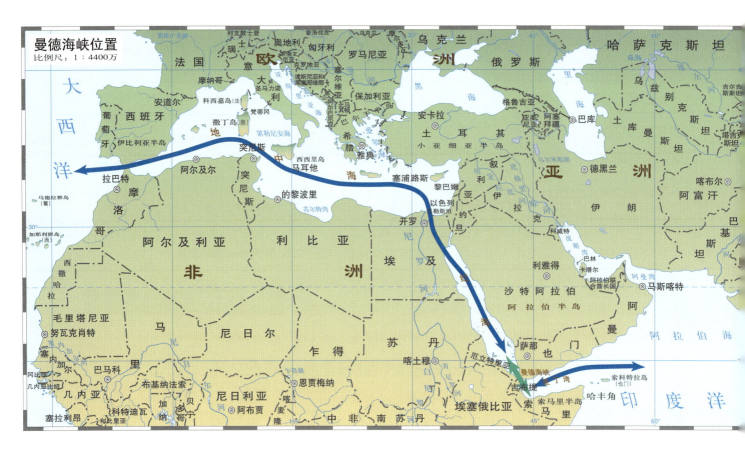

曼德海峡位置
比例尺 1：4400万

通印度洋的海上交通要冲，战略地位重要，也是世界上最繁忙的航道之一。

阿拉伯人的"泪之门"

　　曼德海峡，阿拉伯语全称巴布·埃尔·曼德，意为"泪之门"。阿拉伯人为什么会给海峡起这么伤感的名字呢？原来，海峡地区岛屿和暗礁密布，再加上时有骤起的暴风，古时航行其间的船只多有倾覆之险。历史上，不知有多少航海家、探险家、船员及游客葬身于此。加之这里的气候为热带沙漠气候，终年炎热高温，海水蒸发强烈，使得航行的船员酷热难耐。过往海峡的阿拉伯人每航行至此便不免心惊胆战，甚至潸然泪下，"泪之门"由此得名。

海峡呈西北—东南走向，长18千米，宽25～32千米，平均水深150米。其间分布着一些火山岛，最大的丕林岛靠阿拉伯半岛一侧，属也门共和国。丕林岛把海峡分为两条水道，东水道靠阿拉伯海岸一侧，称小峡，宽3.2千米，一般水深10～30米；西水道靠非洲一侧，称大峡，宽28.5千米，一般水深50～300米，多暗礁和一些小火山岛，是曼德海峡的主要航道。靠近非洲海岸有索瓦比群岛，也称七兄弟群岛。海峡内暗礁和浅滩众多，风力强大，舰船航行困难。海岸陡直，沿岸有狭小平原，多为沙漠和半沙漠地，缺少优良港口。地处热带，属沙漠气候，终年高温少雨，多大风。海峡水温高，8月表层水温27～32℃。海水盐度约40。表层流流速较大，在强东南风时为西北流，最大流速3.5节；西北风时为东南流，流速较弱。

由于重要的地理位置，曼德海峡历来为海上交通的要地。埃及人在公元前就曾穿过曼德海峡进入印度洋。公元10～14世纪，葡萄牙、法国、英国曾先后占领丕林岛，企图控制海峡。15世纪前期，中国明代航海家郑和远洋船队曾经此到达红海沿岸。公元1738年丕林岛被法国人占领，1869年苏伊士运河开凿通航后，曼德海峡成为印度洋—红海—地中海—大西洋航线的"咽喉"要道。欧洲大西洋沿岸国经苏伊士运河—曼德海峡航线比绕道好望角缩短航程5500～8000千米。

历来为海盗猖獗之地

曼德海峡是联通大西洋和印度洋必经的要道，海峡内暗礁和浅滩密布，航道狭窄，自古就是海盗猖獗之地。发生在曼德海峡及附近海域的海盗袭击事件不计其数。历史上曾发生过著名的海盗事件——曼德海峡劫掠战。

1695年，由英国退役海军亨利-艾维尔率领的6艘英国海盗船在曼德海峡海域

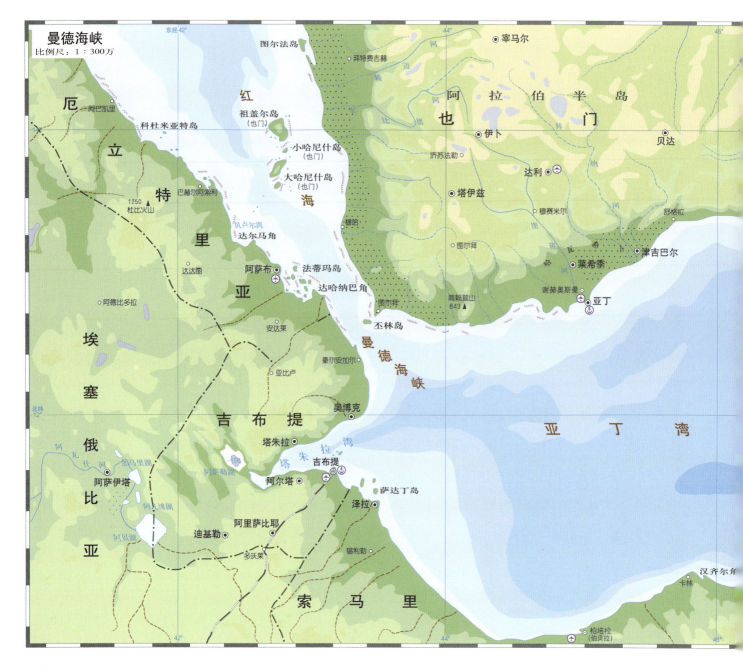

曼德海峡
比例尺 1：300万

东经42°

红 海

亚 丁 湾

厄 立 特 里 亚

埃 塞 俄 比 亚

吉 布 提

索 马 里

阿 拉 伯 半 岛

也 门

袭击并劫掠了印度莫卧儿帝国前往麦加朝圣的舰队。领头者亨利 - 艾维尔因这场行动收获了巨额财富，并成为历史上第一个被全球通缉的海盗。

1695 年 8 月，由英国海盗亨利 - 艾维尔率领的海盗船"幻想"号带领其它 5 艘海盗船抵达曼德海峡，并在位于航道中心位置的佩里姆火山岛停泊，计划在海峡内伏击印度莫卧儿帝国的船队。他们很快等来了总数多达 25 艘船的莫卧儿帝国舰队。虽然其阵中不乏大量老式的大型阿拉伯帆船，但是带头的旗舰"珍宝"号却是排水量达 1600 吨的欧式风帆战船，并配有总计 80 门火炮和 400 名士兵。为其提供护航的"默罕默德"号同样是欧系战舰，排水量达 600 吨。莫卧儿帝国的舰队虽然在兵力、火力和补给方面都占尽优势，却从未有过大规模舰队作战经验。2 艘大船上都搭载了重要乘客，并装载着许多货物、贵金属，所以，莫卧儿舰队并不希望与英国海盗发生正面冲突。于是，他们选择在夜间悄悄穿过海峡，希望利用夜色掩护溜之大吉。但海盗船队很快发现莫卧儿舰队的这一企图，并发起亡命追击。亨利亲自指挥"幻想"号，死死盯住 2 艘印度大船不放。随着名为"珍珠"号的第 4 艘海盗船抵达，海盗对莫卧儿帝国的旗舰发动了全面强攻，整个"珍宝"号在 2 小时后便被海盗们完全控制。

海盗从"珍宝"号的船舱中发现了 50 万枚金银货币，并从乘客和船员身上搜罗到价值达 60 万英镑的货物或宝石。这场持续了近 10 天的曼德海峡劫掠战，让大部分参与的海盗都发了横财。仅亨利自己的"幻想"号船员，每人就分到了 1000 英镑，折合成当代币值，这笔不义之财的数目高达 9 万 ~ 12 万元人民币。除此之外，海盗们每人还获赠了 1 枚从印度船上抢到的宝石作为纪念。

消息分别传回印度和英国，印度人立刻下令拘捕所有的英国商人，并将其作为索要赔偿的人质。英国政府则下令对亨利等人进行史上首次全球通缉，宣布在任意海区航行的军舰或武装商船都有权对"幻想"号开火，每个海盗的悬赏金为 500 英镑，并随着追捕难度的提升很快上涨到 1000 英镑。

现在活动于曼德海峡的多是海峡附近地区以及东非索马里沿岸的海盗。为首的是活动于亚丁湾海域、臭名昭著的索马里海盗。由于连年内战，索马里政府统治力薄弱，在索马里沿海地区存在有多支海盗团伙，活动的范围也由原来的索马里近海区域向印度洋公海和曼德海峡西侧扩散，尤其对航速较慢的货船和油轮威胁最大。

据统计，仅 2010 年，全球就有 53 艘商船被海盗劫持，其中 49 艘被劫持于亚丁湾及曼德海峡的南部。因海盗发生造成的直接和间接损失多达 120 亿美元。近年来，也门政府军和部落联盟的武装冲突愈演愈烈。双方的交火使得也门政府无暇顾及南部逐渐壮大的海盗和恐怖主义势力。加之也门国内部族争斗和基地组织势力扩张，使曼德海峡北岸形势变得错综复杂。

2008 年 11 月 17 日，遭挟持时的"天狼星"号邮轮。2008 年 11 月 15 日，悬挂着利比里亚国旗的可载 200 万桶石油、载有 25 名船员的沙特阿拉伯"天狼星"号油轮在肯尼亚附近海域被劫持，被迫前往索马里附近锚地。在交纳 300 万美元赎金后，油轮及船员才获释

2008 年 11 月 14 日，中国远洋渔船"天裕 8 号"被劫持。图为 2008 年 11 月 17 日美国海军公布的照片。照片显示，"天裕 8 号"被海盗劫持行驶在印度洋上，船上船员被海盗押在渔船的前甲板上

海峡两岸的地形以山地和高原为主，气候异常干燥。也门西南部的沿海平原年平均降雨量只有 50 ～ 300 毫米。而索马里北部沿海低地年降水量也不足 250 毫米，属于半荒漠地区。严重的水资源短缺使两岸的粮食供应无法自给自足，加之连年的战乱，当地人缺衣少食，给极端势力和海盗的滋生提供了土壤。

综上，从曼德海峡经过的船只，不但要注意疾风大浪、潜石暗礁等自然条件对航海的影响，更要时刻提防索马里海盗劫船和沿岸的恐怖袭击。即使是在 21 世纪的现在，曼德海峡仍然是危险的海峡。

吉布提港——"石油通道上的哨兵"

近年来，由于曼德海峡及附近海域海盗袭击事件激增，各国纷纷派出海军舰艇为经过这一海域的货船和油轮护航。同时，在吉布提港建立海军基地成为西方大国控制曼德海峡的主要手段。

吉布提港是曼德海峡东南侧一个重要的海港，距曼德海峡 140 多千米，该港拥有 13 个泊位，其中 12 个为远洋轮泊位，可同时接纳 12 艘万吨级远洋轮船。每年约有 1500 艘船舶进港停泊补给。美国和西欧所需要的 1/3 的石油、西欧所需要的 1/4 的粮食，都要经过这里转口运输。吉布提港因其重要的战略地位而被西方称为"石油通道上的哨兵"。

吉布提港距曼德海峡较近，西方大国纷纷在此建立军事基地。在吉布提共和国不足 2.32 万平方千米的土地上，同时存在着多国的驻兵基地。历史上，该港曾是法国的殖民地。因此，法国最早在吉布提建设军事基地，数千人驻扎于此。随后是美国。"9·11"事件之后，随着美国全球战略调整和反恐的需要，美国军队开始大量进入吉布提。目前，美国在该地区的军事基地的规模已经超过了法国。2010 年 5 月，日本海上自卫队公开宣布，日本将在吉布提建立二战结束以来的首个海外的武装设

参与过亚丁湾护航行动的中国人民解放军海军 903 型综合补给舰"千岛湖"号

施——吉布提设施。该基地也是日本首次在非洲设立的固定武装设施。只不过日本在相关提法中一直都在尽力避免使用"基地"一词，而是使用比较模糊的"设施"。除了法国、美国、日本外，沙特和意大利也建有军事基地，此外，据说德国、印度、土耳其等都有计划在吉布提设立自己的基地。

　　为了对海军亚丁湾护航编队、非洲维和人员提供后勤保障支持，我国于 2017 年 7 月 11 日成立了中国人民解放军驻吉布提保障基地，这也是中国人民解放军首个海外保障基地。2017 年 8 月 1 日上午，中国人民解放军驻吉布提保障基地部队进驻营区仪式在基地营区举行。这标志着我国首个海外保障基地建成和投入使用。它将更好地履行起在亚丁湾、索马里海域护航以及开展人道主义救援等国际义务。吉布提保障基地的职责包括对护航编队舰艇进行补给保障，对我赴南苏丹、刚果民主共和国、马里等联合国维和任务区部队提供保障和相应支援，对可能出现的相关地区撤侨任务提供人员驻留和保障支持等。

世界上最浅的海峡
保克海峡

保克海峡

位　　置	印度半岛和斯里兰卡岛之间
沟通海域	孟加拉湾与马纳尔湾
峡岸国	印度、斯里兰卡
峡　　长	137 千米
峡　　宽	最窄处 67 千米
水　　深	2~3 米，最深 9 米
气　　候	热带季风气候
交　　通	只能通小船，在亚当桥有铁路轮渡，是印度和斯里兰卡间的交通要道

2021 年 10 月，一艘印度渔船与斯里兰卡海军船只在保克海峡海域相撞，导致 1 名印度渔民死亡。2022 年 1 月，又有 4 名印度渔民在与斯里兰卡的海军冲突中丧生。同月，来自斯里兰卡北部贾夫纳地区的渔船在保克海峡海域与印度的大型机械船只相撞后，造成 2 名斯里兰卡渔民死亡。2022 年 2 月初，斯里兰卡当局在印度渔民的强烈抗议中，拍卖了多年来所扣押的 105 艘印度渔船；印度方面，在斯里兰卡财政部长巴西尔与印度总理莫迪会面，讨论两国渔民问题的第二天，印度海军又扣押了 6 名斯里兰卡的渔民。两国渔民的死亡在印度和斯里兰卡都引发了强烈抗议，导致两国双边会谈一度陷入僵局，也让世人将目光投向了冲突频发的保克海峡。

保克海峡位于印度南部泰米尔纳德邦与斯里兰卡本岛之间，沟通印度洋的孟加拉湾和马纳尔湾。海峡以罗伯特·保克之名命名。

保克海峡位置
比例尺：1：1630万

最浅的海峡连着世界第一大海湾

　　保克海峡全长137千米，最窄处宽67千米，平均水深2～3米，最深仅9米，是世界上最浅的海峡。海峡中散布着众多的小岛，就像是连接印度次大陆和斯里兰卡的桥，印度人称之为"罗摩桥"，西方人称作"亚当桥"。海峡西南部分也称保克湾。斯里兰卡北部商业中心贾夫纳港与印度东南部贸易均需通过此海峡，因此海峡两岸贸易频繁。海峡的东北端紧连孟加拉湾。孟加拉湾宽约 1600 千米，面积 217.2 万平方千米，是世界上面积最大的海湾。海湾水深很深，平均水深为 2586 米，最大深度 5258 米。

不是桥的"亚当桥"与印度的"苏伊士运河"

保克海峡的"亚当桥"，乍一听很容易将其理解为一座连接印度和斯里兰卡的跨海大桥。但实际上，虽然它名字叫"桥"，但却不是桥，而是长而曲折的链状的岛礁和浅滩，长度约 48 千米，从空中看上去就像是一条长长的桥。亚当桥平均水深只有 2～3 米，从卫星照片中可以依稀看到一连串沙洲断断续续浮现于海中。

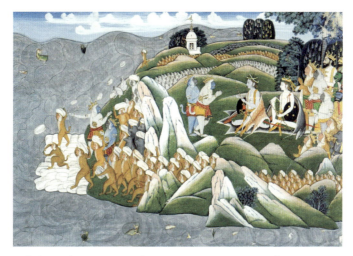

正在建筑罗摩桥的猴军。罗摩王子指挥神猴和猴军建筑罗摩桥，以营救爱妻

关于亚当桥的来源，据穆斯林的传说，亚当正是跨过此桥到达斯里兰卡的亚当峰，因此这里被称为"亚当桥"。根据印度教的传说和印度史诗《罗摩衍那》的描述，距今约 3500 年前，罗摩王子在营救被兰卡魔王掳走的爱妻媳旦时，得到神猴哈纽曼帮助。神猴发动猴军花了 5 天 5 夜筑出罗摩桥。这座桥建在浮动的沙石上，但神说之后要将石头定锚在海床，因此形成如今一连串的岩石沙洲。

"亚当桥"虽然被称为桥，但是由于水深太浅、滩涂众多，非但不能像桥一样

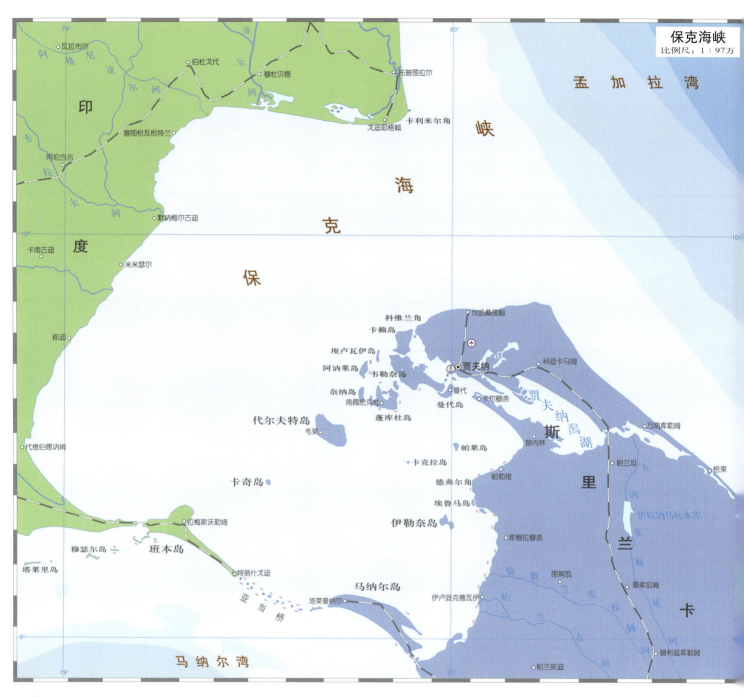

孟 加 拉 湾

峡

海

克

保

斯

里 兰

卡

印

度

马 纳 尔 湾

阿格尼亚尔河

亚尔河

瓦拉布尔

伯杜戈代

穆杜贝德

托普图拉尔

塞图恰瓦恰特兰

阿伦当吉

卡利米尔角

戈迪耶格颖

韦拉尔河

默讷梅尔古迪

卡南古迪

米米瑟尔

栋迪

科维兰角

坎凯桑图颖

卡赖岛

贾夫纳

科迪卡马姆

埃卢瓦伊岛

阿讷莱岛

韦勒奈岛

曼代

卡尔穆奈

奈纳岛

南佩伦克杜

曼代岛

万南库勒姆

代尔夫特岛

蓬库杜岛

代伯德讷姆

韦莱

帕莱岛

普内林

帕兰坦

恰莱

卡克拉岛

德弗尔角

帕勒维

伊拉讷马杜水库

卡奇岛

埃鲁马岛

库穆拉穆奈

拉梅斯沃勒姆

伊勒奈岛

曼库拉姆

穆瑟尔岛

班本岛

塔莱里岛

特努什戈迪

亚当桥

马纳尔岛

伊卢派克德瓦伊

帕兰皮迪

塔莱曼纳尔

普利延库勒姆

发挥联通作用，反而会严重影响船只的航行，以致从印度东南部到斯里兰卡必须要绕行很远。为解决这一问题，2005 年 7 月，印度政府提出了一个造价 5.6 亿美元的塞述沙姆德伦运河工程，计划修建一条长达 167 千米的运输航道贯穿保克海峡。印度政府用海报的方式宣传介绍这个运河工程计划，欲疏浚浅海床到水深 12 米，形成一条长 100 千米、宽 300 米的海上航道，这样的话船舶就可以直接通过而不必绕经斯里兰卡一圈，预期可以缩短超过 400 千米的航程，节省将近 30 小时的航运时间。塞述沙姆德伦运河工程计划也被印度政府比作印度的"苏伊士运河"工程。但该计划在一开始就遭到了印度国内主要反对派印度国家独立主义党的强烈反对。他们认为该计划会破坏罗摩桥天然遗迹，而且还会损坏当地的珊瑚礁和海洋环境。加上其他方面的困难，导致这一工程至今依然还是停留在计划之中。

印度要控制的重要海峡

虽然保克海峡水深太浅，航运价值不高，无法通行稍大的船只，但海峡对于印度和斯里兰卡的战略意义重大。尤其是南亚大国印度，一直将保克海峡视为必须要控制的重要海峡。

一方面，保克海峡连着孟加拉湾和印度洋，是印度东南部的重要出海口。另一方面，印度一直视自己为南亚和印度洋地区霸主，而斯里兰卡距离印度半岛只隔着保克海峡，国家体量远比印度小。对于印度来说，控制保克海峡就是控制斯里兰卡以及整个印度洋的重要一步。

保克海峡影像图

波斯湾巨型油轮进入欧洲的通道
莫桑比克海峡

莫桑比克海峡

位　　置	马达加斯加岛与非洲大陆之间
峡 岸 国	马达加斯加、莫桑比克、科摩罗
沟通海域	印度洋西北部与西南部
峡　　长	1670 千米，为世界最长海峡
峡　　宽	平均 450 千米
水　　深	中部深于 2000 米，南口最深 4250 米
气　　候	热带海洋性气候
港　　口	马普托
军事基地	马达加斯加的马哈赞加、图利亚拉，莫桑比克的纳卡拉、贝拉、马普托海空军基地，马达加斯加的贝岛，莫桑比克的克利马内、伊尼扬巴内、彭巴，科摩罗的马约特岛海军基地

莫桑比克海峡是非洲东南部最重要的海上通道，也是海盗活跃的地区。2010 年 12 月，索马里海盗两次在莫桑比克海峡劫持船只未果。2011 年南非与莫桑比克签署了合作打击海盗的协议。而且南非在莫桑比克海峡部署了一艘护卫舰，参与护航行动，打击活动范围不断扩大的索马里海盗。这是南非第一次派军舰参与反海盗护航行动。

莫桑比克海峡位于非洲大陆东南岸的莫桑比克与马达加斯加岛之间，是世界最长的海峡。与好望角南部水道一起构成非洲—北美海上航线，是西印度洋与南大西洋间宽广的深水航道，为世界海上咽喉要道之一，战略地位重要。

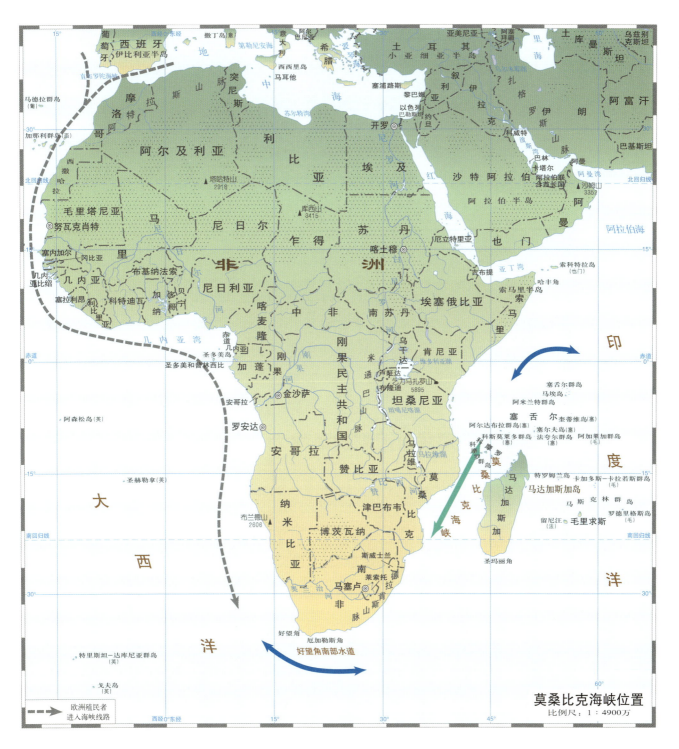

莫桑比克海峡位置
比例尺 1：4900万

世界上最长的海峡

莫桑比克海峡略呈东北—西南走向。北界自鲁伍马河口起，经科摩罗岛北岸哈布角，至马达加斯加岛昂布尔角连线；南界自马达加斯加岛圣玛丽角，至莫桑比克欧鲁角连线。长 1670 千米，北端宽 960 千米，南端最宽 1250 千米，中部最窄处 386 千米。大部水深在 2000 米以上，南口最深处达 4250 米。莫桑比克海峡是沟通西印度洋与南大西洋的宽广深水航道，海阔水深，航道自然条件可满足所有巨型轮船和潜艇的航行需求，是世界海上咽喉要道之一。海峡北口有科摩罗群岛为天然屏障，中部最窄处有新胡安岛，南口有欧罗巴岛及印度礁扼守。海峡北部两岸岸线蜿蜒曲折，东段为基岩海岸，西段为犬齿形侵蚀海岸，多珊瑚礁和火山岛；南部两岸岸线平直，为砂质冲积海岸，多三角洲和沼泽。两侧陆架狭窄，陆坡陡峭。戴维海岭纵贯海峡中部，海底底质为粉砂及粉砂质黏土。

长期被西方殖民者控制的海峡

由于位置优越，早在公元十世纪以前，阿拉伯人就在这里建立了贸易据点。公元十三世纪，由于海上经济贸易的带动，这片地区曾经出现过一个发达的古国——马卡兰加帝国。从十六世纪开始，西方欧洲海洋强国由大西洋经好望角纷纷进入莫桑比克海峡地区，开始了对海峡两岸的殖民历史。最先开始海洋扩张的葡萄牙第一时间占领了这里，随后荷兰、法国和英国先后来到这里。列强在这里展开角逐，最终，葡萄牙和法国胜出，分别在莫桑比克海峡和马达加斯加岛上建立殖民地，修建了大量港口，包括东岸马达加斯加的马任加、图莱亚尔，西岸莫桑比克的马普托、莫桑比克城、贝拉、克利马内等。其中，莫桑比克城更是有着悠久的历史。

作为地理大发现和新航路发现时期的古老港口，莫桑比克城曾经在海上交通史

1598 年的莫桑比克城图片

上起着重要的作用。欧洲列强把莫桑比克海峡作为基地，从这里向东非和亚洲进行进一步的侵略扩张。为了摆脱殖民统治，获取民族独立，莫桑比克海峡地区的人们联合起来，进行了持续数百年的斗争，一直到二十世纪，海峡所在地区才纷纷获得独立。马达加斯加于 1960 年 6 月 26 日宣告独立，莫桑比克人民共和国于 1975 年 6 月 25 日正式宣告成立，海峡北端的科摩罗群岛也于 1975 年 7 月 6 日正式独立，海峡地区逐渐摆脱了殖民统治。

热带风暴的"加油站"

莫桑比克海峡属热带气候，气温北高南低，2 月平均气温 27 ～ 28℃，8 月平均气温 22 ～ 25℃。北部盛行东北风，月平均风速 5 ～ 8 米／秒；南部盛行东南信风，

热带风暴"弗雷迪"盘旋在莫桑比克海峡（2023 年 3 月 8 日）

月平均风速 6 米／秒以上，终年少大风。6 月至翌年 2 月多雾。年平均降水量北部多南部少，东北岸的马任加平降水量为 1553 毫米，南部的欧罗巴岛为 553 毫米。表层水温 2～3 月在 28℃以上，8 月 22～25℃。盐度 35.1～35.4。中部海域海水透明度达 40 米，南北部分别为 25 米和 35 米。潮汐为规则半日潮，大潮潮差 3～5.2 米，贝拉港最大潮差可达 7 米。莫桑比克暖流经过海峡南下，流速一般 1～1.5 节，最大可达 5 节。

莫桑比克海峡虽然常年无大风，但 12 月至翌年 3 月偶有热带气旋过境。由于海峡海温较高，加之莫桑比克暖流流过，以及两岸较高的地形形成的狭管效应能够加强天气系统的风力，为热带气旋提供了充足的水分和能量，莫桑比克海峡成为过境热带气旋的"能量加油站"。

2023 年 2 月到 3 月的热带风暴"弗雷迪"多次盘旋在莫桑比克海峡，并得到持续加强，促使其发展成轨迹长度超过 12500 千米、横跨 1/4 个地球的风暴，创下了持续时间最长（长达 35 天的生命史，此前记录为 31 天）、南半球累积气旋能量指数最高（87.01，此前记录为 85.26）、多次"快速增强"过程（多达 7 次，此前纪录为 4 次）、2000 年来第一个横跨整个印度洋等多项世界纪录。

巨型轮船必经的咽喉要道

　　莫桑比克海峡是从南大西洋到印度洋的海上交通要道，它与好望角南部水道一起构成非洲—北美海上航线，是西印度洋与南大西洋间宽广的深水航道，为世界海上咽喉要道之一，战略地位重要。波斯湾的石油有很大一部分要通过这里运往欧洲、北美，每年过往海峡的船只有 2.5 万艘以上，使其成为世界上最繁忙的海上通道之一。

　　在苏伊士运河开凿之前，它更是欧洲大陆经大西洋、好望角、印度洋到东方去的必经之路。苏伊士运河开凿后，一些不能通过苏伊士运河的巨型油轮仍然需从该海峡通过。因为莫桑比克海峡既宽又深，能够满足所有巨型轮船的通行条件，从波斯湾驶往西欧、南欧和北美的超级油轮，都是通过这条海峡，再经好望角驶往各地，因此它是南大西洋和印度洋之间的航运要道。

莫桑比克海峡上的大型货轮

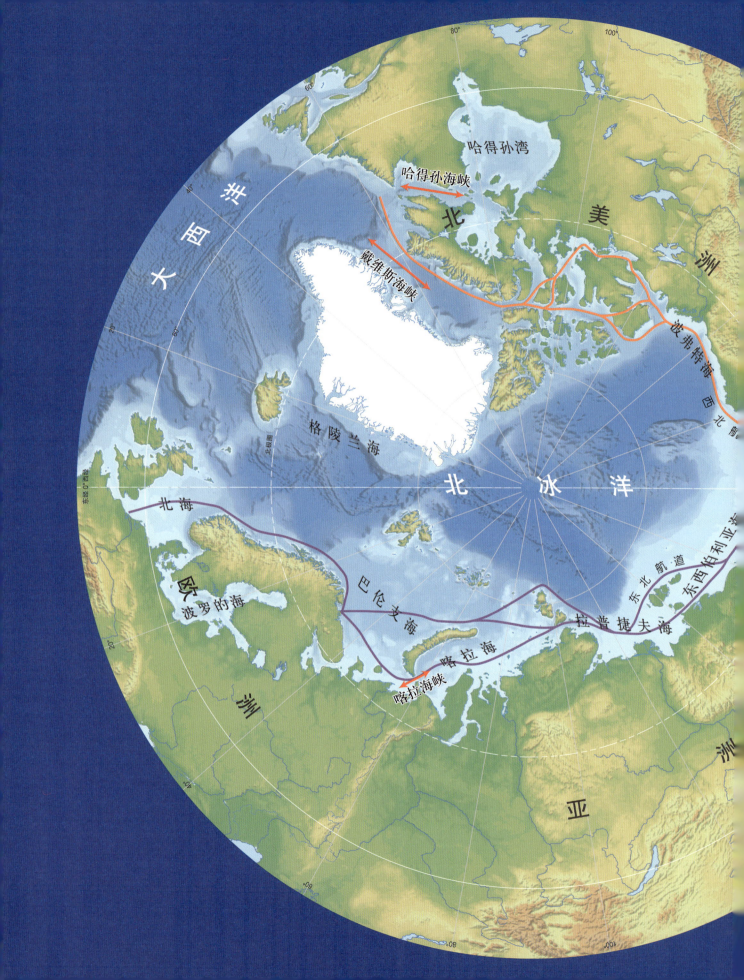

哈得孙湾

哈得孙海峡

北　　美　　洲

戴维斯海峡

大　西　洋

波弗特海

西北航道

格陵兰海

北　冰　洋

北极圈

东经0°西经

欧

北海

波罗的海

巴伦支海

喀拉海

东北航道

东西伯利亚海

拉普捷夫海

喀拉海峡

洲

亚

洲

太平洋

白令海

海峡

鄂霍次克海

第 **7** 章

越来越"热"的北冰洋海上通道

北冰洋大部分海域处于北极圈内，气候严寒、人迹罕至。但由于北冰洋距离北半球亚、欧、北美等主要大陆的球面距离都很近，成为全球打击的战略高地。自1958年世界第一艘核动力潜艇——美国的"鹦鹉螺"号在北冰洋冰盖下航行了2945千米，首次开辟连通太平洋和大西洋的北极海底航路以来，北冰洋就成为大国水下"暗战"的重要战场。冷战期间，苏联曾把70%以上的战略核潜艇和水下核武器集结在北冰洋附近。近年来，随着全球气候变暖，北冰洋航道的无冰期越来越长。原本需要借助破冰船才能通行的北极航道有望变成联系亚洲、欧洲和北美洲的海上航运坦途。随之而来，世界大国对北冰洋海上通道的争夺也越来越"热"。

越来越"热"的
北冰洋海上通道

战略价值被低估的北冰洋

提起北冰洋，人们的印象大多是遥远、寒冷、狂风肆虐、冰雪交加、人迹罕至。这样的北冰洋，能有什么价值，会重要吗？为了回答这个问题，我们不妨以北极为中心重新审视一下全球。不难发现，北冰洋其实并没有人们通常想象的那么遥远。与地中海类似，北冰洋除了有海峡与太平洋和大西洋连接，大部分被亚洲、欧洲和北美洲包围，是处于三大洲之间的"陆间海"。从地理上看，北冰洋距离亚洲、欧洲、北美洲的空间距离并不远，相反，北冰洋是距三大洲主要大国平均距离最近的地域。以北极点为中心，北纬30°为圆弧画圈，全世界 2/3 的陆地和 3/5 的国家都在圆圈内，美、俄、中、英、法 5 个联合国安理会常任理事国，日、加及欧洲国家都在该区域内。所有欧亚和北美的工业区距离北极都不到 3700 海里。从这个视角看，北冰洋也是名副其实的世界地理中心。随着全球气候变暖和极地冰雪消融，北冰洋呈现出越来越重要的战略价值。

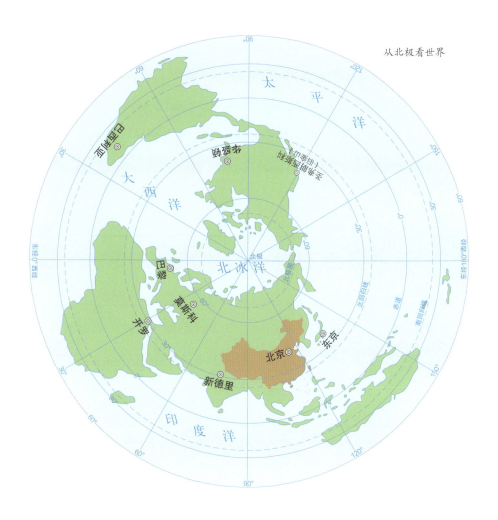

从北极看世界

全球战略打击的"高地"

　　优越的地理位置使得北冰洋地区的军事战略价值极为重要。北极上空是北半球国家进行战略导弹打击的必经空域。冷战时期，北极就成为美国和苏联导弹和反导系统部署的重地。从目前拥有核武器国家的现有打击能力来看,若从北冰洋发射导弹，几乎可以覆盖整个北半球，且北极距离世界大国的距离都很短，可以大幅缩短对手的预警时间，大大提升打击成功概率。如今北极冰雪融化加快，加之现代化远程武器的发展，都增强了北冰洋地区的军事价值。另一方面，北冰洋70%左右的表面常年被冰雪覆盖，冰层较厚，既可规避卫星的侦察与监视，又可规避常规水面舰艇的搜索与攻击，是战略导弹、核潜艇最理想的活动空间和最安全的发射阵地。自1958年世界第一艘核潜艇——美国的"鹦鹉螺"号首次开辟了从太平洋通过北极海底到达大西洋的航线后，世界核大国竞相派遣核潜艇进入北冰洋。时至今日，北冰洋仍是大国部署海基战略核打击力量和导弹防御系统的重要海域。

资源丰富的"聚宝盆"

北冰洋地区战略资源极为丰富。美国地质勘探局的报告显示，北极圈内可用现有技术进行开发、未完全探明储量的石油约为900亿桶，占世界未探明石油储量的13%；天然气储量约为47.3万亿立方米，占世界未探明储量的30%；液化天然气约为441亿桶，占世界未探明储量的20%。煤炭资源同样丰富，地质学家粗略估计，北极地区的煤炭总储量约为1万亿吨，大于南极地区（约5000亿吨），接近全世界目前已探明煤炭资源总量。另外，北极地区还蕴藏着大量的铜、镍、钚复合矿和金、

北极战略资源

资源	含量	全球储量占比
石油	900亿桶当量	13%
天然气	47.3万亿立方米	30%
液化天然气	441亿桶当量	20%
油气资源总量	4120亿桶当量	25%

锡、锰、金刚石、铀、白金等重要矿产，门捷列夫元素周期表上的所有元素都可以在北极地区找到。

越来越"温暖"的北冰洋

在过去的100年中，全球平均气温上升了约0.74℃。在过去的20年中尤为严重，每10年的平均气温比前一个10年高出0.2℃。如果按照这个趋势持续下去的话，预计到本世纪末，全球气温可能上升2℃以上。2022年8月11日，美国《华盛顿邮报》援引一项发表在《自然通讯 - 地球与环境》杂志的研究称，北冰洋变暖的速度比许多科学家预期的要快得多。北冰洋成为全球变暖最快的地区之一。北冰洋斯瓦尔巴群岛经历了有记录以来最热的6

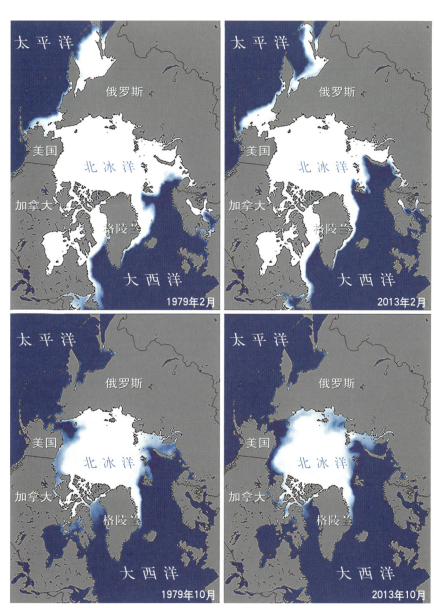

月。截至 7 月底，群岛的 400 亿吨冰已经融化成海洋。另据美国有线电视新闻网报道的一项研究，1979 年至 2021 年间，北冰洋的欧亚部分，特别是在巴伦支海区域，变暖速度是全球平均水平的 7 倍。最新数据显示，在过去 20 年到 40 年里，巴伦支海地区的年平均温度每 10 年攀升 2.7℃，是地球上升温最快的地方。按照目前全球变暖的速度，北冰洋将在 20 年内出现一年中有连续数月不结冰的状态，这将给船只航行留出更加充足的时间，北冰洋航道全年通航的可能性也越来越大。

日趋重要的北冰洋航道

尽管北冰洋航道是北欧、北美、俄罗斯与东亚地区航运的捷径，但通航期短，常年冰雪覆盖，气候条件恶劣，巨大的冰盖、冰岛、冰山、浮冰和沿岸的固定冰阻碍了船舶的航行，即使在短暂的通航期内，某些航段也必须靠破冰船开道方可航行。虽然前景广阔，现实中北冰洋航道的航运份额还很低。随着北冰洋气温的快速升高和北极冰盖的不断融化，北冰洋航道夏季无冰期不断延长，北冰洋东北航道和西北航道两条海上通道的通航时间将逐渐延长，适航的船只种类逐渐增多，正在逐步从以往的偶然性、季节性和替代性海上航线向常态化和规模化航线转变，对全球政治、经济的发展有着重要价值。北冰洋航道的开通，一方面将改变全球贸易运输体系，甚至改变全球经济布局；另一方面将促进以俄罗斯、北美、北欧为主体的环北极经济圈的形成，进而影响全球地缘政治格局。

西北航道

　　北京时间 2017 年 8 月 30 日 14 时 10 分，"雪龙"号进入戴维斯海峡，途经巴芬湾、兰开斯特海峡、皮尔海峡、维多利亚海峡和阿蒙森湾等海域，沿途克服航道曲折、浮冰密集、冰山散布、海雾频现、冰区夜航等诸多困难，历时 8 天，航行 2293 海里，于北京时间 9 月 6 日 17 时 40 分进入波弗特海，完成中国船舶北冰洋西北航道首次试航，未来为中国船只穿行西北航道积累了丰富的航行经验。

　　西北航道是指北美大陆北部沿岸东起巴芬岛以北、经加拿大北极群岛水域和美国阿拉斯加北部水域、穿过白令海峡、连接北大西洋和北太平洋的海上通道。作为连接大西洋和太平洋的最短航道，西北航道相较于经巴拿马运河连接东北亚和北美东岸

西北航道附近影像图

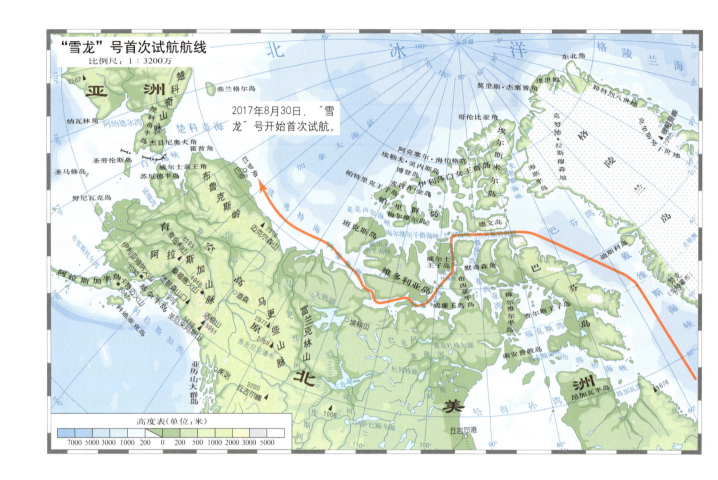

"雪龙"号首次试航航线
比例尺 1：3200万

2017年8月30日，"雪龙"号开始首次试航。

高度表（单位：米）
7000 5000 3000 1000 200 0 200 500 1000 2000 3000 5000

的传统航线航程至少缩短约 20%。在苏伊士运河关闭期间（1967 年至
1975 年），由伦敦至东京需绕道非洲航行 23600 千米，而走西北航线
则可缩短近 12870 千米。而且西北航线可以通行巴拿马运河和苏伊士
运河无法通过的大船。但西北航道在北极圈以北有 800 千米长的航道，
要在格陵兰岛和巴芬岛之间向南漂浮的巨大冰山间穿行，航行极为危
险。因此，西北航道也是世界上最危险的航线之一。随着近年来北极
的升温和海冰减少，航道通航的时间也在不断延长，西北航线的战略
价值不断上升。

对西北航道的探索——探险家与理论家的配合

十六世纪早期，欧洲的商人和地理学家意识到他们横跨大西洋发现的土地不是马可·波罗提到的中国，而是一片新陆地。因此，他们继续着探索通往堆满了香料、宝石和精美丝绸的中国的航路。古典地理学家以及其他理论家通过对北方海域的观察和制图，预判了西北航道的存在。约翰·迪伊以柏拉图的《蒂迈欧篇》和《克里底亚篇》为基础，将经典理论与圣经思想、经验以及数学和哲学推理相结合，进一步阐述了探索西北航道的可行性。他猜想通往亚洲有三条航道：除了俄国境内的东北航道之外，还存在西北航道和跨极航路。16世纪下半叶，约翰·迪伊便建议英国探险队向北部海域进军。在理论的支持下，为寻找东方财富，英国对西北航道进行持续的探索，寻求跨大西洋进入太平洋并抵达中国的捷经。经过数百年来探险家们的探索和积累，西北航道的轮廓逐渐呈现出来。直到1906年，挪威探险家阿蒙森驾驶"佳阿号"鲱鱼捕捞船，历时3年，终于第一个完成了西北航道的航行。

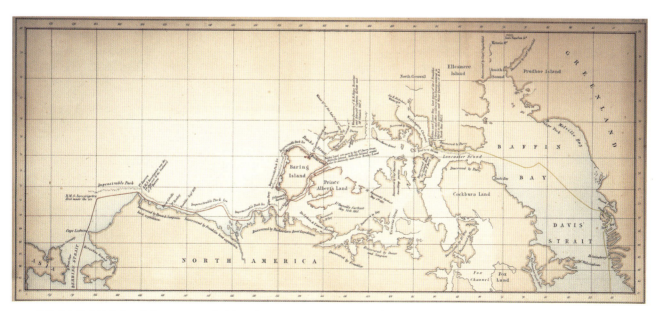

1854年的西北航道探险图。地图显示了不同航海探险家的探险轨迹及可航行区域等

属于谁的西北航道？

关于西北航道属于谁，美国和加拿大这两个盟友一直争论不休。加拿大政府早在 1880 年就宣布北极群岛归其所有。由于西北航道贯穿北极群岛，加政府据此主张西北航道主权属于加拿大。加拿大在 1973 年宣称西北航道是加拿大的国内航道，所经海域是加拿大内水，"就像密西西比河是美国的内河一样"，因此对西北航道拥有主权。但以美国和俄罗斯为首的一些国家却坚决反对加拿大将西北航道据为己有，认为西北航道大部分应属公海水域，所有国家都有权使用。加拿大对此反应强烈，

甚至直接将"西北航道"更名为"加拿大西北航道",刻意强调对西北航道的所有权。西北航道的主权争端也成为美国和加拿大这两个亲密盟友间为数不多的重大利益分歧之一。

有望取代巴拿马运河的战略水道

目前,从太平洋到大西洋,巴拿马运河几乎是绕不开的交通要道。然而,巴拿马运河的通行费用很高,而且航线距离通常要比西北航道远。以上海至纽约为例,经巴拿马运河的传统航线航程约 10500 海里,经西北航道航程约 8600 海里,减少航程近 2000 海里,节省约 7 天航时,燃料、通行费都将大幅降低。更重要的是,西北航道不受轮船载重的限制,而巴拿马运河却不允许吃水过深的船只通过。巨型货轮只能绕行南美洲南部的麦哲伦海峡,航程更远。

随着北冰洋海冰以前所未有的速度融化,西北航道的通航时间越来越长。即使航道冬天再度结冰,覆盖其上的也只是季节性薄冰。根据美国国家航空航天局预测,最快在 2050 年,西北航道可以满足巨型集装箱船的通航。

鉴于上述原因,一旦西北航道投入使用,巴拿马运河将面临尴尬的局面。货运量或许

巴芬湾

格陵兰

格陵兰岛(丹)

博因角

克莱德里弗

凯凯赫塔苏瓦克岛

芬

埃尔福斯岛

岛

坎伯兰湾

安季贾克岛

默西角

戴维斯海峡

伊卡卢伊特

利伯恩群岛

努克(戈特霍布)

哈得孙海峡

伊丽莎白女王角

雷索卢申岛

瓦半岛

昂加瓦湾

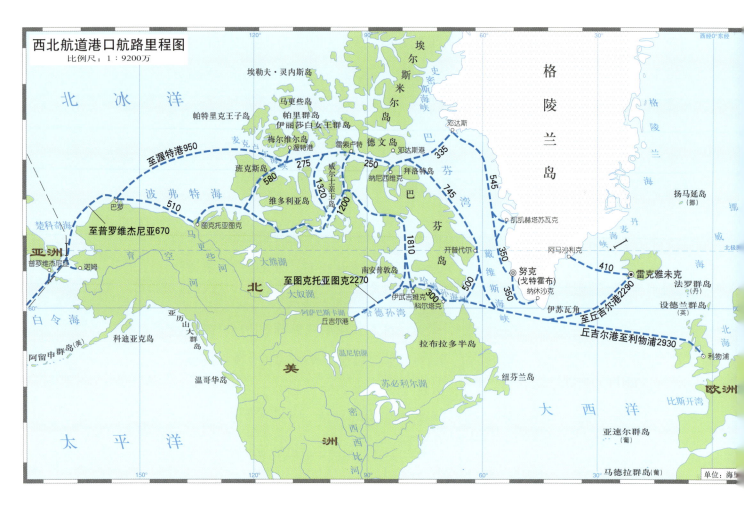

会大幅减少。除去丧失一部分航运量之外，巴拿马运河可能还要下调通行费用，以保持其在国际市场上的竞争力。这必然导致巴拿马运河的收入下降。

西北航道航路划分

西北航道共有7条可行的航路。主要包括西北航道北路、威尔士亲王海峡航路、皮尔海峡航路、皮尔海峡航路调整航路、利金特王子湾航路、利金特王子湾调整航

路 Ⅰ、利金特王子湾调整航路 Ⅱ。一年中大部分时间受冰况影响，船舶在每条线路的航行都存在不同程度的困难。同时，对航路的选择还取决于船舶的大小、破冰能力以及水文气象条件等情况。在目前冰况条件下，第 2 条线路更有利于船舶的航行和安全，第 5 条线路次之。

西北航道的这 7 条可行航路，由诸多海峡水道连接而成，主要有戴维斯海峡、兰开斯特海峡、巴罗海峡、梅尔维尔子爵海峡、麦克卢尔海峡、威尔士亲王海峡、贝洛特海峡、皮尔海峡、富兰克林海峡、维多利亚海峡、多尔芬 - 尤宁海峡等。

西北航道航路划分

编号	名称	航路	说明
1	西北航道北路	波弗特海—麦克卢尔海峡—梅尔维尔子爵海峡—巴罗海峡—兰开斯特海峡	由于受到麦克卢尔海峡恶劣冰况的影响，威尔士亲王海峡航路通常被用来取代从波弗特海向东的航路，且该航路适合作为深水航路
2	威尔士亲王海峡航路	波弗特海—阿蒙森湾—威尔士亲王海峡—梅尔维尔子爵海峡—巴罗海峡—兰开斯特海峡	
3	皮尔海峡航路	波弗特海—阿蒙森湾—多尔芬 - 尤宁海峡—科罗内申湾—德阿瑟海峡—毛德皇后湾—维多利亚海峡—拉森海峡—富兰克林海峡—皮尔海峡—巴罗海峡—兰开斯特海峡	和航路 1、2 不同的是，航路 3 在加拿大大陆沿岸北部向南航行，然后沿海岸北行与航路 1 重叠

4	皮尔海峡调整航路	波弗特海—阿蒙森湾—多尔芬－尤宁海峡—科罗内申湾—德阿瑟海峡—毛德皇后湾—辛普森海峡—拉斯穆森湾—雷伊海峡—圣洛克湾—詹姆斯·罗斯海峡—拉森海峡—富兰克林海峡—皮尔海峡—巴罗海峡—兰开斯特海峡	该航路是在航路 3 中的维多利亚海峡进入封冻期时选择的备用航道，海峡水深只有 6.4 米，不适合吃水深的船舶通行
5	利金特王子湾航路	波弗特海—阿蒙森湾—多尔芬－尤宁海峡—科罗内申湾—德阿瑟海峡—毛德皇后湾—维多利亚海峡—拉森海峡—富兰克林海峡—贝洛特海峡—利金特王子湾—摄政王湾—兰开斯特海峡	
6	利金特王子湾调整航路 I	波弗特海—阿蒙森湾—多尔芬－尤宁海峡—科罗内申湾—德阿瑟海峡—毛德皇后湾—辛普森海峡—拉斯穆森湾—雷伊海峡—圣洛克湾—詹姆斯·罗斯海峡—富兰克林海峡—贝洛特海峡—利金特王子湾—摄政王湾—兰开斯特海峡	在萨默塞特岛的南端、船舶通过狭窄水浅（10 米）且有强流的贝洛特海峡时必须十分小心。弗里－赫克拉海峡不仅狭窄，而且流速很急
7	利金特王子湾调整航路 II	波弗特海—阿蒙森湾—多尔芬－尤宁海峡—科罗内申湾—德阿瑟海峡—毛德皇后湾—辛普森海峡—拉斯穆森湾—雷伊海峡—圣洛克湾—詹姆斯·罗斯海峡—富兰克林海峡—贝洛特海峡—布西亚湾—弗里－赫克拉海湾—福克斯海峡—哈得孙海峡	

东北航道

2009 年 7 月，德国布鲁格航运公司的两艘货船"布鲁格友爱"号和"布鲁格远见"号从韩国装货出发，向北航行，通过往年因冰封无法通航的北冰洋"东北航道"，抵达荷兰鹿特丹港。此次航行在北极航运史上具有重要意义，在一定程度上宣告了一条新的具有重要商业价值的航道——东北航道的诞生。东北航道西起冰岛，经欧亚大陆北部沿海，穿过白令海峡与太平洋海域相连，岸线全长达 4000 海里。东北航道是联系大西洋和太平洋的重要航道，也是俄罗斯北极地区许多城市的生命线，是北冰洋地区最具战略价值的航线。

对通往"神秘东方"新航线的艰难探索

早在 16 世纪，欧洲殖民国家为了扩大他们的帝国版图和寻求进入东亚地区的贸易路线，开始探索从北冰洋通往神秘东方的路线。这期间的探险活动，主要以英国人和荷兰人为主。因为这条假想的航道位于西欧东北方，故名"东北航道"。据不完全统计，

早期寻找东北航道的地图。这幅地图由西奥多·德·布里于 1601 年绘制，描述了荷兰探险家威廉·巴伦支寻找东北航道时的第三次航行。该地图描绘了俄罗斯北极地区的 Nova Zemba（即新地岛）

整个 16 世纪，死于北极的探险者至少有 150 人之多，但东北航道仍然没有走通的希望。当西班牙和葡萄牙从东方源源不断运回稀缺物品，并大赚其利时，英国、荷兰探索东北航道的积极性也大大下降。于是，人们对东北航道的探索冷却了两个世纪。进入 18、19 世纪后，随着全球地理大发现接近尾声，北极地区成为仅剩的未被完全探索的"处女地"。俄罗斯、英国、瑞典、美国及挪威等国再掀东北航道探索高潮。1879 年，芬兰人诺登舍尔德率领庞大的考察队终于绕过亚洲大陆的东北角，进入白令海峡，来自太平洋的海风扑面而来，人类为之奋斗了几个世纪并付出了巨大代价和牺牲的东北航道终于走通。

绕不开的俄罗斯"北方海航道"

很多人会把东北航道与北方海航道混为一谈，两者到底是什么关系？

北方海航道是苏联以自身大陆为参照提出的概念，亦称北方航道，在俄罗斯法律上被定义为西起喀拉海峡（新地岛南端）、东至白令海峡的一系列海上航线的集合。北方海航道自西向东穿过喀拉海、拉普捷夫海、东西伯利亚海、楚科奇海等 4 个边缘海。航线中海峡多达 58 个。其中最重要的有 12 个，自西向东依次是喀拉海峡、尤戈尔海峡、马托奇金海峡、红军海峡、扬斯克海峡、绍卡利斯基海峡、维利基茨基海峡、布拉戈维中斯基海峡、桑尼科夫海峡、德米特里·拉普捷夫海峡、德朗海峡和白令海峡。

东北航道西起冰岛，经欧亚大陆北部沿海，穿过白

令海峡到达太平洋海域，全长约 4000 海里。而北方海航道长约 2551 海里。可以说，北方海航道是东北航道的一部分，是东北航道中最重要的一段。尽管苏联以及后来的俄罗斯都试图向外界极力推广北方海航道这一概念，并曾一度让人认为东北航道即北方海航道，但二者有明显的区别。北方海航道可称之为东北航道北方海航段，包含以下 4 个航段：东北航道喀拉海航段、东北航道拉普捷夫海航段、东北航道东西伯利亚海航段、东北航道楚科奇海航段。在以上 4 个航段的基础上，还需加上东北航道巴伦支海航段才能构成完整的东北航道。

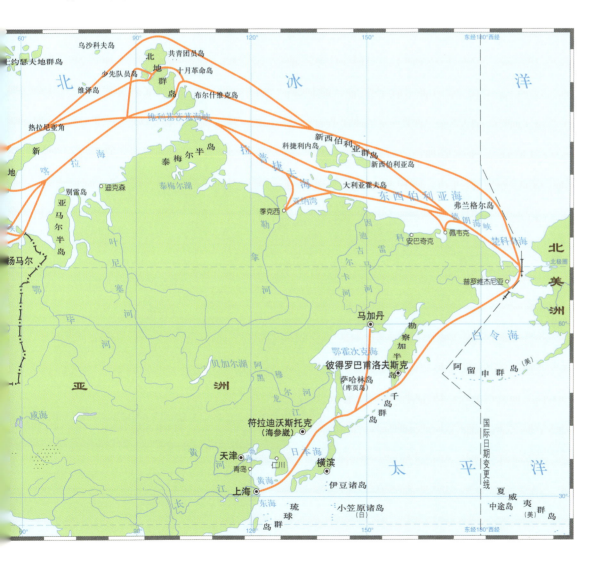

潜力无限的"黄金水道"

东北航道是连接太平洋和大西洋港口间航程最短的航线。如从中国北方的港口到欧洲各主要港口，沿东北航道航行，航程将大大缩短。以到欧洲西部以及北欧的北海、波罗的海港口为例，航程比传统的由南海经印度洋、红海过苏伊士运河进入地中海和大西洋的航线航程缩短 25% ～ 55%。

东北航道也是俄罗斯北冰洋沿岸许多城市的"生命线"。大量燃料、食品和其他物资经由这条航线运送。1987 年，苏联北方海航道的运输量高峰时有 700 万吨，在苏联解体后迅速下降。从 1991 年俄罗斯政府宣布北方海航道开放，对任何国家船只采取无歧视航行管理政策以来，东北航道的船舶通行量和货物运输量逐年增加。另外，俄罗斯政府发布"北方航道航行指南"，现在已译成英文送达各相关国家。

俄罗斯在北极地区的海路运输主要运送出口至欧洲的矿石、金属、石油和天然气等大宗货物，并从欧洲等国家进口食品、燃料、建筑材料和居民生活必需品等。

据预测，随着气候变化及科技进步，到2030年，东北航道的通航期将由目前的4个月左右扩展到半年以上，亚洲和欧洲之间总贸易量的1/4将通过东北航道运输。东北航道将成为名副其实的"黄金水道"，并将深刻影响世界经济贸易格局和地缘政治版图。

中俄合力打造的"冰上丝绸之路"

2017年7月，中俄两国提出要开展北极航道合作，共同打造"冰上丝绸之路"。2018年1月，中国政府发布的首份北极政策文件《中国的北极政策》白皮书也指出，中国愿依托北极航道的开发利用，与各方共建"冰上丝绸之路"。

2022年8月，俄罗斯政府曾经批准一项2035年前"北方航道"的发展计划。计划拨款总额接近1.8万亿卢布，大力发展"北方航道"。在2023年的第三届"一带一路"国际合作高峰论坛的开幕式上，亲自来北京参加峰会的俄罗斯总统普京发表演讲，称俄政府斥重资拓展的"北方航道"，很快将实现全年通航，邀请"有意向的国家直接参与它的发展"。普京表示，从2024年开始，北方海路全线将实现全年通航，建议各伙伴"积极利用这一运输潜力，直接参与它的发展"，俄罗斯"愿意提供可靠的冰上领航、通信和补给"。毫无疑问，作为"冰上丝绸之路"的倡议国，世界第二大经济体和近北极国家的中国将成为主要受益者。在中俄等国的推动下，"冰上丝绸之路"正成为西北欧和远东之间的海上贸易新干线。随着技术装备日趋先进、货主需求不断增多，"冰上丝绸之路"的开发和利用将会越来越具商业价值和吸引力。

西北航道的"咽喉"
戴维斯海峡

2007 年 8 月，美国宇航局的卫星照片显示，至少在 12.5 万年以来，西北航道和东北航道第一次同时冰融开通。海冰专家将这些图像形容为"具有历史意义的事件"。这代表人类史上首次可绕过北极开展商业航行。西北航道以戴维斯海峡为东端起点，海峡虽然长年冰封，但由于其在北半球航道中的重要地位，一直被喻为北冰洋"圣杯"，是北半球的黄金航道。在全球气候变暖背景下，戴维斯海峡所在的西北航道通航条件改善，让周边国家如俄罗斯、美国等的北极"争夺战"加剧。

北冰洋最长的海峡

戴维斯海峡位于北大西洋西北方，格陵兰岛和巴芬岛之间。略呈西北—东南走向。东南接拉布拉多海，西北连巴芬湾，长约 640 千米，宽 320 ~ 640 千米，平均水深 2000 米，最深处水深 3407 米，是北冰洋最长的海峡。因英国航海家约翰·戴维斯于 1585 年考察该海峡而得名。海峡东南口从格陵兰岛南海岸向西到加拿大拉布拉多半岛北海岸，以北纬 60° 线为界连大西洋的拉布拉多海；西北口从巴芬岛东海岸向东至格陵兰岛西海岸，以北纬 70° 线为界接巴芬湾；西南部经哈得孙海峡进入哈得孙湾和福克斯湾。海峡东岸的格陵兰岛大部被厚冰覆盖，海岸曲折；西岸的巴芬岛大部为山地和高原，冰川广布，海岸曲折、多峡湾。

危险的"西北航道"入口

戴维斯海峡处于北冰洋西北航道的入口处，是北大西洋向北绕过北美洲北部、经白令海峡进入太平洋的重要航道，战略地位重要。因处于高纬度地区，终年气候寒冷。海峡南口附近 7 月平均气温仅为 7 ~ 10℃。海峡西部来自北冰洋的拉布拉多寒流，夹带着大量高达 200 ~ 300 米的冰山，沿巴芬岛东岸向南流；海峡东部虽然有西格陵兰暖流沿格陵兰岛西岸向北流，但西格陵兰暖流同样给海峡内航行的船只带来巨大威胁。格陵兰岛上巨大冰帽的冰河运动不断将冰山送入海峡中，给沿格陵兰岛航行的船只带来巨大威胁。主要航线靠近格陵兰岛水域，通航季节自仲夏至秋末，但每年可通航时间变化很大。

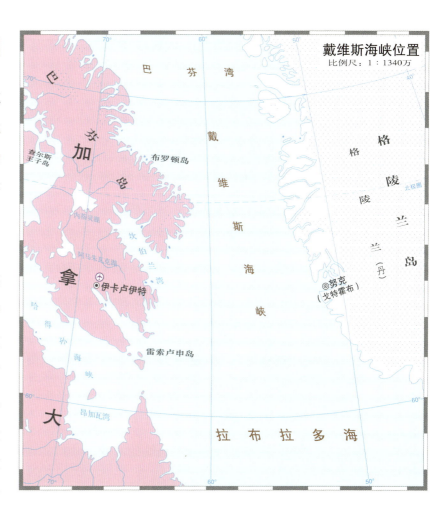

戴维斯海峡位置 比例尺 1：1340万

俄北方海航道全年可通航的海峡
喀拉海峡

2022年8月1日，俄罗斯政府宣布，决定成立北方航道管理部门"北方航道总局"，并且制定了2035年北方航道发展计划。成立"北方航道总局"有利于集中管理北方航道水域船舶航运事宜，并提高这一重要区域的航行安全。

北方海航道是俄罗斯欧洲部分和远东之间最短的海路，而且完全位于俄罗斯领海及其专属经济区内，是俄北方货运的主要路线。俄罗斯的能源及金属资源通过它运往全球市场，同时实现亚欧市场的货物中转。在俄乌冲突后西方制裁压力下，北方海航道作为俄与其友好国家贸易往来的替代路线，地位凸显，发展北方海航道已成俄重点优先任务之一。相应地，作为北方海航道全年可通航的海峡，喀拉海峡的战略地位将得到进一步提升。

喀拉海峡位于俄罗斯北冰洋沿岸瓦伊加奇岛与新地岛之间，呈东北—西南走向，海峡东

喀拉海峡	
位　　置	俄罗斯北冰洋沿岸，瓦伊加奇岛和新地岛之间
沟通海域	喀拉海与巴伦支海
峡 岸 国	俄罗斯
峡　　长	50 千米
峡　　宽	最窄处 15 千米
水　　深	最深 200 米，最浅 50 米
气　　候	极地气候
交　　通	全年可通航，为俄罗斯摩尔曼斯克前往太平洋沿岸的必经之路"北方航道"的一部分

北连喀拉海，西南接巴伦支海。由于两岛临海峡部位均很狭窄，因而海峡纵深很小，长仅 50 千米，最窄处宽 15 千米。海峡位于北纬 70° 以北，纬度高、气候严寒。但好在有北大西洋暖流的支流挪威暖流的影响，使得巴伦支海西南部水温较高、海域常年不冻，北部水域虽能结冰但冰期也较短，使喀拉海峡成为北极地区全年可通航的海域。喀拉海峡是俄罗斯北方海航线的重要组成部分，堪称俄罗斯北方海航线的"咽喉"。巴伦支海和喀拉海海底富有石油和天然气资源，但受制于北极海域恶劣的环境和脆弱的生态平衡，该海域的油气资源开发面临较大困难，也受到国际环保学者的反对。

哈得孙湾连通大西洋的出口
哈得孙海峡

哈得孙海峡位于加拿大东北岸拉布拉多半岛与巴芬岛之间，是加拿大北部地区包括哈得孙湾、福克斯湾的主要出海口。以1610年英国探险家亨利·哈得孙驾船通过海峡而得名。

使哈得孙湾成为加拿大内水的海峡

哈得孙湾是一片深入北美洲大陆内部的内陆海，湾南北全长1375千米，东西最大宽度960千米，总面积81.9万平方千米。这一面积大约相当于欧洲大国法国国土面积的1.5倍。这么大面积的海域却是加拿大的内水，原因就在于连接哈得孙湾出海口的哈得孙海峡西口岛屿密布，使原本就非常狭窄的哈得孙湾口，被南安普敦岛、科茨岛、曼塞尔岛等岛屿分割成多条水道。如果以这些岛屿为基础划设领海，能够将整个哈得孙湾海域完全封闭。这也使得如此大面积的海域成为加拿大拥有完全主权的内水。

以寒冷多雾闻名的海峡

海峡略呈西北—东南走向。东南口以拉布拉多半岛东北端的奇德利角经雷索卢申岛至巴芬岛东南端东布拉扶角的连线为界连戴维斯海峡，再向南经拉布拉多海入大西洋；西北口以加拿大魁北克省昂加瓦半岛北端的纽武克角与南安普敦岛东南端的莱松角连线接哈得孙湾，以南安普敦岛的锡豪斯角与巴芬岛西端劳埃德角的连线接福克斯湾。其中巴芬岛与南安普敦岛、诺丁汉岛之间的海域为福克斯海峡。哈得孙海峡长约800 千米，宽 64 ～ 241 千米。水深一般为 200 ～ 700 米，最深 942 米。东口北侧有雷索卢申岛、阿克帕托克岛，西口有诺丁汉岛。海岸线曲折，南岸有昂加瓦湾。南岸昂加瓦湾中的新魁北克港和东口的伯韦尔港、北岸巴芬岛上的莱克港是主要港口。

哈得孙海峡地处北纬 60° 以北的高纬地区，气候严寒，一年中大部分时间都被海冰封冻，仅夏末秋初（6 ～ 10 月）开冻。强大的海流与浮冰给航行带来巨大困难，但一年中大部分时间可用破冰船维持通航。哈得孙海峡多雾，海峡东口的雷索卢申岛是世界最多雾的地方之一。